U0141938

中國小說戲曲論學集

吳　敢著

文史哲學集成
文史哲出版社印行

國家圖書館出版品預行編目資料

中國小說戲曲論學集 / 吳敢著. -- 初版. -- 臺
北市：文史哲，民 89
　面：　公分. -- (文史哲學集成 ；416)
含參考書目
ISBN 957-549-266-8(平裝)

1.中國小說 - 評論 - 論文,講詞等 2.中國戲曲
- 評論 - 論文,講詞等

827.8　　　　　　　　　　　　　　89002597

文史哲學集成　㊶

中國小說戲曲論學集

著　　者：吳　　　　　　敢
出 版 者：文　史　哲　出　版　社
登記證字號：行政院新聞局版臺業字五三三七號
發 行 人：彭　　　正　　　雄
發 行 所：文　史　哲　出　版　社
印 刷 者：文　史　哲　出　版　社
臺北市羅斯福路一段七十二巷四號
郵政劃撥帳號：一六一八〇一七五
電話 886-2-23511028 · 傳眞 886-2-23965656

實價新臺幣 四二〇元

中 華 民 國 八 十 九 年 七 月 初 版

序

魏子雲

　　我與吳敢先生相識，業已十年。由於我們同是《金瓶梅》一書參研者，可以說是同道。雖說，他是江蘇豐縣人，我是安徽宿縣人，但兩地近在咫尺，相距不到一百公里。語言、風尚，都是相同的。遂又以同鄉親之。

　　後來再見，卻又發現他也是一位戲劇愛好者。而且，他的碩士論文，就是元雜劇《趙氏孤兒》（八義圖）的研究。說起來，他的大學本科是土木工程，由於愛好戲劇，居然來個大轉彎，改道步文學之途，可以想知其志趣的趨向之堅。

　　起先，我祇知道他的成名作，是《第一奇書》的評點者張竹坡的年譜編成，兼且連同張竹坡的家世，也一代代考訂清楚。不但寫成了《張竹坡傳略》，竟連張氏一家由浙江山陰徙遷銅山的前前後後，都進行了述考。肯定了張竹坡竟是出身閥閱世家的公子。雖然孩提即以才聞，未到束髮之年，即捐監步入鄉試科場，惜乎五落榜外。雖憾乎固失於舉業，卻年在二十六歲時便完成了《金瓶梅》之評點與論述十萬言，揚其名也千載，愈乎金榜狀元多矣！

　　吳敢在這部清代版本《金瓶梅》的考訂工作，其功誠不亞於竹坡之評點論作也。何況，又能從此考索竹坡之年譜工作，趣入於古典小說之版本以及作者著錄之誤說，認真地一一作以考訂工作，更從而認知了如何去研究古典小說的問題。他又在閱讀時，見到了晚清出版的小說，爲了「賣點」玩出的「花招」（明代的

出版業，早創先例也）。在本書第二輯的幾篇作品中，可以見及
吳先生在小說研究上的績效顯著。

　　我說過：「小說與戲劇是孿生的。」因為這小說與戲劇，都
是描寫人物的文學藝術。換言之，小說與戲劇都是以塑造人物為
職志的藝術。所以，小說與戲劇，往往兩者相互為用。譬如以小
說改編成戲劇，或由戲劇再改成小說者，也有的是。以劇情寫成
小說，不也是其中一種嗎？

　　《趙氏孤兒》源自史傳。按史傳中的人物，又何嘗不是小說
家之筆意。相反的，小說家中的虛構人物，比歷史中的實有其
人，還要真實。《紅鬃烈馬》中的薛平貴，比真的唐朝實有其人
的薛仁貴，可就名氣大得多。若是查證起來，唐朝的各代那裡
有薛平貴與王寶釧的這碼兒的歷史故事。吳敢先生研究紀君祥的
《趙氏孤兒》之故事發展，縱能印證得出《八義記》的八位義人
出來，也免不了認為是史家的小說家言。再改個話頭兒來說，
《左氏傳》中的趙氏，忠君乎哉？史家的「趙盾弒其君」之史說，
又怎能與《趙氏孤兒》並論之耶？

　　我們一看吳敢先生研究《趙氏孤兒》的這篇目錄，足可蠡知
吳先生的著眼點，在論劇而非在斷之史也。

　　「小說」的定義是「道聽塗說」。那麼，「戲劇」的定義是
「戲者戲也」。都不能指實而論。歷史之所謂「正史」也者，其
史也比「野史」還要信不過。小說雖是指明的「虛構」，而其
「虛構」也者，可能比「正史」所說，還要真實些呢！

　　我知道吳敢先生在徐州市文化局長的十年工作期間，曾悉力
於戲劇藝術上最多。那年，我到徐州，正巧遇上他排演《潘金蓮》
一劇（以河南梆子聲腔演出），曾看了綵排，非常欣賞。同時，
也看到了他對柳琴戲的加工。正如他在本書後記中所說：「柳琴

戲節是我在文化局長任內的第一個大型活動。從此繼發了徐州文
化藝術的內涵底蘊，也留下了我人生歷程的際遇變換。」足可想
知吳先生在戲劇藝術上的投入與執著。今者，吳先生已步入教育
機構（徐州教育學院院長）。正好著書立說，當可在志趣上揮灑
才情。

中國小說戲曲論學集
目　　錄

張竹坡傳略

張道深，字自德，號竹坡。

> 《張氏族譜》❶「傳述」錄張道淵《仲兄竹坡傳》：「兄
> 名道深，字自得，號曰竹坡。」《張氏族譜·族名錄》：
> 「道深……字自德，號竹坡。」《曙三張公志》❷：「道
> 深，字自得，號竹坡。」按《荀子·成相》：「尚得推賢
> 不失序。」則「得」通「德」。竹坡字宜爲自德。
>
> 《徐州詩徵》卷一《銅山》：「張道深，字竹坡」。民國
> 《銅山縣志》卷二十《藝文考》同，誤。國內近年據以轉
> 錄的專著、論文，俱因誤。
>
> 英國阿瑟·戴維·韋利先生在《〈金瓶梅〉引言》❸中認
> 爲張竹坡只是書商僞托的假名，非是。

彭城人。

> 《曙三張公志》：「應科……遷居彭城。」《族名錄》：
> 「垣……住居郡城。」《族譜·傳述》引胡銓《司城張公
> 傳》：「翮……籛城世胄也。」按應科、垣、翮爲竹坡曾
> 祖、祖、父，故《族譜·雜著藏稿》錄張竹坡《烏思記》：
> 「余籛里人也。」而劉廷璣《在園雜志》卷二稱：「彭城
> 張竹坡。」張潮《友聲後集》注：「彭城張道深竹坡。」

傳爲張良後裔，遠而莫考。或云原籍紹興，亦近而難稽。

> 《族譜·傳述》引王熙《驃騎將軍張公傳》：「公……漢
> 文成侯良後裔。」此傳亦見載《徐州府志》、《銅山縣志》。

《曙三張公志・家世附》：「遷自浙紹。」民國《銅山縣志》卷五十四《人物傳》引馮煦《張卓堂墓誌銘》：「其先家浙之山陰。」《族譜》康熙元年張曇序：「若臨安，若吳門，若呂梁，及廣陵、淮陰、天中一帶，科甲云礽，大都宗子房爲本。如余籍山陰，家臥龍山，聞先世有遷呂梁，雖不可考，然自江北來者，無不訂譜以歸詢」。《族譜》乾隆四十二年張璐序：「留侯固遠而莫考，即云支分浙紹，亦近而難稽。」

按《族譜》所收傳述、誌銘、贈言，均持良後紹遷之說，眾口一聲，傳爲實言。美國戴維特・羅伊先生在其論文《張竹坡評金瓶梅》❹中認爲竹坡原籍爲安徽歙縣，非是。

張棋於明中葉遷居徐州呂梁之河頭，是爲彭城張氏一世。其上則漫不可考。棋，字合川，天性渾穆，家風謹嚴，享年八十歲。妻劉氏，胎教溫淑，母訓慈祥。

馮煦《張卓堂墓誌銘》：「明中葉有曰棋者，始遷於徐，遂爲銅山人。」《曙三張公志》：「祖合川公棋，遷自浙紹，隱居徐城東南五十里呂梁之河頭。」《族譜》雍正十一年石杰序：「其先字合川者，爲始祖。……明季兵燹之餘，譜牒散亡。合川以上，求考無據。」《族譜》康熙六十年張道淵序：「舊譜已失，幾數十載，歲遠事湮，無從稽考，僅將高祖合川公嫡支，詳繕成譜。」《族譜》雍正十一年張炯序：「余祖籍隸於徐，其來舊矣。聞先代自浙紹分來，世遠難稽。明季譜失，近世祖亦莫可考。先王父孝懿公嘗謂余之五世祖別駕公，猶能自合川公而上追憶數代。音容想像，可屈指而歷數之。別駕公捐館後，無復有能知之者。」《族譜・凡例》：「余(按即道淵)家藏先大

人手跡宗支舊圖一紙，自合川公以上某公某氏列及三世。惜其諱號闕然。其中有諱桂者，係合川公胞兄。何事譜中(按指舊譜)不載？想必相傳失眞，考求無據。……今仍奉合川公爲始祖。」

《族譜·傳述》錄張胆《舊譜家傳》：「曾祖考諱棋，號合川。自高祖而上，歲遠事湮，譜牒不備。世居河頭，遠近稱河頭張家。族蕃指眾，聞者景仰，故以其地別云。公天性渾穆，胸無城府，純孝性成，居家動有禮法，子弟輩相見肅衣冠出，嚴憚莊敬，……尺寸弗敢渝也。處族黨親里，至誠藹惻，人弗忍欺，高曾規矩，至今猶可想見焉。享年八十歲，以壽終。曾祖妣劉氏，係出小店舊宗。胎教溫淑，母訓慈祥，閨門之內，肅肅雍雍，識者卜子嗣蕃衍克昌矣。並葬於楊家洼坐尖山」。《族名錄》略同。

按合川當爲張棋字，《舊譜家傳》均以字爲號，下同。

二傳至應科，字敬川。遷居彭城。以省祭赴部選而不仕。慷慨俠烈，器量弘偉。享年八十四歲。以孫胆貴，馳贈驃騎將軍。復以曾孫道祥、道瑞貴誥贈。妻趙氏。妾王氏。

《舊譜家傳》：「祖考，誥贈驃騎將軍，諱應科，行二，號敬川。以省祭赴部選而不仕。事合川公以孝謹稱，友於兄弟。慷慨俠烈，遇事明決，洞中機微，材幹通達，器量弘偉，如萬斛之舟，千鈞之鼎，無不容受。而忠誠篤厚，雖三尺之童，弗忍欺也。神宗末年，徐以武功世其家者，錦衣指揮，指不勝屈。出必寶馬玉帶，緹騎如雲。居則甲第連霄，雕甍映日。其威福赫奕，熏灼五侯。遇敬川公至，莫不斂手莊遜。爲人所敬愛如此。晚年杜門不出，逍遙田園，持齋守戒。每晨諷誦梵籍，寒暑無間。諸仲聚首，怡

怡愉悦。無疾言遽色，鄉黨俱稱爲善士云。」

《族名錄》：「應科，行二，字敬川。生於明嘉靖戊申年三月初四日，享年八十四歲，於崇禎辛未年四月初七日壽終於家。葬於城南太山新塋主穴，……官職省祭。以孫胆貴，覃恩誥贈驃騎將軍。以曾孫道祥貴，誥贈光祿大夫。以曾孫道瑞貴，誥贈榮祿大夫。妻趙氏，同君人之女，生年四十二歲，……以孫胆、曾孫道祥、道瑞貴，誥贈一品夫人。側室王氏，生年四十九歲」。《銅山縣志》略同。

《曙三張公志》：「父敬川公應科，部選省祭，遷居彭城。」

兄弟五人，姊妹四人。

《舊譜家傳》：「棋……子五人：應科、應選、應第、應試、應聘。女四：大姑字李珮，無出；二姑字小店李某，無出；三姑天；四姑字湖山陳舜道，生子陳廷某、陳廷瑞，並有孫。」《族名錄》同，「陳廷某」爲「陳廷楨」。《曙三張公志》略同。

按應選、應第、應試、應聘，《舊譜家傳》、《族名錄》俱有小傳，《曙三張公志》亦俱有簡介，不具述。

三傳至垣，本名聚井，字明卿，號曙三。居彭城。弱冠采芹。崇禎末，憤時事不可爲，棄文改武，中崇禎癸酉科武舉。史可法節制淮揚，召授河南歸德府管糧通判，參與平伯高杰軍事。督餉睢陽，總兵許定國叛，誘殺高杰，公與其難。生年五十三歲。以子胆、鐸，孫道祥、道瑞貴馳贈。爲彭城張氏肇興之祖。

《曙三張公志》錄張胆《家乘記述》：「先府君誥贈驃騎將軍二公諱垣，號曙三，本名聚井，字明卿。幼聰穎絕倫，先達器之，曰盛世鶯鶯也。文宗毛一鷺案游州庠，改名

垣。益肆力於今古文辭。博學強記，無所不窺。下筆浩瀚，
跌宕詩賦，屢應賓興。弗得志。崇禎中，流寇蹂躪畿甸，
烽燧中州弗熄。四郊多壘學，使者試文場畢，又試騎射。
士羞以章句稱。府君慷慨激烈，憤時事不可爲，酒後擊
劍，聞雞起舞，思以身許國。遂棄文就武，中崇禎癸酉科
武舉。高藩鎮杰素識府君有文武材，是時四鎮分地授官，
特檄府君署戶部権司事，又署河防篆。即於家公座，得桑
梓士民心，胥吏悅服。閣部史公道鄰節制淮揚，召府君署
本標提塘。羽檄旁午，書記煩冗，五官並用，人莫能測。
凡興利除弊軍餉機宜，條陳入告，痛切窾要，益爲史公所
重。題授歸德府管糧通判。時歸德兵燹之後，繼以飢荒。
府君振刷頹靡，招集流亡，潔己勞瘁，以供軍儲。期月政
成，遠近向慕。……忽以身殉於悍帥之手。（九世孫張省
齋增注云：『悍帥指許定國。史公遣高杰移鎮開洛，進圖
中原。以公與宜興陳定生參其軍事。定生密謂公曰：高公
悖蔑，有濟也，盍去諸？公太息曰：知之久矣。顧子客也，
可以去。我有官守，夙受高公知遇，史公付托，安能復愛
此身乎？許定國總兵睢州，負功怨望，嘗上書詆高爲賊。
至是內不自安，預投誠於昭勛公圖賴。乙酉正月十一日，
高兵至睢。定國出迎數十里，膝行高馬前。定國時已七十
餘，高見其屈服，且憐其老，下握其手，約爲兄弟，誓無
相害。高兵距睢城二十里駐紮。定國請高入城，高諾之。
公諫阻勿聽。公曰：即去，當以重兵入。乃以親兵三百人
從。許盛爲具，自款高，使其弟款諸將，遍飲士卒。婦女
賓客皆雜坐。高坦然不疑，痛飲至醉。酒行，公見許弟動
靜，並窺許色，心知有異。托白事，耳語高，令爲備。高

以手推公曰：誰敢者。罷宴，高就館寢。公欲囑諸將謀事，皆爛醉如泥，呼之不應，推之不起。公無可奈何，乃就高榻畔，挑燈而坐。三更後，忽聞屋瓦聲響。急推高醒，壯士入室者已數十輩。格鬥移時，高與公並就執。定國出，蹀血南面坐，數高。高亦不屈。公大罵定國以私害公，叛國奸賊。定國怒，刀亂下。公大呼曰：昔我父以鄉祭酒課士明倫，吾今得死叛賊手，不愧矣！定國愈怒，裂尸爲七。三百人皆死，僅一傳事小辣子，伏高床下得免……」）府君……生平性坦率曠達，雖目破萬卷，胸羅武庫，而無機械詭譎之術。家貧無資，輕財仗義，有所得即散。遇急或貸於人，入手輒費，不以爲惜。好友相聚，出旨酒，留連竟日。詩歌迭奏，章台花館，歡游彌永，不以爲倦。族黨間有大疑大獄吉凶諸事，往往排難解紛片語。然諾千里必赴，不以爲勞……」。《舊譜家傳》，《曙三張公志》引成克鞏《睢陽別駕張二公元配劉夫人合葬墓誌銘》、程南陂《張氏兩世事略》、張介《雨村公口述所見盱紳藏本記略》俱略同。《江南省志》、《徐州府志》、《銅山縣志》、《歸德府志》、《徐州詩徵》、《徐州續詩徵》皆同，惟不詳耳。

《族名錄》：「垣……住居郡城。生於明萬曆癸巳年七月二十六日，生年五十三歲，於清順治乙酉年正月十三日殉難河南睢州官署。葬於太山先塋昭穴。……以子胆貴，覃恩誥贈驃騎將軍。以子鐸貴，覃恩誥贈中憲大夫。以孫道祥貴，誥贈光祿大夫。以孫道瑞貴，誥贈榮祿大夫。」

《曙三張公志》引張胆《贈驃騎將軍開具履歷》：「應贈故父張垣，係徐州人。」《夷猶草》張介按：「公爲我張

氏肇興之祖。當勝國未造，恪奉官守，致命遂志。兩間正氣，一代完人。我族瓜瓞綿衍，皆盛德之所留遺。」

能詩善文，風骨清峻，慷慨悲歌，有《夷猶草》傳世。

《舊譜家傳》：「所著有《夷猶草》若干卷，吳門先輩俞公諱琬綸訂定嗣行。」《族譜·贈言》引俞琬綸《夷猶草序》：「有明卿張子懷刺過余，意味閑淡，風骨棱棱，望而知爲異士也。急叩之，果然能詩。……方明卿舉似一二，已覺清風襲耳，修黛可人。盡罄其囊中，則或搜異而寫生，或稽古而憑吊，或因涼飆之動林而懷故舊，或因叢菊之在籬而見南山。鳥之飛，魚之躍，水之流，花之開。靜觀自得之趣，慷慨悲歌之氣，一發之於詩，皆性情中語。……觀其人多從容逸豫，故其詩多軒爽夷猶。因而名之曰《夷猶草》。」此序亦見載於《曙三張公志》。

《徐州續詩徵》卷二十二選羅霖《張別駕曙三先生殉難睢陽》其二：「睢民親親望來蘇，才子從軍事剝膚。……博得紅綃書錦字，梁園別駕舊鴻儒。」其三：「尋常詩酒爲謀計，到處烟嵐是社林。」

《夷猶草》張介按：「四世祖伯量公云：先嚴詩帙，因兵燹後散失頗多，見存三卷，查已剞劂他姓集中。不便混入，今以笥中手澤若干首，附以家乘，亦以志吉光片羽也。」

按《曙三張公志》收有《夷猶草》全部，凡五十三首。《族譜·藏稿》選《夷猶草》十二首。道光《銅山縣志》選《夷猶草》一首。《徐州詩徵》選《夷猶草》一首，民國《銅山縣志》因之。

妻劉氏，母儀端方，閫教肅嚴，享年六十九歲。妾馮氏，莊靜嚴

肅，持家有法，享年六十七歲。

成克鞏《睢陽別駕張二公元配劉夫人合葬墓誌銘》：「元配劉夫人爲郡紳劉公潭女，夙嫻家教。歸公後，公少居約，夫人椎髻操作，蘋蘩敬事，不失堂上歡。……其著者，當公出守睢陽，夫人不爲喜。及難作，夫人不爲懼。曰：爲人臣者當如是，何惜一死殉地下！時長嗣方成立，而仲季尚在襁褓也。夫人唧哀勵節，誨子育孫，垂二十年。」《徐州府志》略同。

《舊譜家傳》：「先妣劉太夫人出呂梁名族，歸府君，家值中落，脫珥主中饋，事舅姑，虔恭齋肅。春秋奉蒸，嘗蘋蘩必躬。閫教端嚴，內言不出，外言不入，咸以爲母儀焉。字鐸、翃一如己出，鞠育諸孫、孫女，含飴分旨，備極顧惜之愛。……馮太宜人生弟鐸、翃，莊敬嚴肅，持家有法。……雖翟茀象珮，而自奉儉約，尤爲難得。」

《族名錄》：「垣……妻劉氏，同郡人、山東兗州府滕縣典史諱潭之女。生於萬曆癸巳年正月二十八日，享年六十九歲，於順治辛丑年七月十二日壽終內寢。……以子胆、鐸，孫道祥、道瑞貴，誥贈一品夫人。側室馮氏，生於萬曆戊申年四月二十一日。以子鐸貴，誥贈太宜人，晉封太恭人。享年六十七歲，於康熙甲寅正月初一日壽終內寢。」

按垣即竹坡祖父。羅伊先生《張竹坡評金瓶梅》考證歙縣人張習孔爲竹坡祖父，誤。

兄弟三人，姊妹三人。

《舊譜家傳》：「公（應科）有子三：聚井，後改名垣；聚胃；聚璧。女三：大姑字雙溝高某，早世；二姑字湯之

屏，生子湯啓，孫某；三姑字楊子孝，生子楊登基、楊登
某。」《族名錄》同，《曙三張公志》略同。

按聚胃、聚璧，《舊譜家傳》、《族名錄》俱有小傳。《族
譜‧傳述》並引有呂維揚《炯垣（聚胃）張公傳》、拾泰
《珍垣（聚璧）張公傳》。不具述。

四傳至翙。兄弟三人，時稱「彭城三鳳」。姊妹一人。

《族名錄》：「垣……子三：胆，劉氏出；鐸，馮氏出；
翙，馮氏出。女長，劉氏出，婿王大業，同郡人，總督三
省標下游擊。」《舊譜家傳》、成克鞏《睢陽別駕張二公
元配劉夫人合葬墓誌銘》同。

《族譜》張雲序：「伯量……仲宣……季超……彭城三鳳，
將爲海內共推。」

胆，字伯量，行大。與父垣同中崇禎癸酉科武舉。初任河南歸德
府參將。清兵南下，轉隨豫王南征。凡三攝兵權，兩推大鎮。官
至督標副將，加都督同知。晉階驃騎將軍。後革職返里，施德布
惠，公舉鄉飲大賓。以子道祥、道瑞貴，累封光祿大夫。享年七
十七歲。崇祀徐州鄉賢祠。

《族譜‧傳述》錄張胆《自述》：「胆原名銓，習制舉業，
就有司試，避先達諱，命改名。號伯量。文場弗售，攻孫
吳家言，中崇禎癸酉科武舉。閣部史公可法鎮淮揚，錄用
軍前，題授河南歸德府城守參將。順治二年三月，豫王率
師圍歸德。匝月，城將破，玉石俱焚。胆率先投誠，願保
全闔城百萬生命。奉令旨准弗俘掠，予胆官副將，賜袍
帽。入城安撫，士民安堵。仍命隨大軍，督炮車南下。攻
維揚，取金陵，所在破竹。雖乘勝長驅，然鋒鏑之下，鳥
驚獸駭，獲全老弱子女無算。順治三年，任浙閩總督張公

存仁標下中軍副將。……當是時，兩浙新入版圖，……不時風鶴告警，中宵傳柝，丙夜飛羽，馬不及鞍，人不遑甲。張公法令嚴肅，文武百寮，惴惴不敢前。胆赤心報國，條陳機宜方略，戰勝攻取，盡展蘊抱，無不計聽言從。……順治四年，張公入閩，特題胆漳南道。部議以武改文未便，格於例，弗行。……後張公以病予告還京，總督陳公諱錦繼任，調胆金衢總兵中軍。順治六年，駐金華。凡悍兵恣橫，按軍法殲其渠魁，三軍股慄。不半載，張公起補直隸、山東、河南總督。特疏題請調補督標中軍副將。……計余任浙閩三餘載，總督題敍戰功，記錄十三次。……及赴天雄任，榆園大盜踩躪畿甸，跳梁齊魯。……余且剿且撫。時夜半，得偵報，賊且至。余未及旦蓐食，即單騎先驅。後軍未至，而賊首已殲。餘賊受縛，其協從者悉令投戈散去。……榆園以次蕩平。露布奏凱，又以軍功記錄。蒙飲賞，順治八年八月，以覃恩授驃騎將軍，三世如其官。……順治九年十一月，會推天津總兵員缺。十年十二月，會推河南開歸總兵員缺。兩次皆爲有力負之而趨，廷論惋惜。……未幾科參，解任聽勘。又閱數月，以風影事指摘挂誤，革職回籍。薏苡爲珠，自古信然。……及歸里之日，兢兢株守，絲衣粗食，不敢妄費。……時當大祲，則竭廩捐賑。康熙十年冬至次年四月……共捐小麥三千餘石。十二年，淮安飢，載小麥三千石輸於官。……如冬無衣者，予之棉；死不能殮者，予之棺；不能葬者，予之地。……廢剎荒寺，延名僧住錫修葺。刊刻諸經，……朔望得誦，尤加虔謹。……惟願後嗣官者，以忠勤報國，以清節惠民；居鄉者，以耕讀傳家，以詩禮裕後。」

王熙《驃騎將軍張公傳》、《族譜·傳述》引范周《總戎
伯亮張公傳》、張介《雨村公口述所見盱紳藏本記略》、
《族名錄》、《家乘記述·張省齋增注》、程南陂《張氏兩
世事略》、《族譜·誌銘》引張玉書《伯量張公墓誌銘》、
《族譜·贈言》引張玉書《徐州新遷文廟記》、又引張玉書
《重建荊山口石橋碑記》、《江南通志》、《杭州府志》、
《徐州府志》、《銅山縣志》、《徐州續詩微》等俱略同。
然亦有其可補充之事，與當辨明之處，茲按詮如次。
胆字伯量，非字伯亮。范周《總戎伯亮張公傳》誤。《笠
翁一家言全集》卷四《聯》「贈張伯亮封翁」、「贈張伯
亮副總戎」亦誤。

《驃騎將軍張公傳》：「公……彭城人。……少慷慨有大
志，鳶肩虎相，見天下多故，思以武功顯。」《總戎伯亮
張公傳》：「幼負倜儻，有大志，不屑以舉業章句。」實
則胆「文場弗售」，轉攻孫吳。然此雖溢美之詞，亦在情
理之中。

《驃騎將軍張公傳》：「旋授歸德城營參將，父子文武為
一方保障。……曙三公……不屈死之。公聞變，泣血屬
眾，率所部直搗其師，殲之。叛帥逃而免。」不詳，張介
《雨村公口述所見盱紳藏本記略》則頗錄細節，曰：「伯
量在歸聞變，率所部疾馳至睢。與王之綱等追定國不及，
殲其餘眾而還。……伯量已決計送柩歸葬，合手下壯士數
十人，投入清營，乘間刲刃定國腹中，死不恨矣。王、李
(遇春)諸將急止之曰：不可，君欲報仇，與其輕身蹈險，
且事不可知，何如守城統眾，乘隙待時。……既而諸將皆
就伯量計曰：方今馬、阮專擅朝權，史公趑趄江北，黃與

二劉皆有吞噬我輩之心，南都事不可知。咫尺黃河，盡屬敵國。惟江南數省，得之尚足據以爲安。我等不若仍依高公故事，鼓行渡江，放兵南下，可以得志。伯量曰：不可，若鼓行放兵，是爲亂也，終必無以自立。且時移勢易，興平前事，豈可師乎？目下……許定國叛去，沿河數百里盡屬我等，正宜竭忠盡力，上報國恩，下復私仇，萬萬不可妄有希冀，自貽首亂之咎也。諸將皆謝不及，相與約曰：城守、河防，雖係兩事，總屬一家。我輩粗人，目不知書，凡事皆取張公進止。……豫親王諗知伯量才兼文武，計收用。預遣許定國隸肅王軍。進圍歸德，匝月，知城已不支。乃遣人入城，以禮招徠。並許以復仇，不殺人，不俘掠，退兵三十里。伯量感之，乃受命。」

《驃騎將軍張公傳》：「會有修怨者假事中傷，大府欲亟上白，且留公。公曰：吾尚有老母在，當伸孝養，遂吾初志也。奚辨爲！遂侃然歸。」《總戎伯亮張公傳》：「公以方盛之年，急流勇退，飄然欲從赤松子游。」《伯量張公墓誌銘》：「公則念母劉太夫人春秋高，自寇亂以來，戮力行間，未親甘旨之奉。今幸中原者定，吾願畢矣，安能僕僕久事戎馬間乎？乃力請侍養以歸。」按實則張胆時爲科參，「革職回籍」。王《傳》、范《傳》、張《銘》係爲賢者諱。

張玉書《徐州新遷文廟碑記》：「學宮……因陋就簡，制度未備。……予宗叔伯量公毅然……捐其歲入之資六千餘金以爲倡。……經始於康熙癸亥年春，落成於康熙甲子年，……視舊學之制，規模宏遠矣。」《重建荊山口石橋碑記》：「荊山口……石橋……傾圮。……郵傳行旅至此，

率望洋以嘆。……吾彭城族叔伯量公閱然殷懷，首志修
復，……橋長計三百六十二丈五尺，高一丈八尺，寬一丈
九尺，橋孔大小四十餘洞。興工於康熙壬戌年，落成於
康熙辛未年，計其費共銀三萬六千八百四十兩。」按張胆
《自述》敘至康熙十九年，興學建橋，俱在其後，故錄玉
書兩記以補。

《族名錄》：「胆，行大，字伯量。生於明萬曆甲寅年十
二月十八日，享年七十七歲，於清康熙庚午年二月初七日
壽終於家。葬於太山祖塋穆穴。……以子道祥貴，誥封光
祿大夫。以子道瑞貴，誥封榮祿大夫。鄉飲大賓。崇祀鄉
賢。」

亦能詩文。

《自述》：「署本標右營，管賞功廳事，日凡上幕府，功
績次第登記，比道員任也。」《伯量張公墓誌銘》：「浙
閩總制張公存仁知公才優，請於朝，欲用為漳南監司。廷
議以八閩未靖，公宿將，不可以文吏奪公任。」

按《族譜·雜著藏稿》收有張胆《兵憲袁公傳》、《羅山
人小傳》兩篇，均注明《載郡志》，蓋張胆為《徐州府志》
所作。另有《重修奎樓碑文》、《遷建徐州文廟記》兩篇
存世。《徐州續詩徵》卷一《銅山》選其詩二首，詩題《歸
田詞》。而《歸田詞》今存十首，見《清毅先生譜稿》卷
六。

妻朱氏，夙嫻女訓，早亡。繼配孔氏，克襄內治，壼儀可則，享
年八十九歲。妾趙氏、陳氏、劉氏、彭氏。

《自述》：「娶朱氏。毓質名閨，夙嫻女訓，敬事舅姑，
有亡毗勉。惜中道棄捐，享年二十八歲。生於萬曆四十一

年十二月十四日，卒於崇禎十三年十月初二日。……繼娶
孔氏。四德咸宜，克襄內治，春秋蘋藻，莊愼嚴肅。鞠育
子女，慈恩備至。至於闕卹三族之戚，恩撫群下，內外食
指眾多，皆使之寬裕得所。自奉簡約，晚年茹齋敬佛，壼
儀可則。」按孔氏事載《徐州府志》，頗詳。

《族名錄》：「妻朱氏，同郡人諱星炳之女。……以夫、
以子道祥道瑞貴，誥贈一品夫人。繼妻孔氏，同郡諱貞賢
之女。生於天啓癸亥年十月初八日。以夫、以子道祥道瑞
貴，誥封一品夫人。享年八十九歲，於康熙辛卯年二月十
六日壽終內寢。……側室趙氏，生於崇禎壬午年十月二十
三日。以子道溥貴，誥封太孺人。享年六十一歲，於康熙
壬午年六月二十三日壽終內寢。……側室陳氏……劉氏…
…彭氏。」

鐸，行二，字仲宣，號鶴亭。父垣殉難，以八齡扶櫬歸里。弱冠，
以兄胆蔭生，選授內翰，時負才名。官至漢陽太守。誥封奉政大
夫。廉介自持，嚴正端方，與時相左。遭吏議歸里，遂優游林下。
享年五十八歲。

《族譜·傳述》錄張道淵《奉政公家傳》：「伯父奉政大
夫二公諱鐸，字仲宣，號曰鶴亭。……總角時，天性莊毅，
絕不與群兒伍。歲甲申，先王父殉難睢陽。國破家亡，烽
烟四境。公僅八齡，而能徒步於數百里之遙，扶櫬歸里。
其才其識，自非尋常童孺可得同年而語也。弱冠，以恩蔭
考除內翰。西清禁地，侍從趨蹌，紅本票擬，悉公手錄進
呈。……時聲譽藉甚皇都。丁未秋，貺今上親政詔宣諭兩
浙。將入境，督撫提鎮率屬郊迎，俯伏十餘里。公乘馬竟
行不顧。固爲往例，實榮幸矣。及復命，未旬餘，而兩遇

中秘。燃藜起草，口傳綸綍，翻譯國書，朗如眉列。己酉，出爲臨安司馬。公至郡，首先捐俸修整黌宮，次備供給，聚士課藝，以鼓勵人才。更復捐資創修曲江箐口關石橋，以利行人。……而其自處，則飲冰茹蘗，恪供職守。獨是邊土凋敝，樊民雜處，兼以強蓄騷擾，民不堪命。公不避嫌怨，力爲撫恤。遇藩兵肆橫，即嚴撻以懲。一時儵悍之徒，聞公名莫不斂迹避去，不敢入境。癸丑，朝覲，陞授澂江刺史。甫就道，聞馮太恭人訃，丁艱旋里。而吳逆適叛。公忠義性成，設在滇中官守是責，則張睢陽將再見於今日矣。然公早有先見，於奉表時，即命眷屬歸里，竟免於難。此又明哲保身之左券矣。服闋，補漢陽太守。漢陽當水陸要衝，兵興旁午，羽檄星馳。公才堪四應，游刃有餘。督部廉知其能，調至軍前監造戰艦，並資贊畫。公既受命，身自董理，晝夜靡寧。不數月，而艨艟巨艦，蔽江映日。當是時，親王重鎮，雲集荆襄。耳公之才，莫不願爲一見。獨是公廉介自持，剛勵不屈，與時相左，不能宛轉叶貴人意。故被吏議。公恬然無慍色，笨車樸馬，遄回故里，優游林下。囊橐蕭然，閉戶讀書，怡怡自得，視富貴如浮雲。公生平秉禮持正，莊敬不阿。閑居燕處，後進輩侍立左右，終日不敢有惰容。每惡世風偷薄，思欲力挽頹俗，反之古道。故遇有懷詐面謾者，輒質責譙讓，無所容。歲時伏臘鄉里，宴會座中，有豪放輩聞公至，莫不攢眉吐舌，輒自引去。曰：此吾平日畏敬，而不敢仰視者也。即此可以想公嚴正之風矣。……醉後不責人以非理。子侄中之佼者，嘗將平日不敢面陳之事，乘醉質之公前。公大笑，頷之而已。公於沉酣之際，性地獨能不亂，足見養之

有素。諸人爲公惜者，以公一生方正，不能隨時俯仰爲病。此不知公者也。而知公者則曰：此正足以傳公也。」《銅山縣志》略同，惟極簡疏。

《雨村公口述所見盱紳藏本記略》：「（胆）弟鐸、子道祥叔侄同庚，方九齡，在旁齊聲願任扶柩歸葬，請兄父峀意報仇。諸將異之。」按此云「九齡」，係虛歲。《奉政公家傳》謂「八齡」，爲周歲。

《族名錄》：「鐸……生於明崇禎丁丑年三月十五日，生年五十八歲，於康熙甲戌年二月初九日疾終於家。葬於黃家樓新塋主穴。官職恩蔭，初任內閣辦事中書，二任內國史院中書，三任內弘文院典籍，四任雲南臨安府同知，五任雲南澂江府知府，六任湖廣漢陽府知府。覃恩誥授奉政大夫。」

按《奉政公家傳》稱康熙爲今上，則撰於康熙年間無疑。《族名錄》則避乾隆諱，係刻於乾隆間。後《曙三張公志》補謂「晉階中憲大夫」。然《族譜·誥命》未收授此散階的誥命。

又鐸詩《感懷》十首頗可與傳相印證。其二曰：「追思昔日列鵷班，待漏西清識聖顏。簪筆直分銜鳳下，珮鈿扈從獵騎還。上方沾沐珍饈賜，內藏榮叨宮錦頒。惟有綸扉司染翰，常朝不與顏餘閑。」其四曰：「曾頒鳳詔出楓宸，兩淛宣恩雨露臻。天使皇華清驛路，舍人鞠瘁盡臣倫。西湖桃李烟雲舊，南國人文物候新。俯地錦袍盈十里，雕鞍穩坐不躬身。」詩有自注云：「全省滿漢文武大小官員，皆衣朝服，俯伏道旁，約十餘里。余乘馬竟行不顧，蓋往例也。」自得之情，溢於言辭。

能詩，工書，善飲。譽爲張氏白眉。有《晏如草堂集》行世。

> 《奉政公家傳》：「先皇帝（順治）愛其點曳工楷，特加
> 獎賞。凡内庭宮殿以及陵工諸額，悉命公書。⋯⋯晚歲喜
> 賦詩，有《晏如草堂集》行世。更好飲酒。每於花晨月夕，
> 呼子姪輩分韻拈題，傾杯倒甕，笑語達旦。」《曙三張公
> 志》：「鐸⋯⋯能詩工書。」《族譜》張曇序：「鐸，文
> 華禁苑，才重天顏，孝友性生，家風是凜，誠爲一族白
> 眉。」《感懷》其七：「圖書滿架誰同調，明月多情入座
> 來。」其十：「花前歌笑琴三弄，月下吟哦酒一瓢。」
> 按《族譜‧藏稿》選《晏如草堂集》十首，總題爲《感懷》。
> 《徐州詩徵》選其詩一首，即十首之五，亦題爲《感懷》。
> 另《族譜‧奏疏》收有張鐸康熙六年五月十八日之奏疏兩
> 道。

妻蔡氏，早亡。繼配蔡氏，享年六十八歲。妾孫氏、王氏、李氏、
孫氏、滕氏。

> 《族名錄》：「妻蔡氏，沛縣人、江南淮安府清河縣知縣
> 諱見龍之女，早逝。以夫貴，誥贈宜人，再贈恭人。⋯⋯
> 繼妻蔡氏，沛縣人、庠生諱玄龍之女。生於順治乙酉年二
> 月初二日。以夫貴，誥封宜人，晉封恭人。享年六十八歲，
> 於康熙壬辰年正月二十三日壽終内寢。⋯⋯側室孫氏⋯⋯
> 王氏⋯⋯李氏⋯⋯孫氏⋯⋯滕氏。」按繼配蔡氏事載《徐
> 州府志》，頗詳。

> 按胆、鐸俱爲竹坡伯父。竹坡並無叔父。羅伊先生《張竹
> 坡評金瓶梅》謂張潮爲竹坡父之同父異母弟，誤。

父翀，字季超，號雪客，自號山水友，行三。

> 《族名錄》：「翀，行三，字季超，號雪客。」《曙三張

公志》同。《族譜・贈言》引陸琬《山水友詩序》：「自號曰山水友。」胡銓《司城張公傳》：「翮字季超，一字雪客」。《徐州詩徵》同。按雪客當爲號，胡《傳》、《詩徵》誤。

崇禎癸未年生。不滿二歲，而父殉難。隨母歸里，驚恐多病。

《族名錄》：「生於明崇禎癸未年七月二十九日。」《司城張公傳》：「生甫周，其父殉難睢陽。伯兄隨大軍南渡。仲兄僅八齡，扶父柩，並奉其母兩太夫人，走烽火中數百里以歸。公在襁褓，遭跋涉，冒驚恐，因而一生善病，如漢文成侯。」

年十三，兩兄並仕，獨奉母家居。

《司城張公傳》：「公年十三，伯兄遠鎮天雄，仲兄以內史入侍清班。群從各復蟬聯鵲起以去。公內而親幃獨奉，色笑承歡。」《銅山縣志》略同。

英穎絕倫，雍容恬雅，少有練達之才。

《司城張公傳》：「竦髯偉幹，秀眉炯目，神鋒淵著，精采煥發。奕奕蔭百十許人，朗朗若萬間屋。……周旋恬雅，揖讓雍容，只覺奇氣英英，撲人眉宇。至其綜理家政，則部署有方，屏當不紊。夫以翩翩年少，具此練達之才，每令老生宿儒對之撟舌。僉曰：王孫公子不鏤自雕，此諺不虛矣。」《族譜》張曇序：「翮，蜚聲黌序，英穎絕倫，振翮雄飛，擬目以俟。」

不欲宦達，強之任，旋歸。

《司城張公傳》：「閭里望其仕，群相告曰：東山不起如蒼生，何此語竟忘之耶？公笑而不言。交親勸其仕，私相謂曰：慕容垂乘父兄之資，少加倚仗，便足立功。此語竟

忘之耶？公不答。公之伯兄強公之都下，逼之仕。激相問
曰：伯石辭卿，子產所惡。少而學，壯而行。致身顯盛，
光大前人。遺烈此語竟忘之耶？公勉應之，授司城之銜。
旋即遄歸，終不仕。」《曙三張公志》：「翶……庠生，
授職五城兵馬司正指揮。」《族譜・雜著藏稿》選其《山
水友約言》：「芥功名而塵富貴。」

嘯傲林泉，留連山水，約文會友，結社賦詩。

《司城張公傳》：「外而廣結賓朋，座中常滿。……肆力
薈編，約文會友。一時聞風興起，誦讀之聲，盈於里巷。
……公無軒冕情，有邱壑想。每於長松片石之間，山曉水
明之候，琴樽自適，絲竹怡情。朗暢之懷，直欲不容一點
俗塵飛來左右者。公最重交游，嘗結同聲社，遠近名流，
聞聲畢集。中州侯朝宗方域，時下負盛名；北譙吳玉林國
縉，詞壇宗匠，皆間關入社。盛可知矣。……湖上李笠翁
偶過彭門，寓公廨下，留連不忍去者將匝歲。同里呂青厱
維揚：孫直公曰繩、居夢眞毓香、楊又、曾羍、徐碩、林
梅之數子，常與公數晨夕於烟霞泉石之間，數十年無間然
也。」《銅山縣志》略同。

《山水友・惜春草》〈春夜宴西園次孫漢雯韻〉：「千古
惟容我輩寬，夜游秉燭莫辭寒。樽前且進青田釀，身後誰
逢絳雪丹。美景從來憐易歇，春光休教送無端。詩成四座
風雲落，獨愧陽春曲和難。」又「贈博平耿隱之」：「癖
愛烟霞塵富貴，性甘泉石老林邱。」

《山水友約言》：「丹詔九重，難致草堂之居士。白雲一
片，堪娛華陽之隱居。曠達無拘，陶靖節之放懷對酒。詼
諧特異，嵇中散之樂志携琴。是以富春垂釣之士，友麋鹿

而侶魚蝦。神武挂冠之賢，芥功名而塵富貴。古人良有以也，我輩寧不幡然。況朝露易晞，浮雲難久，春花虛艷，秋月徒輝。自宜盡日爲歡，及時行樂也。爰集烟霞之侶，共訂泉石之盟。樂山樂水，會文會友。會之設也，宜儉維道義以相長。會之期也，宜頻庶情懷之相洽。要知氣分既相投，須置形骸於莫問。克全終始，無竟妍媸。況我同人，咸饒異致。特特奇奇之品，磊磊落落之姿。允爲神仙窟里之人，要非名利場中之客。自宜接七逸之武，盤桓於翠竹之谿。追四皓之踪，優游於紫芝之圃。或築草堂於層巒之上，或構環堵於曲水之濱。或陰長松，或坐纖草。朋風友月，聽鳥觀魚。世居太古之前，人是羲皇以上。何其適也，不亦快哉。其或韻士無依、高人落魄者，則從而濟之；花魂無主、月魄不歸者，則從而吊之。嗚呼，怡情爲樂，養性乃眞。較彼心如膏火、思等流波者，其趣既異、所得自多也。」

《族譜‧雜著藏稿》錄其《惜春草小引》：「余琴書性癖，花鳥情深。九十韶光，欲盡網繆久住。三春景物，肯教容易輕歸。故攜酒深山，臥聽清音來睍睆。或徵歌密柳，坐評嬌影舞參差。」

能詩擅文，解律工畫，駢文、七律清新流麗，尤得右軍、太白之逸致。有《同聲集》、《山水友》、《惜春草》行世。

《曙三張公志》：「翃……詩名家。」《山水友‧惜春草》〈和答王子大〉：「夢筆生花善論詩，小窗風雨寄離思。陽春白雪高千古，明月青蓮擅一時。」陸琬《山水友詩序》：「……點染圖畫，游戲三昧。……每過從先生館舍，受詩稿卒業，如行山陰道上，千岩萬壑，目不給賞；水光

山色，冉冉飛動楮面。蓋先生之詩，借山水而益奇。」

《族譜·贈言》引徐鴻《山水友詩序》：「先生詩若干篇，名其集曰《山水友》。」《族譜·贈言》引趙之鎮《惜春草序》：「余至彭城，受知於季翁先生，因得快讀其所著。才奇八斗，而一往情深，……無日不携斗酒、挾管弦，酣觴嘯咏，……是以盈囊充篋，無一擲地不作金石聲。……及見珠輝玉燦，奇艷驚眸者，則案頭《惜春草》也。……出之巧合天然，絕無斧鑿痕迹。」《司城張公傳》：「刊有《同聲集》詩如干卷行於世。」同治《徐州府志》卷十九《經籍考》：「張翃，《同聲集》（銅山志）。」

按《族譜·藏稿》選其詩十五首、詞四首，總其名曰《山水友》、《惜春草》，未析分。又道光《銅山縣志》卷二十二《藝文五國朝詩一》選其詩一首，《徐州詩微》卷二《銅山二》選其詩一首，俱在《族譜》所選之內。

多蓄異書古器。

陸琬《山水友詩序》：「彭城季超張先生挾不世之材，負泉石之癖，多蓄異書古器，以嘯咏自適。」

曾出游任城、漢陽、吳江、杭州等地。

按《山水友·惜春草》中有《秋日登任城太白樓謁二賢祠》、《登晴川閣》、《過西泠游飛來峰》諸題。其《傳言玉女》（重陽旅況）：「雁渡長空，霜落吳江，楓冷鄉思無限。」又《贈博平耿隱之》：「雲龍折柳爲君賦，他日同期五岳游。」

感嘆世風頹喪，慨然爲桑梓排難解紛。

《司城張公傳》：「當是時，流氣踸踔之餘，吾徐驚鴻甫奠，俗鄙風頹。……更結經濟社，標以射約，而少年英俊

羣，紛紛然操弓挾矢以從。由此國俗爲之丕變。公敷陳事
理，詞義精劃，聲響朗然。郡中巨細事咸質諸公。公剖分
明晰，悉中肯綮而桀黠爭雄糾結難明者，當公片語，莫不
含羞釋忿而退。蓋公臨事剛而不亢，柔而不褻，直爽軒
谿，音吐鴻磤，令人凜然如對巨鑒，而不能隱其迹也。」

性喜揮霍，常致囊澀。

> 《司城張公傳》：「公門第迥然，而晰產乃不及中人。且
> 性喜揮霍，屢以澀囊致困。」

每懷黍離之情，飄然有出世之思。

> 《山水友·惜春草》〈初夏靜夜玩月偶成〉：「擁石高歌
> 舒嘯傲，拋書起舞話興亡。銜杯不與人同醉，獨醒何妨三
> 萬場。」又〈泗水懷古和石蘊輝韻〉：「豐沛雄圖瞳眼消，
> 空餘泗上水迢迢。詩歌舊迹碑猶在，湯沐遺恩事已遙。白
> 鷺閑依荒草渡，錦禽爭過斷楊橋。山川無限興亡意，月色
> 風聲正寂寥。」又〈白雲禪院〉：「白雲深處偶停車，殊
> 覺紅塵道路賒。梵語空清高嶺落，花香幽艷曲蹊斜。朝霞
> 暮靄連松葉，夜月春風冷石葦。每憶武陵求隱地，桃源不
> 意在山家。」又〈答彌壂和尚〉：「厭聞名利計人余，欲
> 向深山結草廬。幻夢覺來三昧寂，色空悟到一身餘。」

因哭至友致卒，生年四十二歲。

> 《司城張公傳》：「公一日扶病出數十里外，哭其至友於
> 懸水邨。過慟。歸途冒風雪，病轉劇，因着床褥，遂不
> 起。」《族名錄》：「翃……生年四十二歲，於清康熙甲
> 子年十一月十一日疾終於家。葬於丁塘紫金山之陰新塋主
> 穴。」

母沙氏，同郡廩生沙日清女。弱齡以孝女聞，於歸以賢婦名，晚

歲以仁母稱。享年六十三歲。

> 《族譜·壼德》：「沙氏，徐州人、廩生沙日清女，兵馬
> 司指揮張翊妻。賦性沉靜，一生無疾言遽色。弱齡以孝女
> 聞，於歸以賢婦名，晚歲以仁母稱。至其閫範，雍雍然，
> 肅肅然，外言不入，內言不出也。作未亡人者，將三十年，
> 丸熊之教無忝。男噪才名於弱冠，女解割股於垂髫。即此
> 可證氏教有方矣。里中親串咸敬仰之，奉爲儀型焉。」原
> 注：「載州志閨德部。」
> 《族名錄》：「沙氏……生於順治丁亥年三月二十三日，
> 享年六十三歲，於康熙己丑年二月二十四日壽終內寢，合
> 葬丁塘紫金山新塋主穴。」

簪纓世胄，鐘鼎名家。

> 《族譜》雍正十一年石杰序：「張於徐爲巨族，其仕者皆
> 有廉能之稱。」《族譜·傳述》引拾泰《珍垣張公傳》：
> 「錢里……世族最伙，若歷數之，則張姓當僂第一指。」
> 《族譜·傳述》引莊柱《邑侯張公傳》：「彭城張氏，素
> 稱望族，代有偉人。」《族譜·傳述》引周鉞《孝靖先生
> 傳》：「先生一門群從，勢位傾閭里。」《族譜·志銘》
> 引孔毓圻《履貞張公墓誌銘》：「簪纓袍笏，一門濟濟，
> 大河南北，莫與倫也。」《族譜·崇祀》：「簪纓世胄，
> 鐘鼎名家。」

竹坡生有異兆，竟每以虎自喻。

> 《仲兄竹坡傳》：「歲庚戌，母一夕夢繡虎躍於寢室，掀
> 髯起立，化爲偉丈夫，遂生兄。」《十一草·撥悶三首》：
> 「我聞我母生我時，斑然之虎入夢思，掀髯立起化作人，
> 黃衣黑冠多偉姿。……我志騰驤過於虎。……去年過虎

踞，今年來虎阜，金銀氣高虎呈祥，池上劍光射牛斗。」

《十一草·客虎阜遣興》：「……銀虎何年臥此邱。憑吊有時心耳熱，……」。《十一草·乙亥元夜戲作》：「弱女提燈從旁舞，醉眼將燈仔細看，半類獅子半類虎。」

少聰穎，六歲能詩，入塾傾倒同社。

《仲兄竹坡傳》：「六歲輒賦小詩。一日，總角侍父側。座客命對曰：河上觀音柳，兄應聲曰：園外大夫松。舉座奇之。……兄長余二歲，幼時同就外傅。余質鈍，盡日呀唔，不能成誦。兄終朝嬉戲，及塾師考課，始為開卷。一寓目，即朗朗背出，如熟讀者然。……一日，師他出。余揀時藝一紙、玩物一枚，與兄約曰：讀一過而能背誦不忘者，即以為壽。設有遺錯，當以他物相償。兄笑諾。乃一手執玩具，一手持文讀之。余從旁催促，且故作他狀以亂之。讀竟復誦，隻字不訛。同社盡為傾倒。」

二十四歲，北游長安詩社，名震都門，咸稱竹坡才子。

《仲兄竹坡傳》：「長安詩社每聚會不下數十百輩，兄訪至，登上座，竞病分拈，長章短句，賦成百有餘首，眾皆壓倒，一時都下稱為竹坡才子云。」《司城張公傳》：「道深，有時名，世咸稱為竹坡才子云。」

《十一草·乙亥元夜戲作》：「去年前年客長安，春燈影裏誰為主。」按乙亥前二年為癸酉，竹坡生於庚戌，因知為二十四歲。《十一草·撥悶三首》：「廿歲文章遍都下。」按此係舉其成數。

性孝友，志欲鵬飛，光宗耀祖。

《族譜·雜著藏稿》錄其《烏思記》：「余……年十五而先嚴即見背。……戊辰春，予以親迎至鐘吾。……萱樹遠

離，……對景永傷，不覺春衫泪濕。……偶見階前海榴映日、艾葉凌風，乃憶爲屈大夫矢忠、曹娥盡孝之日也。……彼曹娥一女子也，乃能逝長波逐巨浪，貞魂不沒，終抱父尸以出。矧予以須眉男子，當失怙之後，乃不能一奮鵬飛，奉揚先烈，……尚何面目舒兩臂，繫五色續命絲哉！」《十一草・乙亥元夜戲作》：「堂上歸來夜已午，……且以平安娛老母。」

體質羸弱，而精神獨異。讀書快若敗葉翻風。

《仲兄竹坡傳》：「兄體朧弱，青氣恒形於面，病後愈甚。伯父奉政公嘗面諭曰：姪氣色非正，恐不永年，當善自調攝。……兄雖立有羸形，而精神獨異乎眾，能數十晝夜目不交睫，不以爲疲。」《十一草・撥悶三首》：「我生柔弱類靜女」。

《仲兄竹坡傳》：「兄讀書一目能十數行下，偶見其翻閱稗史，如《水滸》、《金瓶》等傳，快若敗葉翻風，睂影方移，而覽輒無遺矣。」

落拓不羈，志節疏放。

《仲兄竹坡傳》：「兄性不羈，一日家居，與客夜坐。客有話及都門詩社之盛者。兄喜曰：吾即一往觀之，客能從否？客方以兄言爲戲，未即應。次晨，客曉夢未醒，而兄已束裝就道矣。」《十一草・撥悶三首》：「我生泗水上，志節愧疏放。」

《幽夢影》有一則云：「賞花宜對佳人，醉月宜對韻人，映雪宜對高人。」竹坡批曰：「聚花、月、雪於一時，合佳、韻、高爲一人，吾當不賞而心醉矣。」《幽夢影》又一則云：「一歲佳節以上元爲第一，中秋次之，五月九日

又次之。」竹坡批曰：「一歲當以我暢意日爲佳節。」
五困場屋，未博一第。

《仲兄竹坡傳》：「十五赴棘圍，點額而回。……兄一生
負才拓落，五困棘圍，而不能博一第。」

激賞《金瓶梅》針線細密，二十六歲時，爲炎涼所激，旬有餘日，
批成梓行，貨之金陵，名益振，然終受其累。

《仲兄竹坡傳》：「(兄)曾向余曰：《金瓶》針線縝密，
聖嘆既歿，世鮮知者，吾將拈而出之。遂鍵戶旬有餘日而
批成。或曰：此稿貨之坊間，可獲重價。兄曰：吾豈謀利
而爲之耶？吾將梓以問世，使天下人共賞文字之美，不亦
可乎？遂付剞劂。載之金陵。於是遠近購求，才名益振。
四方名士來白下者，日訪兄以數十計。」

按《第一奇書非淫書論》「生始二十有六，素與人全無恩
怨」云云，信爲實言。又《竹坡閒話》：「《金瓶梅》何爲
而有此書也哉？曰：此仁人志士，孝子悌弟，不得於時，
上不能問諸天，下不能告諸人，悲憤嗚唈，而作穢言以泄
其憤也。」並說他「恨不自撰一部世情書，以排遣悶懷。」
又《第一奇書·凡例》：「此書非有意刊行，偶因一時文
興，借此一試目力，且成於十數天內。」羅伊《張竹坡評
金瓶梅》考定竹坡評《金瓶梅》在康熙五年至二十三年間，
非是。

《幽夢影》有一則云：「凡事不宜刻，若讀書，則不可不
刻。」竹坡批曰：「我爲刻書累，請並去一不字。」按有
清一代，張氏族人皆不便承認其爲先人。直至民國二十四
年，張伯英編纂《徐州續詩徵》，方首次公開歸竹坡於譜
系。

性揮霍，喜交游，狂於酒，至於貧病交加。

　　《仲兄竹坡傳》：「兄素善飲，且狂於酒。……兄性好交游，雖居邸舍，而座上常滿。日之所入，僅足以供揮霍。」

　　《十一草·撥悶三首》其二：「少年結客不知悔，黃金散去如流水。老大作客反依人，手無黃金辭不美。」其一：「愁多白髮因欺人，頓使少年失青春。」《竹坡閒話》：「邇來爲窮愁所迫」。《幽夢影》有一則云：「境有言之極雅而實難堪者，貧病也。」竹坡批曰：「我幸得極雅之境！」

客寓揚州、蘇州，憤世疾俗，批書寫恨，吟詩寄愁，自我解嘲。

　　《與張山來書》其一：「老叔台誠昭代之偉人，儒林之柱石。小侄何幸，一旦而識荊州。廣陵一行，誠不虛矣。」其二：「承教《幽夢影》……小侄旅邸無下酒物，得此，數夕酒杯間頗饒山珍海錯……不揣狂瞽，妄贅瑣言數則。」按竹坡於康熙三十五年由南京移寓揚州，（參見顧國瑞、劉輝《〈尺牘偶存〉、〈友聲〉及其中的戲曲史料》，載《文史》第十五輯；並參見下文）而由《與張山來書》知乃初識張潮等人，並參與《幽夢影》批評。其《幽夢影》批語有一則云：「今之絕勝於古者，能吏也，猾棍也，無恥也。」

　　《十一草·撥悶三首》其三：「去年過虎踞，今年來虎阜。」其二：「而今識得世人心，藍田緩種玉，且去種黃金。」其一：「何如不愁愁亦少，不見天涯潦倒人，飢時雖愁愁不飽。隨分一杯酒，無者何必求！」《十一草·客虎阜遣興》：「好將詩思消愁思，省卻山塘買醉錢。」按竹坡評點《金瓶梅》在康熙三十四年乙亥，次年春「載之

金陵」。此言「去年過虎踞，今年來虎阜」，因知竹坡係
於康熙三十六年由揚州轉客蘇州。其有感於人情冷暖、世
態炎涼，卻由來已久。《鳥思記》：「人情反復，世事滄
桑，若黃河之波，變幻不測；如青天之雲，起滅無常。噫！
予小子久如出林松杉，孤立於人世矣。」

然志不少減，堅欲用世。遂北上，效力永定河工次。

《十一草‧撥悶三首》：「眼前未得志，豈足盡生平。」

《十一草‧客虎阜遣興》其三：「憑弔有時心耳熱，雲根
撥土覓吳鈎。」

《仲兄竹坡傳》：「一朝大呼曰：大丈夫寧事此以羈吾身
耶！遂將所刊梨棗，棄置於逆旅主人。隻身北上，遇故友
於永定河工次。友荐兄河干效力，兄曰：吾聊試為之。於
是晝則督理插畚，夜仍秉燭讀書。」

按《在園雜志》卷二：「(竹坡)歿後將刊板抵償凤遍於汪
蒼孚，蒼孚舉火焚之。」劉廷璣康熙四十五年任淮徐道，
駐節彭城，此段記載孤例無稽，應是傳聞而誤。

工竣，一夕突病，嘔血數升而卒，時年二十九歲。

《仲兄竹坡傳》：「工竣，詣鉅鹿會計帑金。寓客舍。一
夕突病，嘔血數升。同事者驚相視，急呼醫來，已不出一
語。藥鐺未沸，而兄奄然氣絕矣。時年二十有九。」《族
名錄》：「生年二十九歲，於康熙戊寅年九月十五日疾終
於直隸保定府永定河工次。葬於丁塘先塋穆穴。」

官候選縣丞。

《族名錄》：「官職候選縣丞。」《曙三張公志》：「道
深……候選縣丞。」

著述甚富，傳世者六種。其一《十一草》。

《徐州詩徵》：「道深……著有《十一草》。」民國《銅山縣志》同。《徐州詩徵》並選其詩二首，題爲《虎阜遺興》。

按《族譜·藏稿》收有《十一草》十八首。內有《客虎阜遺興》一組六首。《詩徵》所選即其一、三，詩題則刪誤。另道光《銅山縣志》卷二十二《藝文五》選張道源一首《中秋看月黃樓上》，實爲《十一草》最末一首，《縣志》誤署。

《仲兄竹坡傳》：「(兄)二十餘年詩古文詞無日無之，然皆隨手散亡，不復存稿。搜求敗紙囊中，僅得如干首。」按竹坡作詩既「隨手散亡」，又係暴卒，其《十一草》集名，當爲其弟道淵代擬。

其二《治道》。其三《鳥思記》。

按《治道》爲政論散文，《鳥思記》爲記敍散文，俱見載於《族譜·雜著藏稿》。

其四《金瓶梅》批語。

按批語有以下幾種形式：一、每回回首總批；二、回內雙行夾批；三、附錄，計有：凡例，《金瓶梅》寓意說，冷熱金針，非淫書論，苦孝說，讀法，雜錄小引，竹坡閒話，雜錄，趣談，目錄。批語俱附於原書，未曾單行。張評本《金瓶梅》有康熙乙亥原刊本，及翻刻本。各本於附錄次序或有調整，不盡同。

其五《幽夢影》批語。

按《幽夢影》爲張潮撰寫之雜感集。有道光十三年刊《昭代叢書》別集本、光緒二年復刊本、光緒五年嘯園刊《古今說部叢書六集》本等。其上共有批語五百一十三條（據

嘯園刊本），其中張竹坡批八十三條。

其六《東游記》批語。

　　按孫楷第先生《中國通俗小說書目》卷四：「《狐仙口授
　　人見樂妓館珍藏東游記》……每章後有『竹坡評』，末附
　　《尾談》一卷。……竹坡不知即張竹坡否？」柳存仁先生
　　《倫敦所見中國小說書目提要》：「《尾談》中敍及『長
　　崎島有大唐街，皆中國人』。孫子書先生考證……『此書
　　之作至早不能過康熙二十八年』。……假如這個竹坡真的
　　是批《金瓶梅》的張竹坡，則康熙二十八年他尚只有二十
　　歲，再過幾年批書，與孫先生的考據正相符合。」

妻劉氏，西安府參將劉國柱女。夫婦伉儷情深。

　　《族名錄》：「妻劉氏，同郡人、陝西西安府參將諱國柱
　　之女。生於康熙戊申年九月十三日，享年七十五歲，於乾
　　隆壬戌年三月初一日壽終內寢，合葬於丁塘先塋穆穴。」
　　《鳥思記》：「戊辰春，予以親迎至鐘吾。……荊枝遙隔，
　　……對景永傷」。《十一草·乙亥元夜戲作》：「堂上歸
　　來夜已午，春濃繡幕余樽俎，荊妻執壺兒擊鼓，弱女提燈
　　從旁舞。」

子二人，長彥寶。次彥瑜。

　　《仲兄竹坡傳》：「子二：彥寶、彥瑜。」《族名錄》：
　　「道深……子二：彥寶，劉氏出；彥瑜，劉氏出。」《曙
　　三張公志》：「彥寶，字石友，善詩畫，生員。彥瑜。」
　　《清毅先生譜稿》卷四《雪客公支派》：「彥寶，道深長
　　子，字若芝。住郡城東南張家集。生於康熙己巳四月二十
　　七日。生員。生年五十六歲，乾隆甲子正月十九日疾終，
　　祔葬丁塘祖塋。室蔡氏，宿遷縣人、湖廣九谿衛守備諱求

之女，生於康熙戊寅四月初五日，生年四十一歲，雍正戊
申六月初十日疾終，葬宿遷縣馬路口新塋。側室王氏。」
「彥瑜，道深次子。住張家集。生於康熙乙亥二月十七日，
生年二十一歲，雍正乙巳八月十七日疾卒，葬宿遷縣馬路
口新塋。室陳氏，浙江紹興府山陰縣人、宿遷縣丞諱朝綱
之女，生於康熙丙戌五月十五日，生年十八歲，疾卒，合
袝。」

女二人，俱劉氏出。

　　《族名錄》：「女，劉氏出，婿趙懋宗，鑲黃旗人。二，
　　劉氏出，婿莊顯忠，直隸順天府大興縣人，廣東惠州營把
　　總。」

孫世揚、世振、世榮。

　　按俱見《清毅先生譜稿》。不具述。

曾孫材、果、林、殿元。

　　按俱見《清毅先生譜稿》。不具述。

元孫翼鷟。

　　按見《清毅先生譜稿》。不具述。

竹坡兄弟九人，五人早夭。

　　《仲兄竹坡傳》：「余兄弟九人，而殤者五。兄雖居仲，
　　而實行四。」《族名錄》：「翺……子四：道弘，沙氏出；
　　道深，沙氏出；道淵，沙氏出；道引，沙氏出。」
　　按《徐州詩徵》以前，不注孰為翺子。民國《銅山縣志》
　　始據張氏譜注明：「翺……子道淵。」《徐州續詩徵·張
　　氏詩譜》又增注有：「道深，翺子。」另《銅山縣志》、
　　同治《徐州府志》均在「應例」項，記錄有道弘，但未注
　　世系。

兄道弘，字士毅，號秋山。風神秀骨，初欲利濟萬物，終以畫隱
故園。能詩，擅丹青，長於沒骨圖，名噪一時。官至江西按察司
知事。享年七十四歲。妻陸氏。

《族名錄》：「道弘，行大，字士毅，號秋山。生於康熙
癸卯年八月初九日，享年七十四歲，於乾隆丁巳年九月二
十九日壽終於家。葬於丁塘先塋昭穴。官職貢監，援例上
林苑監署丞，初任改補江西按察司知事。妻陸氏，宿遷縣
人、生員、鄉飲大賢諱奮翮之女。生於康熙壬子年八月初
九日，享年六十三歲，於雍正乙卯年九月二十六日壽終內
寢，合葬於丁塘先塋昭穴。」

《曙三張公志》：「道宏，字士毅，號秋山。能詩，以畫
名。上林苑監正，補江西按察司知事。」《司城張公傳》：
「道弘以上林牧改授江右觀察參軍。擅丹青，長於北宋沒
骨圖，名噪一時。」

《族譜‧贈言》引葛繼孔《張秋山畫記》：「憶予守宜陽
時，詣臬台，察案中有偉然七尺軀，長髯秀目，修眉聳顴，
豐神氣宇，儼若山岳者其人，詢知爲秋山張氏，以京職調
是台屬吏者。他日訪於署。時值炎暑，窺見一室中粉碧青
黃繽紛，几案排闥。入則有鮮花數樹，馥馥生綃上，枝迎
葉舞。頓覺春風貽宕，怡我心神。訝而嘆曰：孰爲是神品
而使造化在手耶？秋山曰：研粉塗丹，下於雕蟲篆刻，壯
夫猶且不爲。若云造化在手，則大丈夫存利濟萬物心，得
時而駕，調元贊化，俾天下被澤者，莫不快陽春有腳，庶
足以當斯語。予乃以塗抹袪囂暑耳，何敢辱君言之眖。是
時，秋山年方強壯。烏府廉知其才能，遇疑讞沉冤，輒與
諮諏。幕府棘長囹圄，星沉貫索，秋山贊畫之力居多。…

…予於秋山之畫有深嗜，而不能不亟爲贊美者，予曾乞
《九秋圖》一幅懸諸壁。值秋時，回欄曲榭，亦間蒔異卉，
與壁間相映，幾莫辨其孰爲植孰爲繪。蓋不獨形色肖之，
其芬芳之氣，暢發之神，無不栩栩然相比似。考其派出，
五代黃荃寫生，不以墨，但以輕色染成，謂之沒骨圖。迨
後徐熙先落筆以寫其枝葉蕊萼，然後傅色。故骨氣豐神，
爲古今絕筆。秋山殆契其微歟？……及予司臬江左之明
年，秋山買舟來晤。風神猶昔，而鬢髮蒼然矣。詢其出處，
則曰：予歸登吾山之雲龍，仰睇嵐光，俯挹湖影，不覺邱
壑之情濃，而簪組之緣絕。遂構數椽於其麓，乃拘余畫者
伙，予亦不倦畫，蓋將以是老焉。……秋山彭城人，張姓，
名道弘，字士毅，秋山其歸隱之別號也。初授職上林苑
丞，改補江西按察司知事。慢，去官，不仕。」

按道弘，因避乾隆諱，改道宏。

弟道淵，字明洲，號蓮庵，鄉諡孝靖先生。

　　《族名錄》：「道淵，字明洲，號蓮庵，……鄉諡孝靖先
　　生。」周鉞《孝靖先生傳》：「字明洲，號蓮庵，……里
　　中士夫諡曰孝靖，固定論哉！」《曙三張公志》、道光
　　《銅山縣志》略同。

淡泊處世，不樂仕進。

　　《孝靖先生傳》：「時先生一門群從，勢位傾閭里，而先
　　生泊如也。蕭然環堵，門無雜賓。……客有勸先生謁選爲
　　升斗計者，先生輒笑而領之。蓋先生尊大人季超公，際伯
　　仲緯武經文之盛，獨抗懷高尚，不樂仕進。……會功令文
　　武互用，遂需次京邸。……自是而後，先生亦絕意仕進
　　矣。」

喜收字書古器，手不釋卷。

> 《孝靖先生傳》：「一時諸名流題贈滿四壁。架列藏書凡
> 若干卷。案頭筆床茗椀外，古器數事，近作稿一冊，…
> …」。道光《銅山縣志》：「道淵……喜讀書，七十手不
> 釋卷。」

優游天下，曠達不問生產。

> 《孝靖先生傳》：「每良辰美景，先生偕伯兄秋山、季弟
> 汲庵，開閣延賓，酒兵詩債，鏖戰者往往徹宵旦。……先
> 生曠達不問生產，以故家益中落。朝餐未沾，便典春衫。
> 夜飲偏豪，常尋武負，……而先生故好游，游屐幾遍天
> 下。……申酉間，余授徒里閈，而先生探奇閲嶠，往返皆
> 獲過從。余乃比歲得與先生棕鞋藤帽，散步兩峰三竺間。
> 而先生亟賞，尤在孤山片石。嘗暮山日落，瞑色烟凝，先
> 生方兀坐凝神，若將屬句者。令嗣采若屢促登舟，弗應
> 也。蓋先生一生山水之癖，詩文之豪，即此概見矣。」

能詩善文，情眞辭切。

> 《曙三張公志》：「道淵……能詩。」《孝靖先生傳》：
> 「所歷名山大川之勝，薈萃郁勃，而發之詩文。讀先生秦
> 征載路，如曹集諸刻者。見其嶔崎澎湃，咸謂得山水之助
> 焉。」

修家譜，建家祠，幾竭一生之力。

> 《族譜》康熙六十年張道淵序：「余愧不敏，然分不容辭。
> 聞命之日，凜凜於懷。於是握槧懷鉛，循支依派，逐戶諮
> 詢，盡人究察。如某諱、某行、某字、某號、居某處、生
> 某日、卒某時、葬某地、職某銜、官某方、妻某氏、妾某
> 人、子某出、女某歸，以及孫、曾、雲、礽，一一細記。

通族遍歷，越歲始周。其間名字雷同者改之，嫡庶混淆者
辨之。聯合譜之次序，排長幼以攸分。至於事功不泯，文
行堪傳者，則另爲立傳。其恩綸、藏稿、壽挽諸章，悉選
入集。恪遵舊譜程式，殫精竭慮，閱數載而譜成。」

《族譜》雍正十一年張道淵後序：「族譜之修，幾經讎校，
曾於戊戌、己亥間遍歷通族，詳分支派，遵沿舊譜條目，
滙選恩綸、傳誌、藏稿、贈言、壽挽諸章，裒集成帙。正
在發刊，忽以他務糾纏，……只得暫爲輟工。只將鋟成之
宗支圖、族名錄等等，附以家法十七則，訂輯成書，分給
族人使用。……余則度之高閣，以待來茲。歲月蹉跎，遲
至壬子秋七月，墓祭之期，……因起建立宗祠之議。……
於是歲十月谷旦奉安先人主位於祠，諸子姓……僉謂余
曰：建祠、修譜，吾族兩大事。今祠已建，譜安容緩？余
曰：唯唯。……余謝絕人事，入祠捷關，敬謹增修。舊條
目中，逐日增益新條。舊條目外，按條另標新目。更立宗
訓、族規、家法，……又恐遲或他誤，前轍可鑒也。乃即
鳩工於祠，隨手付梓。編次方完，而梓人報竣。茲舉也，
起於癸丑四月之朔，成於九月之望。客曰：譜約千頁，亦
云繁矣。夫以盈尺之書，成於數月之內，何其速也！諸子
姓曰：非然。譜修於戊戌、己亥之間，而今乃成，爲日已
多。余曰：更非也。余自十數齡時，捧觀舊譜，見其條目
空存，早已立心纂述，以竟先人未竟之事。今余已開第七
帙矣。是余於譜，乃竭一生之力。客云數月之速，談何易
易。而子姓只見修譜於戊亥之間，餘則不知也。」

《族譜》雍正十一年徐州牧石杰序：「五世孫道淵繼其先
人之志，增修以成。」

《孝靖先生傳》：「丙辰，余公車北上，便道過訪。先生方銳意以修家乘、建宗祠爲己任。迨己未，余南宮被放，應方伯徐公之聘，復館彭城。時則先生已譜成祠竣矣。余讀其條教，瞻其廟堂，竊嘆先生生平懿行，覼縷不盡。而此尤先生十餘年來殫精竭力而成者。」

按綜上所錄，則道淵髫年即蓄修譜之志，乃潛心留意，遂於康熙五十七、五十八年間正式入手，至康熙六十年，譜已垂成，後因故中輟，然已編成恩綸、傳志、藏稿、贈言、壽挽諸章，其宗支圖、族名錄等，並已殺青。雍正十年復續，先於是年七至十月建成宗祠，繼以雍正十一年四至九月，纂竟族譜，並同時梓成，然已第七稿矣。至於周《傳》乾隆元年尚在修纂云云，因《傳》作於乾隆十三年，或係記誤。竹坡評點《金瓶梅》之功不可沒！道淵纂修《張氏族譜》之功亦不可沒！惟其道淵，竹坡之詩文、小傳方得傳世！

性孝友，以禮讓率族。

《孝靖先生傳》：「先生性友愛，……少孤不逮，色養惟謹，侍母太夫人朝夕，每以不得捧檄娛親爲歉。……而太夫人適遘重疾，先生聞信，促裝歸侍湯藥。卒以居喪盡禮稱族黨間。」《族譜》雍正十一年八世家孫張炯序：「曾叔祖明洲……與先生父乃竹林中至近，而且至相親密者。」道光《銅山縣志》：「道淵……性孝友，……以禮讓率族人。」民國《銅山縣志》同。

按即以《族譜》爲例，除《族名錄》、《傳述》例當有其家傳，並爲撰《仲兄竹坡傳》、《聖侄家傳》、《珍侄家傳》載於《族譜·傳述》，《侄女彥瑗小傳》載於《族譜

·壼德》外，其詩文一無入選。其奉公謙讓，於此可見。
享年七十一歲。

> 《族名錄》：「道淵……生於康熙壬子年九月二十日，享
> 年七十一歲，於乾隆壬戌年二月初七日壽終於家，葬於丁
> 塘紫金山之東新塋主穴。」

官候選守御所。

> 《族名錄》：「官職候選守御所。」《曙三張公志》同。

妻陶氏。繼配任氏。妾丁氏。

> 《族名錄》：「妻陶氏，徐州衛人、貢生諱于雯之女。生
> 於康熙辛亥年正月十五日，生年二十四歲，於康熙甲戌年
> 正月初四日疾終內寢。合葬於丁塘紫金山之東新塋主穴。
> 繼妻任氏，肖縣人、廩生諱以濂之女。生於康熙戊午年十
> 一月十八日，生年四十一歲，於康熙戊戌年七月初六日疾
> 終於肖邑母氏之宅。合葬於丁塘紫金山之東新塋主穴。側
> 室丁氏，生於康熙丁丑年十二月二十四日。」

弟道引，字汲庵，號蕓樵。監生。享年六十一歲。妻丁氏。

> 《族名錄》：「道引，行八，字汲庵，號蕓樵。居住張家
> 集。生於康熙甲寅年八月二十三日，享年六十一歲，於雍
> 正甲寅年六月十六日壽終於家。監生。妻丁氏，同郡人、
> 河標中軍守備捐補都司諱熾之女。生於康熙丙辰年九月二
> 十七日，享年六十歲，於乾隆丙辰年二月初七日壽終內
> 寢，合葬於張家集北新塋主穴。」

姊妹四人，俱沙氏出。妹文閑，七歲割股療父，旌為孝女。

> 《族名錄》：「翹……女長，沙氏出，婿趙泉楠，鑲黃旗
> 人，陝西平慶道。三，沙氏出，婿韓啓鉅，同郡人、山東萊
> 州府濰縣縣丞。四，沙氏出，婿郝質琪，沛縣人，貢生。」

《族譜·壼德》引外叔祖沙永祺《張孝媛小傳》：「清河
氏有女曰文閑，齒方齔。凤嫺禮度。凡女紅針管鉛墨詩
賦，不假師傳，輒工妙絕倫。雖方之道韞，不復過也。兩
親殊愛之。深閨畫閣，風日晴麗，趺步不去左右。康熙辛
酉冬，余倩季超甫偶遭痰疾。延和扁疹視，參酌湯盞，未
即愈。當沉迷倉卒中，諸兒女繞床户環泣。女獨入小閣綉
佛前，戒侍者出，胡跪燃香再拜，願以身代父。算取花剪
割股，潛置藥鼎內，數沸，進於父。時慈母諸昆娣無有知
其事者。浹日，果漸瘳。越兩月，始微露於母前。而季超
病遂愈。……余念吾沙氏自少參公以忠孝傳其家，今鼇爾
女士在清河望族。此女之懿孝性成，一段佳話，誠有不可
泯沒者，亦吾兩家之幸也。」《徐州府志》、《銅山縣志》
略同。按女七歲換齒曰齔，康熙二十年辛酉，竹坡十二
歲，故爲其妹。另沙永祺尚有《張孝媛徵詩小啓》，載
《族譜·贈言》。

從兄道祥，字履吉，號拙存。胆長子。由恩蔭選授內翰，官至湖
北按察使。晉階光祿大夫。勤於業，孝於親，篤於友。卒於官所，
生年五十歲。崇祀湖北名宦祠。工詩，有《宦游草》傳世。妻馬
氏，多病。次配趙氏，賢孝謙恭。妾崔氏。

《族名錄》：「胆……子六：道祥，朱氏出；道瑞，朱氏
出；道源，趙氏出；道溥，趙氏出；道沂，陳氏出，彭氏
育；道沛，趙氏出。」按民國《銅山縣志》云胆子五，缺
道沛，不周；所引王熙《驃騎將軍張公傳》則明言胆子六。

《族譜·志銘》引馮溥《拙存張公墓志》：「公諱道祥，
字履吉，號拙存。生而穎異過人，讀書能數行俱下。……
甲子春，升授湖廣湖北觀察使。故事，參議無升臬司之

例。而公特膺殊寵。……去代之日，黃童白叟，攀轅臥轍，所過填擁不得行，號泣之聲，聞於數里。……公自中翰至觀察，宦途數十年，兢兢奉職，從無挂誤致於吏議。公孝事二親，必敬必誠；友於昆季，始終無間；篤於友誼，道義相親。」《徐州府志》、《銅山縣志》略同。

《族名錄》：「道祥，行大，……生於明崇禎丁丑年三月十四日，生年五十歲，於清康熙丙寅年正月十九日疾終於湖廣湖北臬署。葬於肖縣鳳凰山新塋主穴。……官職恩蔭，初任內秘院中書，二任雲南洱海道，三任山西雁平道，四任湖廣湖北按察司使。誥授光祿大夫。妻馬氏，同郡人、世襲千戶諱玉斗之女。生於崇禎甲戌年十一月初四日。以夫貴，誥封一品夫人。享年六十歲，於康熙癸酉年十二月二十八日壽終內寢。……次配趙氏，廣西左江道諱璧球之女。生於順治戊子年二月二十八日，享年七十七歲，於雍正甲辰年六月二十八日壽終內寢。……側室崔氏。」

《族譜·壺德》錄張道源《嫂氏趙太孺人記》：「吾兄拙存公以中翰奉命隨定西將軍入滇，道過里門，辭堂上雙親。瀕行，父母命曰：……汝歸病莫能從，且得異症，艱於嗣孕。汝為家男，宜早得子，以慰吾兩老人心。汝於前途，當慎選名楣，更為擇配，……兄唯唯而退。」

《宦游草·都門囑使者南旋》：「勞爾一杯酒，莫辭行路難。雁歸秋月迥，書寄朔風寒。計日鄉心切，浮雲宦興闌。老親如有問，長跪說平安。」

《宦游草·長安除夕》：「性癖耽詩酒。」《曙三張公志》：「道祥……工詩，……崇祀湖北名宦祠。」《徐州續詩徵》

卷一《銅山》選萬睿《挽湖北臬司張拙存》:「文采風流
孰似君,與君廿載結蘭芬。龍山絲竹消春晝,燕市琴書共
夜分。珍重綠楊方閱歲,淒其黃鶴淡流雲。」民國《銅山
縣志》卷二十《藝文考》:「張道祥,《宦游草》。」嘉
慶《肖縣志》卷七云其冢墓「在鳳凰山」。

按道祥與仲叔鐸同庚,為彭城張氏五世年最長者。《族譜
・藏稿》選《宦游草》二十一首。《徐州詩徵》卷一《銅
山一》選其詩二首,俱在《族譜》所選之內。

從兄道瑞,字履貞,號微山。胆次子。康熙癸丑武進士,官至江
南福山營游擊。晉階榮祿大夫。騎射勇武,孝友性成,剔弊厘奸,
樂善好施。生年五十二歲。原聘庫氏,未娶即亡。繼配劉氏、王
氏。妾李氏、馬氏、王氏、印氏、黃氏。

《族譜・志銘》引孔毓圻《張公墓志銘》:「生而天資樸
茂,孝友性成。總角之時,輒負大志。業儒不成,幡然投
筆。曰:大丈夫安能久事毛錐子、坐困青毡也。且韜鈐吾
家故物,姑學萬人敵,以備國家登壇緩急之寄,不亦可
乎。由是從事決拾,果以康熙癸卯獲雋武闈,癸丑成進
士。……遂選侍禁庭,出入扈蹕,七年所泊。歲庚申,…
…題為福山營游擊將軍。……丁卯,徐州總戎缺,……委
署鎮事。剔弊厘奸,施德布惠,鄉評藉藉。……庚午丁外
艱,捧訃號痛,勺水溢米不下於咽者數日。牒報兩台,堅
請終制。顧格於成例,弗許。哀毀之餘,遂攖痼疾。……
以痰症卒於官舍。」《徐州府志》、《銅山縣志》略同。

《曙三張公志》:「道瑞……性至孝。」

《族譜・贈言》引郝惟訥《奉賀履貞張君高捷榮膺侍衛
序》:「嘗見履貞對策校射,飛馬破鵠,群雄驚異。旋且

投鞭倚樹，旁若無人。余已心賞其有將相氣度，而風采可畏。」

《族名錄》：「道瑞，行二，……生於明崇禎庚辰年十月初二日，生年五十二歲，於清康熙辛未年十月二十七日疾終福常營官署。葬於肖縣東南沈家峪新塋主穴。……初任御前頭等侍衛，二任江南福常營游擊。誥授榮祿大夫。妻原聘庫氏，滿州人，總漕部院諱禮之女，未娶故。繼妻劉氏，肖縣人、生員諱譚之女。生於崇禎壬午年四月二十二日，生年二十六歲，於康熙丁未年六月二十二日疾終內寢。……以夫貴，誥贈一品夫人。繼妻王氏，直隸順天府人、福建漳泉總兵官諱之綱之女。生於順治甲午年四月十九日。以夫貴，誥封一品夫人。享年七十五歲，於雍正戊申年十一月十五日壽終內寢。……側室李氏，……以子彥璘貴，誥贈宜人。側室馬氏……王氏……印氏……黃氏」。

《銅山縣志》：「張道瑞，以子彥璘贈資政大夫，以孫紹元贈中憲大夫。」

按道光《銅山縣志》云澤州陳相國曾爲道瑞作傳。未見。又嘉慶《肖縣志》卷七云其冢墓「在沈家峪」。道瑞即《曙三張公志》輯抄者張介五世祖，《徐州續詩微》選刊者張伯英七世祖，《張氏族譜》保存者張伯吹八世祖。張氏後人歷歷可數者，唯此一支。

從兄道源，字履常，號云谿。胆第三子。官至江西驛鹽道。晉封中憲大夫。操守廉潔，孝友尙義。工詩善書，有《玉燕堂詩集》等行世。享年六十五歲。妻吳氏。妾華氏、孫氏、翁氏。

《族譜·志銘》引莊楷《云谿張公墓志》：「公爲伯量公第三子，……兩兄俱各仕宦，公庭闈色養，克盡子道。內

總家計，外應賓客，秩然有條。以明經候補內閣中翰。結
交皆吳下名宿，有《學詩堂會課》傳誦人口。太翁氣宇宏
闊，規模遠大。大凡所欲爲善事，公能先意承旨，竭力贊
襄。……己巳入都需次，補授工部營繕司主事，勤敏練
達，……會丁外艱，……念兩兄早世，寡母在堂，孝養備
至。……弟慎庵……得瘵疾以卒。公經理其喪，兼爲立
嗣。於六、七兩弟妍山、澄齋撫愛尤至。……公以養親爲
重，仕宦爲輕。公之母孔太夫人曉以大義，申以國恩，勉
趣就道。謁選得授雲南曲靖知府，……調開化，……補授
直隸永平府，旋委署通永道，政聲洋溢。……而部選已擎
江西通省驛鹽副使。……丁酉攝江西臬篆，……繼攝藩
篆，……前後涖監司五年，操守廉潔，不名一錢，不矯激
沽名，不畏勞避怨。郵傳則核浮冒減供應，鹽政則緝私梟
清積弊。……告歸之日，行李蕭然。……有生平寧人負
我，無我負人之語，蓋記實也。……大抵公之一生，三爲
郡守，位至監司，勤愼廉明，慈和惠愷，……初終一節，
坦白光明。」《徐州府志》、《銅山縣志》略同。

《族譜‧贈言》引彭廷訓《重修南昌府學碑記》：「學宮
屬齕使張公董其事焉。於是約之閭閻，椓之橐橐，張公不
時親臨省視，細至一椽片瓦，務極周祥。凡五閱月而後落
成。……張公名道源，徐州人。」

《族名錄》：「道源，行三，字履吉，號云谿。生於康熙
乙巳年六月初三日，享年六十五歲，於雍正己酉年十二月
二十九日壽終於家。葬於肖縣勘溝新塋主穴。……官職貢
監，初任工部營膳司主事，二任雲南曲靖府知府，三任雲
南開化府知府，四任直隸永平府知府，五任江西驛鹽道。

覃恩誥授中憲大夫。妻吳氏，同郡人、浙江寧波府通判諱
汝珠之女。生於康熙丙午年正月十七日，生年五十二歲，
於康熙丁酉年九月廿五日疾終於江西官署。……以夫貴，
覃恩誥贈恭人。側室華氏，……以子彥珩貴，覃恩誥封恭
人。側室孫氏……翁氏」。

《曙三張公志》：「道源……工詩善書。」民國《銅山縣
志》：「張道源，《玉燕堂詩集》。」

《族譜》張道淵序：「余兄履長，……嘗欲增修，以繼先
人之志。於是倥傯王事，無暇講求。因自永平官署遙致一
函，囑余襄事。」

按《徐州詩徵》謂道源「官江西鹽驛道」，誤。其官銜全
稱爲：「督理江西通省驛傳鹽法按察使司副使」（《云谿
張公墓》）。《族譜·藏稿》選其《玉燕堂詩集》二十五
首。《徐州詩徵》卷一《銅山一》選其詩一首，即前二十
五首之一。民國《銅山縣志》卷七十四《志余下》選有
《中秋看月黃樓上》七律一首，題署：張道源。查此詩不
見於《玉燕堂詩集》，而見於《十一草》，當爲竹坡所作，
《縣志》誤。又《族譜·壺德》錄其所作《嫂氏趙太孺人
記》一篇，甚得文章章法。

從弟道溥，字履嘉，號慎庵。胆第四子。官至堂邑縣令。誥授文
林郎。政績昭著，有賢父之稱。長於聽訟，有神君之號。生年三
十三歲。妻趙氏。

莊柱《邑侯張公傳》：「先生名道溥，……生而穎異，氣宇
不凡。……年甫弱冠，即偕副使公效力河工。八年之間，
歷著成績。……命宰堂邑。下車之後，廉潔自持，……政
聲洋溢。一時有賢父之稱。……積穀以救貧，煮粥以濟

飢，清保甲，嚴巡警，使盜賊潛迹。⋯⋯抑且長於聽訟，⋯⋯閤邑愛而畏之，咸有神君之號。⋯⋯忽丁內艱，哀毀成疾，賚志以終。」《銅山縣志》同。《徐州府志》、《曙三張公志》僅登錄其官職。

《族名錄》：「道溥，行四，字履嘉，號慎庵。生於康熙辛亥年二月初四日，生年三十三歲，於康熙癸未年四月十九日疾終於江南高郵州舟次。葬於太山之陽新塋主穴。⋯⋯官職貢監，山東東昌府堂邑縣知縣。覃恩誥授文林郎。妻趙氏，直隸順天府密雲縣人、漕標右營游擊諱完璧之女。⋯⋯以夫貴，覃恩誥封孺人。」

從弟道汧，字履時，號岈山。胆第五子。直諒好義，勞怨不避。生年五十八歲。累贈奉直大夫。專祀皀河。妻孔氏。繼配喬氏。妾胡氏。

《族譜·傳述》引莊楷《別駕張公傳》：「公為伯量公第五子，行六。生而岐嶷，卓犖不羈。少年才勇過人，善騎射。尤篤於至性，庭闈聚順，肅肅雍雍；昆弟友恭，融融泄泄。⋯⋯年及冠，隨伯兄之任京師，相為倚毗。繼丁外艱旋里，⋯⋯公之諸昆筮仕遠省，子身在家，上事高堂，下視子侄，內而綜理家政，外而酬應賓客。⋯⋯至在河工裏事，疏浚泰安等處泉源，堵築中牟十里店漫口，挑挖睢寧峰山樓引河，疏鑿肖邑東河，監造武陟縣嘉應觀皀河大王廟，皆⋯⋯賢勞懋著。⋯⋯公直諒好義，性不能茹非道，處物無阿私，遇事有不平者，感慨往赴，至身勞怨不避」。《族譜·傳述》引秦勇均《岈山張公傳》、《銅山縣志》略同。

《族名錄》：「道汧，行六，字履時，號岈山。生於康熙

乙卯年七月二十四日，生年五十八歲，於雍正壬子年四月十七日疾終於家。葬於肖縣吉山窩新塋主穴。官候選通判。以子廷獻貴，覃恩誥贈儒林郎。妻孔氏，山東兗州府汶上縣人、監生諱衍鉉之女。……以子廷獻貴，覃恩誥封安人。繼妻喬氏，直隸順天府大興縣人、江南淮安府徐屬同知諱顯忠之女。……以子廷獻貴，覃恩誥封安人。側室胡氏，……以子廷敬貴，覃恩勅封孺人。」

民國《銅山縣志》：「張道汧，以子廷獻、廷敬，累贈奉直大夫。」《曙三張公志》：「道汧……以光錄寺典簿，題補大名府通判。專祀東河。」

按《銅山縣志》云：「皀河廟工至今留有(道汧)遺像。」《曙三張公志》「東河」似爲「皀河」之形誤。又道光《銅山縣志》云道汧爲「胆季子」，誤。又《曙三張公志》云道汧「題補大名府通判」，實未補。《岍山張公傳》：「題補大名通判，會缺已他授，復歸。」故《族名錄》云「官候選通判」。

從弟道沛，字履旋，號澄齋。胆季子。官至延平府知府。晉階中憲大夫。生年五十一歲。妻趙氏。繼配王氏。妾黃氏。

《族名錄》：「道沛，行七，字履旋，號澄齋。生於康熙癸亥年三月初四日，生年五十一歲，於雍正癸丑年正月二十四日疾終福建延平府官署。葬於焦山新塋主穴。……官職貢監，初任廣西桂林府通判，二任廣西鎭安府通判，三任雲南楚雄府通判，四任湖廣德安府同知，五任福建延平府知府。覃恩誥授中憲大夫。妻趙氏，鑲黃旗人、刑部員外諱延組之女。……以夫貴，覃恩誥贈恭人。繼妻王氏，太倉州人、文淵閣大學士諱掞之女。……以夫貴，覃恩誥

封恭人。側室黃氏。」同治《徐州府志》、《銅山縣志》、
《曙三張公志》僅登錄其官職。

從兄道著、道中，從弟道衍、道敏、道維、道統、道衡、道用、
道貫、道政，俱鐸子。

　　　按俱見《族名錄》、《曙三張公志》。不具述。

從姪彥璉，道弘子。

　　　按見《族名錄》、《曙三張公志》、民國《銅山縣志》、
　　　《徐州續詩徵》。《族譜·藏稿》選其《情寄草》詩十二
　　　首。《徐州詩徵》卷一《銅山一》選其詩一首，即《族譜》
　　　所選之一。不具述。

從姪瑭、瑊、璐、璹，俱道淵子。

　　　按俱見《族名錄》、《曙三張公志》。璐並增修《張氏族
　　　譜》，於乾隆四十二年補刊竣工，作序，載《族譜》卷首。
　　　不具述。

從姪彥瑨、彥玶，俱道引子。

　　　按俱見《族名錄》、《曙三張公志》。不具述。

從姪女彥璦，道引第三女。

　　　按見《族名錄》、《族譜·藏稿》、《族譜·壼德》錄道
　　　淵《姪女彥璦小傳》。不具述。

從姪彥琦，道祥子。

　　　按見《族名錄》，《曙三張公志》，《族譜》張炯序，《族
　　　譜·徵聘》，《族譜·鄉諡》，《族譜·志銘》引孫倪城
　　　《逸園張公墓誌銘》，《族譜·藏稿》，《族譜·雜著藏
　　　稿》，《徐州府志》，《銅山縣志》，《肖縣志》，《徐
　　　州詩徵》。不具述。

從姪彥璘、彥聖、彥琮、彥琨、彥珍、彥珣，俱道瑞子。

　　按俱見《族名錄》、《曙三張公志》。彥璘又見《族譜·
誥命》，《族譜·行述》，《族譜·雜著藏稿》，《徐州
府志》，《銅山縣志》，《肖縣志》；彥聖又見《族譜·
傳述》錄張道淵《聖侄家傳》，《族譜·壺德》，《族譜
·藏稿》，《徐州詩徵》，《銅山縣志》；彥琮又見《族
譜·誥命》，《徐州府志》，《銅山縣志》，《徐州續詩
徵》；彥珍又見《族譜·傳述》錄張道淵《珍侄家傳》，
《族譜·藏稿》，《族譜·贈言》引陳履中《樹滋堂詩序》，
《徐州府志》，《銅山縣志》，《徐州詩徵》。不具述。
彥琮即張介高祖、張伯英六世祖、張伯吹七世祖。

從侄彥球、彥玝、彥斑、彥璣、彥琯、彥璇、彥琚、彥瑑，俱道
源子。

　　按俱見《族名錄》、《曙三張公志》。彥球，一名球，又
見《族譜·誥命》、《徐州府志》、《銅山縣志》、《徐
州續詩徵》；彥玝又見《徐州府志》、《銅山縣志》；彥
斑又見《銅山縣志》，《徐州續詩徵》。不具述。

從侄彥珆，道溥過繼道源子。

　　按見《族名錄》、《曙三張公志》。不具述。

從侄廷獻、彥琠、廷丞、廷謨、廷敬，俱道沔子。

　　按俱見《族名錄》、《曙三張公志》。廷獻、彥琠、廷敬
又見同治《徐州府志》、民國《銅山縣志》；廷獻又見道
光《銅山縣志》。不具述。

從侄嵩高、岱高、華高，俱道沛子。

　　按俱見《族名錄》、《曙三張公志》。不具述。

從侄彥熊、彥玫、彥玟、彥琈、彥玻、彥玉、彥主、彥玖、彥瓚、
彥瑾、彥璟、廷松、廷柏、彥徵，俱鐸孫。

按俱見《族名錄》、《曙三張公志》。不具述。彥琦至彥
　徵凡四十七人，爲彭城張氏六世。

僅張垣一支，七世凡一百十六人，八世凡二百十七人，九世、十
世各四百餘人，俱見《曙三張公志》。不具述。現已傳至十七世。
（載《金瓶梅評點家張竹坡年譜》，遼寧人民出版社1987.7一版）

【註　釋】

❶張道淵纂修，乾隆四十二年張璐增訂重刊，光緒六年張介合訂，六冊。

❷張介輯錄，光緒十六年自抄本，一冊。

❸未見原文，據顧希春譯文（載《河北大學學報》一九八一年一期），譯
　者將張竹坡誤譯爲張子保。

❹見王麗娜、杜維沫《美國學人對於中國敘事體文學的研究》（載《藝譚》
　一九八三年第三期），《古代文學理論研究叢刊》第六輯載有羅伊論文
　原文，譯者曉洋。

張竹坡年譜

清聖祖康熙九年庚戌（1670）　一歲

七月二十六日，竹坡生於徐州。❶

五月六日，頒發《馮太孺人晉封太宜人誥命》、《授鐸奉政大
　　夫配蔡孺人再贈宜人繼配蔡孺人晉封宜人誥命》。（《張氏
　　族譜·誥命》）

秋，河溢。（同治《徐州府志》卷五下《記事表》）

冬，大雪，凍及井泉。（同上）

康熙親政四年。

現存《金瓶梅詞話》刊刻五十四年。（據萬曆丁巳序）

竹坡家族近支年歲之可考者：

　　曾祖父應科卒三十九年。（《族譜·族名錄》，以下未注出
　　　　處者同）

　　祖父垣殉難二十五年。

　　祖母劉氏卒九年。

　　祖母馮氏六十三歲。

　　叔祖聚胃六十一歲。

　　叔祖聚璧卒十年。

　　大伯父胆五十七歲。解甲歸里十六年。❷

　　大伯母朱氏卒三十年。

　　大伯母孔氏四十八歲。

　　二伯父鐸三十四歲。在雲南臨安司馬任。❸

二伯母蔡氏二十六歲。

父翊二十七歲。

母沙氏二十四歲。

堂叔、姨父鈴十八歲。

堂嬸、從母沙氏十七歲。

從兄道祥（胆子）三十四歲。在山西雁平道任。❹

從兄道瑞（胆子）三十一歲。

從兄道源（胆子）六歲。

從兄道著（鐸子）八歲。

從兄道中（鐸子）四歲。

胞兄道弘八歲。

妻劉氏三歲。

從侄彥琦（道祥子）四歲。❺

從侄彥璘（道瑞子）二歲。❻

竹坡家族交游中年歲之可考者：

金之俊卒，享年七十八歲。❼

陳貞慧六十七歲。❽

馮溥六十二歲。（毛奇齡《易齋馮公年譜》）

李漁六十歲。（《中國戲曲曲藝辭典》）

冒襄六十歲。（冒廣生《冒巢民先生年譜》）

尤侗五十三歲。（《中國文學家大辭典》）

侯方域卒十六年。（《壯悔堂文集》）

王熙四十三歲。（《王文靖公集》）

張玉書二十九歲。（丁傳靖《張文貞公年譜》）

張潮二十一歲。❾

戴名世十八歲。（《戴南山先生全集》）

當時名人：

金聖嘆卒九年。（《中國文學家大辭典》）

錢謙益卒六年。（同上）

丁耀亢卒。（孔另境《中國小說史料》）

毛宗崗完成《三國演義》評點二十七年。（據《第一才子書
繡像三國志演義》順治甲申序）

吳偉業六十二歲。（顧師軾《梅村先生年譜》）

顧炎武五十八歲。（張穆《顧亭林先生年譜》）

朱彝尊四十二歲。（楊謙《朱竹垞先生年譜》）

王士禛三十七歲。（《中國文學家大辭典》）

宋犖三十七歲。（《西陂類稿》）

蒲松齡三十一歲。（路大荒《蒲松齡年譜》）

洪昇二十六歲。（章培恒《洪昇年譜》）

孔尙任二十三歲。（袁世碩《孔尙任年譜》）

方苞三歲。（《中國文學家大辭典》）

地方賢達：

萬壽祺卒十八年。（《隰西草堂集》）

閻爾梅六十八歲。（《閻古古全集》）

康熙十年辛亥(1671)　**二歲**

竹坡解調聲。❿

二月，勅命撰《孝經衍義》。（翦伯贊主編《中外歷史年表》）

二月四日，從弟道溥（胆子）生。（《族名錄》）

八月，肖縣地震，河再溢。（同治《徐州府志》卷五下《記事
表》）

是年，徐地大祲，張胆捐小麥三千石賑濟。⓫張潮僑寓揚州。⓬

康熙十一年壬子(1672)　**三歲**

八月，河決，肖、碭大水。（同治《徐州府志》卷五下《記事
表》）

八月九日，嫂陸氏（道弘妻）生。（《族名錄》）

九月二十日，胞弟道淵生。（《族名錄》）

秋，許虬作《恭贈伯量張公序》。（《族譜·贈言》）

是年，從侄女史張氏生。❸

康熙十二年癸丑(1673)　四歲

十一月，平西王吳三桂舉兵反於雲南，稱天下都招討兵馬大元
帥，以明年為周元年。

是年，張鐸以臨安司馬入京朝覲，升授澂江刺史。❹

二伯母隨後離滇，行至常德，三桂反信踵至，城門晝閉，立出
片語，賺關返徐。❺

道瑞武進士中式。❻

淮安飢，張胆載小麥三千石輸於官賑濟。❼

康熙十三年甲寅(1674)　五歲

正月初一日，祖母馮氏卒。（《族名錄》）

張鐸丁內艱未赴澂江刺史任。❽

春，道瑞選侍禁庭。❾

正月，四川巡撫羅森、提督鄭蛟麟降於吳三桂。

二月，廣西將軍孫延齡起兵響應吳三桂。

三月，靖南王耿精忠反於福建。

八月二十三日，胞弟道引生。（《族名錄》）

十二月，平涼提督王輔臣叛於寧羌。

康熙十四年乙卯(1675)　六歲

竹坡可賦小詩，為父所鍾愛。❿

七月二十四日，從弟道汧（胆子）生。（《族名錄》）

是年，胞妹文閑生。❷

河決徐州。（同治《徐州府志》卷五下《記事表》）

康熙十五年丙辰(1676)　**七歲**

二月，尙之信劫其父平南親王尙可喜降吳三桂。

六月，王輔臣兵敗降清。

十月，耿精忠兵敗降清。

冬，道祥奉旨監督應州礦務。❷

是年，河決宿遷，徐地大水。（同治《徐州府志》卷五下《記
事表》）

康熙十六年丁巳(1677)　**八歲**

竹坡偕弟道淵同就外傅，以聰穎傾倒同塾。❷

正月二十七日，從弟道衍（鐸子）生。（《族名錄》）

三月，尙之信降清。

七月，河決，徐地大水。（同治《徐州府志》卷五下《記事表》）

是年，張鐸服闋，補漢陽太守。❷

康熙十七年戊午(1678)　**九歲**

春，張胆半價平糶。（《自述》）

二月二十八日，從弟道敏（鐸子）生。（《族名錄》）

八月，吳三桂稱帝於衡州，旋病卒。

是年，河決肖縣。（同治《徐州府志》卷五下《記事表》）

康熙十八年己未(1679)　**十歲**

春，張胆捐糧一千四百石賑濟。（《自述》）

三月，尤侗博學鴻儒科中式，授翰林院檢討，分修《明史》。
（《中國文學家大辭典》）

是年，閻爾梅卒。（《閻古古全集》）

康熙十九年庚申(1680)　**十一歲**

二月，張胆大賑災民。❷⑤

六月，張胆捐資督工，重建徐州文廟。❷⑥

初冬，大同大飢，道祥賑米四千餘石。❷⑦

是年，道瑞題授江南福山營游擊將軍。❷⑧

康熙二十年辛酉(1681)　十二歲

春，蒙古告飢。道祥奉敕管理各省捐納事例。❷⑨

十月，雲南省城破，吳三桂反叛平息。

冬，張翊病，文閑割股療父。❸⓪

十二月二十日，頒發《贈垣中憲大夫配劉氏贈恭人妾馮氏封恭
人誥命》、《授鐸中憲大夫配蔡氏贈恭人繼配蔡氏封恭人誥
命》（以上《彭城張氏族譜·恩綸》）、《贈驃騎公應科晉
榮祿大夫配趙太夫人再晉一品夫人誥命》、《贈驃騎公垣晉
榮祿大夫配劉太夫人再贈一品夫人誥命》、《封驃騎公胆晉
榮祿大夫配朱太夫人再贈一品夫人繼配孔太夫人晉封一品夫
人誥命》、《授道瑞榮祿大夫配劉氏贈一品夫人繼配王氏封
一品夫人誥命》。（以上《族譜·誥命》）

是年，彥琦應京兆試。❸①

徐地大飢，張胆、道瑞輸粟數千石賑濟。❸②

康熙二十一年壬戌(1682)　十三歲

三月十一日，從弟道維（鐸子）生。（《族名錄》）

十一月四日，從弟道統（鐸子）生。（《族名錄》）

是年，張胆捐資興建徐州荊山口石橋。❸③

從姐吳張氏夫亡守節，奉旨旌表。❸④

河決宿遷。（同治《徐州府志》卷五下《記事表》）

顧炎武卒。（張穆《顧亭林先生年譜》）

康熙二十二年癸亥(1683)　十四歲

竹坡捐監。㉟

三月四日，從弟道沛（胆子）生。（《族名錄》）

六月十一日，頒發《贈榮祿公應科晉光祿大夫配趙太夫人再晉
一品夫人誥命》、《贈榮祿公垣晉光祿大夫配劉太夫人再晉
一品夫人誥命》、《封榮祿公胆晉封光祿大夫配朱太夫人再
贈一品夫人繼配孔太夫人晉封一品夫人誥命》、《授道祥光
祿大夫配馬氏封一品夫人誥命》。（《族譜·誥命》）

秋，康熙侍太皇太后幸五台山進香，道祥奉命築路。㊱

十月六日，山西地震，道祥賑錢瘞死，煮粥救生。㊲

是年，張潮《虞初新志》編成，自序。

康熙二十三年甲子(1684) **十五歲**

竹坡騎馬舞劍，壯志凌雲。㊳

八月，竹坡赴省鄉試，落第。㊴

十一月十一日，張翃卒。竹坡哀毀致病。㊵

正月二十六日，道祥升授湖北按察使。㊶

九月，康熙南巡，閱河，幸宿遷。（同治《徐州府志》、《中
外歷史年表》）

康熙二十四年乙丑(1685) **十六歲**

二月二十三日，從侄彥聖（道瑞子）生。（《彭城張氏族譜》）

四月三日，叔祖聚胃卒。㊷

是年，徐州大飢，張胆捐糧數千石賑濟。㊸

徐州儒學生員多人具呈公舉獲准，以張胆為鄉飲大賓。（《族
譜·鄉飲》）

康熙二十五年丙寅(1686) **十七歲**

一月十日，從侄彥琮（道瑞子）生。（康熙六十年本《張氏族
譜》）

一月十九日，道祥卒於湖北臬署。子彥琦扶柩歸葬。❹

四月十三日，從侄彥琨（道瑞子）生。（《彭城張氏族譜》）

是年，湖廣武昌府鄉紳具呈公舉獲准，崇祀道祥於湖北名宦
祠。（《族譜·崇祀》）

張鐸作《感懷》詩十首。❺

道淵見族譜舊編未竟，立志補纂。❻

康熙二十六年丁卯（1687）　十八歲

八月，竹坡二應鄉試，落第。❼

竹坡與劉氏結婚。❽

一月十八日，堂嬸、從母沙氏卒。（《族名錄》）

二月，禁淫詞小說。（王利器《元明清三代禁毀小說戲曲史
料》、《中外歷史年表》）

三月六日，從弟道衡（鐸子）生。（《族名錄》）

五月七日，從弟道用（鐸子）生。（《族名錄》）

秋，徐歉，張胆出粟代墊賦稅。❾

是年，徐州總戎缺，道瑞委署鎮事。❿

康熙二十七年戊辰（1688）　十九歲

春，竹坡因道弘婚事至宿遷，慨嘆世事，志欲鵬飛，作《烏思
記》。⓫

十二月一日，從孫秉緒（彥璘子）生。（康熙六十年本《張氏
族譜》）

是年，洪昇《長生殿》撰成上演。（章培恒《洪昇年譜》）

康熙二十八年己巳（1689）　二十歲

正月，康熙二次南巡，閱河，幸宿遷。（同治《徐州府志》、
《中外歷史年表》）

四月十九日，從弟道貫（鐸子）生。（《族名錄》）

四月二十七日，長子彥寶生。（《清毅先生譜稿》）

八月，洪昇以國喪期間上演《長生殿》招禍。（章培恒《洪昇
　年譜》）

是年，道源入都需次，補授工部營繕司主事。（《族譜·志銘》
　引莊楷《云谿張公墓志》）

道溥隨道源效力河工。❷

道汧隨道源之任京師。❸

康熙二十九年庚午(1690)　**二十一歲**

八月，竹坡三應鄉試，落第。❹

正月，徐淮大飢。張胆捐小麥五千石助賑。❺

二月七日，張胆卒。（《族名錄》）

六月，以張玉書爲文華殿大學士。（《清代七百名人傳》）

康熙三十年辛未(1691)　**二十二歲**

二月二十五日，從侄球（道源子）生。（康熙六十年本《張氏
　族譜》）

三月十八日，從侄彥珍（道瑞子）生。❻

十月二十七日，道瑞卒於福常營官署。（《族名錄》）

是年，馮溥卒。❼

張潮援新例捐納京銜，以歲貢生授翰林院孔目，實未出仕。❽

康熙三十一年壬申(1692)　**二十三歲**

三月十五日，從侄彥珣（道瑞子）生。（康熙六十年本《張氏
　族譜》）

是年，彥琦捐納候選司務。（《族譜·徵聘》）

康熙三十二年癸酉(1693)　**二十四歲**

八月，竹坡四應鄉試，落第。❾

多，竹坡北游長安詩社，名震京都，咸稱竹坡才子。❿

四月二十四日，張胆葬於徐州太山祖塋。（張玉書《伯量張公墓誌銘》）

冬，道溥奉委解賑汴梁。❻❶

是年，冒襄卒。❻❷

康熙三十三年甲戌(1694)　二十五歲

年初，竹坡在京。❻❸旋返里，作《春朝》詩二首，彥琦和之。❻❹

二月九日，張鐸卒。（《族名錄》）

四月九日，從孫秉綸（彥璘子）生。（康熙六十年本《張氏族譜》）

五月，康熙巡幸畿甸，閱視河堤。（《清代七百名人傳》附錄一《清代大事年表》）

七月二十三日，從弟道政（鐸子）生。（《族名錄》）

是年，道溥宰棠邑。❻❺

彥璘選授平谷縣知縣。❻❻

從孫志勤（彥琦子）生。❻❼

孔尚任、顧天石《小忽雷》傳奇在京演出。（王季思《桃花扇·前言》）

河溢花山口。（同治《徐州府志》卷五下《記事表》）

康熙三十四年乙亥(1695)　二十六歲

竹坡作《乙亥元夜戲作》詩。❻❽

三月，竹坡評點《金瓶梅》。旬有餘日批成，付梓。❻❾

二月七日，從侄彥珩(道源子)生。(康熙六十年本《張氏族譜》)

二月十七日，次子彥瑜生。（《清毅先生譜稿》）

五月，康熙巡視新河及海口運道。（《清代七百名人傳》附錄一《清代大事年表》）

是年，從侄女史張氏夫史楷歿，守節。❼❶

洪昇《長生殿》授梓。（章培恒《洪昇年譜》）

王晫、張潮輯《檀已叢書》由新安張氏霞舉堂刊刻行世，張潮
作序。

河溢花山口，運河亦溢。(同治《徐州府志》卷五下《記事表》)

康熙三十五年丙子(1696)　**二十七歲**

春，《第一奇書》刊成，載之金陵，遠近購求，竹坡才名益
振。❼

八月，竹坡五應鄉試，落第。❼

秋冬間，竹坡旅居揚州，結識張潮等人，有《與張山來》書三
封，並參與《幽夢影》批評。❼

春，洪昇道經武進，往游江寧。（章培恒《洪昇年譜》）

秋，徐州大雨，居民驚遷，道源設法保護。❼

是年，彥琦填〈多麗〉（咏山莊新池叶曹先生十字韻）詞。❼

河溢花山口，運河亦溢。(同治《徐州府志》卷五下《記事表》)

康熙三十六年丁丑(1697)　**二十八歲**

春，竹坡移寓蘇州，貧病交加，作《撥悶三首》，慨嘆世情，
自我解嘲。❼

七月十七日，同郡人李蟠一甲一名進士及第。（錢實甫《清代
職官年表》）

七月十九日，頒發《趙孺人封太孺人誥命》、《授道溥文林郎
配趙氏封孺人誥命》。（《族譜·誥命》）

秋，洪昇至蘇州。吳人醵資爲演《長生殿》，江寧巡撫宋犖主
之，八十翁尤侗作序，極一時之盛。(章培恒《洪昇年譜》)

是年，張潮《昭代叢書》甲集刊行，尤侗爲序。

康熙三十七年戊寅(1698)　**二十九歲**

四月之前，竹坡在蘇州。❼吟詩寄愁，作《客虎阜遣興》六

首。❼⓭

志不少懈，北上效力於永定河工次，另圖進取。❼⓮

九月十五日，竹坡暴卒，功敗於垂成。行櫥所遺，惟四子書一
　　部、文稿一束、古硯一枚。❽⓪

葬於銅山縣丁塘先塋。❽①

五月二十日，頒發《張道源母趙太儒人封太恭人誥命》。（《彭
　　城張氏族譜》）

十二月二十日，道著卒。（《族名錄》）

是年，彥琦構築醉流亭，以爲游覽地。❽②

河決李家樓口。（同治《徐州府志》卷五下《記事表》）

康熙六十年辛丑（1721）　竹坡卒後二十三年

二月十四日，孫世榮（彥瑜子）生。（《清毅先生譜稿》）

是年，道淵重修《張氏族譜》告一段落，作序。復因故中輟。
　　然本譜所收竹坡各項，均已裒集入帙，惟多未梓成。❽③

吳敬梓二十一歲。（何澤翰《儒林外史人物本事考略》）

夏敬渠十七歲。（趙景深《中國小說叢考》）

袁枚六歲。（《中國文學家大辭典》）

清世宗雍正十一年癸丑（1733）　竹坡卒後三十五年

四月，禁民間刊刻書籍。（《清代七百名人傳》附錄一《清代
　　大事年表》）

是年，道淵續修《張氏族譜》畢。作後序。倩徐州牧石杰序。
　　八世冢孫張炯附序。梓成。竹坡《家傳》及其《十一草》、
　　《治道》、《鳥思記》等始與通族見面。❽④

清高宗乾隆四十二年丁酉（1777）　竹坡卒後七十九年

五月二日，頒發《贈張紹之祖母王氏恭人誥命》。（《彭城張
　　氏族譜》）

　　是年，從孫張璐(道淵子)增修《張氏族譜》畢，作序，梓成。
　　即本年譜所據《族譜》。竹坡生平著述因此得以傳世。❽

　　脂硯齋抄閱再評《石頭記》二十三年。（據甲戌本《脂硯齋重
　　評石頭記》）

清宣宗道光五年乙酉(1825)　竹坡卒後一百二十七年

　　是年，九世張協鼎（張胆來孫）第五次重修族譜畢，刊成，更
　　名爲《彭城張氏族譜》，轉詳於分支世系，而削除藏稿與雜
　　著，並割裂原文，任意聯綴，尤纂改《仲兄竹坡傳》，盡刪
　　與《金瓶梅》有關文字。

道光二十九年己酉(1849)　竹坡卒後一百五十一年

　　是年，九世張省齋（張胆來孫）重編族譜，❽後抄訂成帙，名
　　爲《清毅先生譜稿》，恢復藏稿與雜著，然刪除《仲兄竹坡
　　傳》，並在《族名錄》中極詆竹坡。❽

清德宗光緒六年庚辰(1880)　竹坡卒後一百八十二年

　　是年，十世張介合訂《張氏族譜》爲禮樂射御書數六冊。即筆
　　者所見《族譜》。

光緒十七年辛卯(1891)　竹坡卒後一百九十三年

　　是年，桂中行、王嘉詵編《徐州詩徵》刊成。選竹坡詩二首，
　　題爲《虎阜遣興》，注云：「道深，字竹坡，著有《十一
　　草》。」另選竹坡《中秋看月黃樓上》七律一首，誤署爲
　　「張道源」。此乃竹坡詩首次與世見面。

中華民國二十四年乙亥(1935)　竹坡卒後二百三十七年

　　是年，十二世張伯英編《徐州續詩徵》刊成。徐東橋據張氏家
　　藏稿編《張氏詩譜》，於道深名下注云：「翔子」。此首次
　　公開歸竹坡於彭城張氏世系。後人遂得追蹤發見。

（載《金瓶梅評點家張竹坡年譜》，遼寧人民出版社1987.7一版）

【註　釋】

❶乾隆四十二年刊本《張氏族譜‧族名錄》（以下未標刊行年代者俱指該
譜）：「道深……生於康熙庚戌年七月二十六日。」《曙三張公志》：
「應科……遷居彭城。」《族名錄》：「垣……住居郡城。」按譜例：
子居同父者不重書。《族名錄》翊無居地，因知居仍徐州。故《族譜‧
傳述》引胡銓《司城張公傳》云：「翊……籛城世胄也。」又翊以兩兄
胆、鐸並仕，獨奉母家居，一生不仕。故知竹坡生於徐州。《烏思記》：
「余籛里人也。」可相印證。《族譜‧藏稿》錄張翊〈傳言玉女〉（重
陽旅況）：「戲馬台前，想家國，宴高嶺」。則竹坡具體出生地為徐州
戶部山戲馬台前。

❷《族譜‧傳述》錄張胆《自述》：「順治九年十一月，會推天津總兵員
缺。十年十二月，會推河南開歸總兵員缺。兩次皆為有力負之而趨。…
…未幾，科參，解任聽勘。又閱數月，以風影事指摘挂誤，革職回籍。」
據此可知，張胆解組歸田在順治十一年。

❸《族譜‧傳述》錄張道淵《奉政公家傳》：「己酉，出為臨安司馬。…
…癸丑，朝覲。」

❹《族譜‧志銘》引馮溥《拙存張公墓志》：「康熙戊申……改補山西雁
平僉事。……旋因逆藩蠢動，而大同西連秦境、雲中，地方遼闊，餉務
殷繁，非道員管理不可。題請改銜，兼轄大同糧餉。……甲子春，升授
湖廣湖北觀察使。」

❺《族譜‧志銘》引孫倪城《逸園張公墓誌銘》：「先生……生於康熙丁
未年九月初三日丑時。」

❻《族譜‧玉文府君行述》：「府君生於康熙己酉年九月十六日申時。」

❼譚正璧《中國文學家大辭典》：「金之俊……生年不詳，卒於清聖祖康
熙九年。」按《族譜》舊序中有金之俊一序，署：「康熙八年己酉長至
七十有七息齋老人金之俊頓首拜題。」因知其享年。且逆推可知其生年

為萬曆二十一年癸巳。蔡冠洛《清代七百名人傳》附錄一《清代大事年
表》：「康熙九年閏二月，內國史院大學士金之俊卒。」可資證明。楊
殿珣《中國歷代年譜總錄》謂金之俊康熙八年卒，誤。

❽《中國文學家大辭典》：「陳貞慧(公元一六〇四年———一六五六年)」。
按竹坡《與張山來》其一：「昨夜陳定翁過訪」。此「陳定翁」疑即陳
定生（貞慧）。竹坡《與張山來》作於康熙三十五年，則是年貞慧九十
三歲，其卒年必在公元一六九六年之後。參見丙子譜。

❾據顧國瑞、劉輝《〈尺牘偶存〉、〈友聲〉及其中的戲曲史料》，載《文
史》第十五輯。

❿《族譜·傳述》錄張道淵《仲兄竹坡傳》：「甫能言笑，即解調聲。」
按兒童普通周歲即可言笑走動，姑繫於此。

⓫張胆《自述》：「數年以來，歲儉穀貴，往往半價平糶。時當大祲，則
竭廩捐賑。康熙十年冬至次年四月，每人日給麥一升。扶老携幼來自遠
方者，不計其數。共捐小麥三千餘石。」

⓬同庚戌譜注⑨。

⓭《族譜·壼德》：「張氏，湖北臬司張諱道祥女。……係壬子年生。」

⓮《奉政公家傳》：「癸丑，朝覲，升授澂江刺史。」

⓯《奉政公家傳》：「公早有先見，於奉表時即命眷屬歸里，竟免於難。」
《族譜·壼德》引《徐州志》：「蔡氏……隨入滇。時吳藩反形未露，
氏早見及之。其夫朝覲入都，氏曰：此地非可久居，夫行，吾亦行矣。
夫行後，氏即束裝就道。至常德稍憩，而吳藩逆信踵至。城門晝扃。氏
命僕人持夫刺語當事。當事係其夫世好，啓門。一時擁而欲出者數百
人，城門尉弗許。正喧訌間，氏於肩輿內命奴傳語曰：悉吾藏獲輩也，
當此凶焰方張之際，吾故多隨護從衛之以行。尉弗阻，遂盡出之。」

⓰張胆《自述》：「道瑞，癸丑科武進士。」《族名錄》同。按據《銅山
縣志》，道瑞先中康熙癸卯科武舉，癸丑聯雋武進士。故《族譜·志銘》

　　引孔毓圻《履貞張公墓誌銘》：「康熙癸卯獲雋武闈，癸丑成進士。」

⓱張胆《自述》：「十二年，淮安飢。載小麥三千石輸於官，奉漕台帥公憲檄，分散山陽、清河、桃源、沭陽、睢寧五縣粥廠。」

⓲《奉政公家傳》：「甫就道，聞馮太恭人訃，丁艱旋里。而吳逆適叛。」

⓳《族名錄》：「道瑞……初任御前頭等侍衛。」《履貞張公墓誌銘》：「今上御天安門，廷較同榜多士。公制策藝勇悉當旨。遂選侍禁庭，出入扈蹕。」《族譜·贈言》引郝惟訥《奉賀履貞張君高捷榮膺侍衛序》：「甲寅春，聖天子側席求賢，推轂命將，掄文校射，……履貞對策校射，……飛馬破鵠，群雄驚異。旋且投鞭倚樹，旁若無人。……及傳臚御覽，選授侍衛。」

⓴《仲兄竹坡傳》：「六歲，輒賦小詩。一日，丱角侍父側。座客命對曰：河上觀音柳。兄應聲曰：園外大夫松。舉座奇之。父由是愈鍾愛兄。」

㉑《族譜·壼德》引外叔祖沙永祺《張孝媛小傳》：「清河氏有女曰文閑，齒方齔，……康熙辛酉冬……」。按女七歲齔齔，故生於本年。參見辛酉譜。

㉒馮溥《拙存張公墓志》：「丙辰冬，欽差大人於應州之邊耀山開礦，特旨命公監督礦務。」

㉓《仲兄竹坡傳》：「兄長余二歲，幼時同就外傅。余質鈍，盡日呫唔，不能成誦。兄終朝嬉戲，及塾師考課，始為開卷。一寓目，即朗朗背出，如熟讀者然。余每遭夏楚，兄更得美譽焉。一日，師他出。余揀時藝一紙、玩物一枚，與兄約曰：讀一過而能背誦不忘者，即以為壽。設有遺錯，當以他物相償。兄笑諾。乃一手執玩具，一手持文讀之。余從旁催促，且故作他狀以亂之。讀竟復誦，隻字不訛。同社盡為傾倒。」按道淵入塾至少應有六歲，竹坡長道淵二歲，是為八歲，姑繫於此。

㉔《奉政公家傳》：「服闋，補漢陽太守。」按十三年正月初一日，鐸生母馮氏卒，守制，至十六年四月一日起服，故知補職於此年。

㉕張胆《自述》：「十九年春二月至四月，復大賑來者，無論男婦老弱，予糧一升，如十一年給放。」

㉖張胆《遷建徐州文廟記》：「始於康熙十九年六月，時酷暑，躬爲程督，雖日坐烈日中，不蓋不箑，因得藉手告竣，於次年秋落成。」張玉書《徐州新建文廟記》：「余宗叔伯量公……因捐其歲入之資六千餘金以爲倡。……經始於康熙癸亥年春，落成於康熙甲子年。」按以上二記均曾鐫碑，立於徐州文廟。光緒十三年丁亥十二世張伯英入庠，尚得摩挲。後因兵燹碑佚。一九四一年伯英重書碑勒石，並加跋云：「文貞以作記之年爲廟成之年則誤。」此碑今亦無存。徐州無線電五廠文金山藏有其拓片。楷書，潤勁端雅，爲彭城書派上品。

㉗《拙存張公墓志》：「大同大飢，公出己資設粥廠，日煮米三十餘斛。自庚申初冬至辛酉入夏而止，約計賑米四千餘石。」

㉘《履貞張公墓誌銘》：「歲庚申，江南提督王公永譽以福山襟江枕海，邊腹要地，非長材不足以資彈壓，特題爲福山營游擊將軍。」

㉙《拙存張公墓志》：「辛酉，蒙古告飢。敕命在京現行各省捐納事例，俱移大同，屬公管理，將以備賑也。開例月餘，捐者寥寥，米價且復騰踴。例限八月報竣，爲期甚促。」按姑以春三月道祥奉旨，「月餘」之後，已是四、五月間，距限期八月，僅三個月時間，可謂「甚促」。

㉚《張孝媛小傳》：「康熙辛酉冬，余倩季超甫偶遘痰疾，延和扁診視，參酌湯盞，未止愈。當沉迷倉卒中，諸兒女繞床戶環泣。女獨入小閣繡佛前，戒侍者出，胡跪燃香再拜，願以身代父。算取花剪割股，潛置藥鼎內，數沸，進於父。……浹日，果漸瘳。」

㉛《逸園張公墓誌銘》：「年十五，應京兆試。京江相公見而奇之，令與今學士天門先生同塾，課文與親昆弟等。」按彥琦生於康熙六年丁未，「年十五」，當即二十年辛酉。

㉜《族譜・傳述》引王熙《驃騎將軍張公傳》：「康熙辛酉，徐地大飢。

出囤粟數千石設廠分賑。」《履貞張公墓誌銘》：「二十年來驃騎公之
孳孳為善，惟日不足者，實公有以左右之也。……歲辛酉，徐邦大飢，
公自福山馳報於驃騎公，輸粟數千石賑之。」

❸❸ 《族譜·贈言》引張玉書《重建荊山口石橋碑記》：「吾彭城族叔伯量
公閔然殷懷，首志修復，……興工於康熙壬戌年，落成於康熙辛未年。」

❸❹ 《族名錄》：「胆……女長，朱氏出，婿吳廷焞。」《族譜·壼德》引
《徐州志》：「張氏，生員吳廷焞妻。夫亡守節，於康熙二十一年奉旨
旌表。至三十七年建坊。見《一統志》。」

❸❺ 《仲兄竹坡傳》：「父欲兄早就科第，恐童子試羈縻時日，遂入成均。」
按據《清史稿·選舉志》，清代科舉制，童試須經縣試五場、府試多場、
院試五場，合格者稱入泮，為生員。生員每年又須歲考，鄉試前尚須科
考，自然「羈縻時日」。鄉試則須生員、貢生、監生方可應考。而監生，
可以納資捐監。不一定就讀於國子監，故為科第之捷徑。據《仲兄竹坡
傳》，竹坡二十四歲北上都門，才傾長安詩社，咸稱竹坡才子（參見癸
酉譜）。玩其文意，竹坡此前並未入監就讀，因知「入成均」係捐監。
然捐監年代不明。今據竹坡十五歲初次應舉(參見甲子譜)，姑繫於此。
竹坡此時家尚殷富。《十一草·撥悶三首》其二：「少年結客不知悔，
黃金散去如流水。」

❸❻ 《拙存張公墓志》：「癸亥秋，皇上御駕奉侍太皇太后幸五台進香，山
徑崎仄，步輦難行。奉文先期修路，公即率屬……」。

❸❼ 《拙存張公墓志》：「癸亥……十月朔五日，代州、崞縣、原平、忻州、
太原等處地大震。……公則賑錢痤死，煮粥救生。」

❸❽ 《十一草·撥悶三首》：「十五好劍兼好馬，……壯氣凌霄志拂雲，不
說人間兒女話。」

❸❾ 《仲兄竹坡傳》：「十五赴棘圍，點額而回。」按監生以科舉上進，只
可應鄉試，而通例鄉試在各省省城舉行。《清史稿·選舉志》：「鄉試

以八月，會試以二月。均初九日藐場，十二日二場，十五日三場。」此
當爲竹坡初次南下至南京。

❹《族名錄》：「翃……於清康熙甲子年十一月十一日疾終於家。」《烏
思記》：「年十五而先嚴即見背。」《仲兄竹坡傳》：「十五……旋丁
父艱，哀毀致病。兄體臒弱，青氣恒形於面，病後愈甚。」

❹《拙存張公墓志》：「甲子春，升授湖廣湖北按察使。故事，參議無升
臬司之例。而公特膺殊寵」。據錢實甫《清代職官年表》，道祥任湖北
臬司在正月二十六日。

❹《族名錄》：「聚冑……於康熙乙丑年四月初三日壽終於家。」《族譜
·傳述》引呂維揚《炯垣張公傳》：「於康熙乙丑之陽月捐館於寢。」
按《爾雅·釋天》：「十月爲陽」。呂《傳》誤。

❹《族譜·崇記》：「康熙二十四年，徐郡大浸。本宦出雜糧三千餘石，
設廠賑濟。復出粟數千石，減價糶之。飢民賴以存活者無算。」

❹《族名錄》：「道祥……於清康熙丙寅年正月十九日，疾終於湖廣湖北
臬署。」《族譜·徵聘》：「本宦克行孝道，親父張道祥歿於楚臬任內，
時年二十歲，扶柩歸葬。」按彥琦康熙六年丁未生，「二十歲」正是本
年。

❹按《族譜·藏稿》選張鐸《晏如草堂集》十首，總題《感懷》。觀其詩
意，俱緬懷往事之作，當作於同時。其一云：「虛度韶華五十秋」。鐸
生於崇禎十年丁丑，五十歲正是本年。其三自注云：「時下詔求言，余
有小疏陳錢法。」詩中則云：「彈指風光二十秋」。據《族譜·奏疏》，
陳錢法疏作於康熙六年五月十八日，二十年後亦爲本年。

❹《族譜》張道淵雍正十一年後序：「余自十數齡時捧觀舊譜，見其條目
空存，早已立心纂述，以竟先人未竟之事。」按道淵生於康熙十一年壬
子，至本年十五歲。姑繫於此。

❹《仲兄竹坡傳》：「五困棘圍，而不能博一第。」《清史稿·選舉志》：

「順治元年，定以子午卯酉年鄉試。」按自康熙二十三年甲子，至康熙三十五年丙子，總凡五科，又無恩科。竹坡既「五困棘圍」，必然科科俱到。參見甲子譜。

❹《烏思記》：「戊辰春，予以親迎至鍾吾。每致悲風木，抱恨終天。兼之萱樹遠離，荊枝遙隔……」。則康熙二十七年戊辰之春竹坡已有妻室。按竹坡丁外艱起服在本年二月十一日，再次應舉在本年八月，而新婚似不會即行遠離，故知竹坡結婚當在本年秋冬間。《族名錄》：「道深……妻劉氏，同郡人、陝西西安府參將諱國柱之女。」

❺《族譜·崇祀》：「康熙二十六年，徐地荒歉。小民秋糧難辦。本宦出粟七百餘石，代本鄉貧農墊完正賦。」

❺《履貞張公墓誌銘》：「丁卯，徐州總戎缺。督撫兩台素器重公，且以徐為公桑梓地，委署鎮事。剔弊厘奸，施德布惠，鄉評籍籍。」

❺《烏思記》：「余籛里人也。年十五而先嚴即見背。屆今梧葉悲秋，梨花泣雨，三載於斯。而江山如故，雲物依然。惟有先生長者，舊與詩酒往還。予童時追隨杖履者，僅存寥寥一二人。至於人情反復，世事滄桑，若黃河之波，變幻不測；如青天之雲，起滅無常。噫，予小子久如出林松杉，孤立於人世矣。戊辰春，予以親迎至鍾吾。每致悲風木，抱恨終天。兼之萱樹遠離，荊枝遙隔，當風雨愁寂之時，對景永傷，不覺青衫淚濕，白眼途窮，竟不知今日為何日矣。偶見階前海榴映日，艾葉凌風，乃憶為屈大夫矢忠、曹娥盡孝之日也。嗟乎，三閭大夫不必復論。彼曹娥，一女子也。乃能逝長波，逐巨浪，貞魂不沒，終抱父尸以出。矧予以鬚眉男子，當失怙之後，乃不能一奮鵬飛，奉揚先烈，槁顏色，困行役，尚何面目舒兩臂，繫五色續命絲哉。嗟乎，吾欲上窮於碧落，則玉京迢遞，閶闔迥矣；吾欲下極於黃泉，則八荒杳茫，鬼磷燃矣。陟彼高崗，埋蒼烟矣。溯彼流水，泣雙魚矣。思之思之。惟有莊蝶虞鹿，時作趨庭鯉對之時。然後知殺雞椎牛，正人子追之不及，悔之不能，血淚並

枯之語也。是爲記。」按鍾吾爲秋古國名，據顧頡剛、章巽編《中國歷史地圖集（古代史部分）》即「今江蘇宿遷北。」查《族名錄》，竹坡姐妹與嫂氏中，只有其胞兄道弘妻陸氏，爲「宿遷縣人、生員、鄉飲大賓諱奮翮之女。」陸氏生於康熙壬子年八月初九日，至本年十七歲，正是出閣之年。竹坡所謂「親迎」，當指此事。

❺❷《族譜·傳述》引莊柱《邑侯張公傳》：「年甫弱冠，即偕副使公效力河干。八年之間，歷著成績。癸酉冬奉委解賑汴梁」。按道溥生於康熙十年辛亥，「弱冠」當爲二十九年庚午。然二十九年二月七日張胆卒，道源等丁艱，因知此爲本年事。而自「癸酉冬」倒推八年，爲二十五年丙寅，道溥十六歲，不可稱「年甫弱冠」。莊《傳》八年誤。

❺❸《族譜·傳述》引莊楷《別駕張公傳》：「年及冠，隨伯兄之任京師，相爲倚毗。繼丁外艱，旋里。」按道汧生於康熙十四年，「及冠」應爲康熙三十三年。本年十五歲，曰「及冠」不當。又伯兄道祥已卒，仲兄道瑞外任，此所謂「伯兄」，應爲道源。道源行三，莊《傳》誤。

❺❹參見甲子譜、丁卯譜。

❺❺《族譜·崇祀》：「二十九年，徐復大飢。又出小麥二千石助賑。……淮屬大飢，本宦捐小麥三千石運淮助賑。」按本年二月七日胆卒，此當爲正月事。

❺❻張彥珍《樹滋堂詩集·甲午元夕前一夜舉第一子四首》其二自注：「余生於常熟之署邸，辛未歲三月十八日也。」其三云：「明年五十忽平分」。「明年」即康熙五十四年乙未，彥珍二十五歲，故曰「五十忽平分」。

❺❼據毛奇齡《易齋馮公年譜》。章培恒《洪昇年譜》、《中國文學家大辭典》同。《清代七百名人傳》附錄一《清代大事年表》謂卒於康熙三十一年二月，誤。

❺❽同庚戌譜注⑨。

❺❾ 參見甲子譜、丁卯譜。

❻⓿ 《十一草・乙亥元夜戲作》:「去年前年客長安,春燈影裏誰爲主。」
按乙亥前二年即本年 ,竹坡二十四歲。竹坡八月在南京應試 ,落榜返
里,休整後北上,當已入多。《十一草・撥悶三首》其三:「廿歲文章
遍都下」,係舉其成數。《仲兄竹坡傳》載有竹坡奪魁都門詩壇詳情,
曰:「一日家居,與客夜坐。客有話及都門詩社之盛者。兄喜曰:吾即
一往觀之,客能從否?客方以兄言爲戲,未即應。次晨,客曉夢未醒,
而兄已束裝就道矣。長安詩社每聚會不下數十百輩。兄訪至,登上座,
竟病分拈,長章短句,賦成百有餘首。衆皆壓倒,一時都下稱爲竹坡才
子云。」

❻❶ 《邑侯張公傳》:「癸酉冬,奉委解賑汴梁。措置有方,且捐粟平糶,
民賴以全活者甚衆。上憲稱能,交章特荐。」

❻❷ 據冒廣生《冒巢民先生年譜》。冒襄享年八十三歲。《清代七百名人傳》
謂其年八十,誤。

❻❸ 《十一草・乙亥元夜戲作》:「去年前年在長安」。「去年」,即本年。

❻❹ 《十一草・春朝》:「長至封關未許開,葳蕤暫解爲春來。偶依萱樹裁
花勝,敢使藜燈誤酒杯。呵凍莫愁三月浪,望雲已痒一聲雷。預拼拂拭
矇朧眼,先賞疏籬臘後梅。」「去年臘盡尙留燕,帝里繁華不計錢。鳳
闕雙瞻雲影裏,鶴軒連出御河邊。樹圍瀛島迷虛艇,花滿沙堤拾翠鈿。
此日風光應未減,春明門外柳如烟。」《族譜・藏稿》選張彥琦《甲戌
春朝和叔氏原韻》:「東風開凍未全開,雲影濛濛帶雪來。辭臘只餘詩
一卷,迎禧惟有酒千杯。三冬冱冷栖賓雁,二月驚濤起蟄雷。後日風光
無限景,眼前著屐且尋梅。」「繁華何必說幽燕,是處風光盡值錢。錦
里土牛催種急,香飛玉蝶到梅邊。華堂晴暖開春宴,子夜清歌墮翠鈿。
無那頻年空惹恨,三春辜負柳如烟。」兩詩第一首俱爲十灰韻,第二首
俱爲一先韻,韻腳並次第全同,詩意亦相關聯。因知彥琦所和,必爲竹

坡原韻。彥琦爲竹坡從兄道祥獨子，故稱竹坡爲「叔氏」。和詩有「華
堂晴暖開春宴」句，則詩作於家宴之上。原詩與和詩必爲同時所作。因
知竹坡《春朝》二首亦作於本年春。原詩有「去年臘盡尙留燕」句，則
竹坡離京返里在本年年初。

❻❺《邑侯張公傳》：「癸酉，……明年，命宰棠邑。」

❻❻《族譜·玉文府君行述》：「服闋，即入都謁選，得寧津縣。因前令留
任，回部改授，復選授順天府平谷縣知縣。」按道瑞卒於康熙三十年十
月二十七日，彥璘起服當即本年。

❻❼《族譜·傳述》引吳雲標《雪樵張君傳》：「歿時年三十有六，爲雍正
己酉歲。」按逆推志勤當生於本年。

❻❽《十一草·乙亥元夜戲作》：「堂上歸來夜已午，春濃繡幕余樽俎。荊
妻執壺兒擊鼓，弱女提燈從旁舞。醉眼將燈仔細看，半類獅子半類虎。
吁嗟兮，我生縱有百上元，屈指已過二十五。去年前年客長安，春燈影
裏誰爲主。歸來雖復舊時貧，兒女在抱忘愁苦。吁嗟兮，男兒富貴當有
時，且以平安娛老母。」按竹坡二十五歲應爲康熙三十三年甲戌，此詩
因作於正月十五日，方入新年，係指實歲。

❻❾《第一奇書非淫書論》：「生始二十有六」。按張評本《金瓶梅》原刊
本爲康熙乙亥本，竹坡二十六歲正是乙亥年，因此，竹坡評點《金瓶梅》
在本年，批成付梓亦在本年。《仲兄竹坡傳》：「(兄)曾向余曰：《金
瓶》針線縝密，聖嘆既歿，世鮮知者。吾將拈而出之。遂鍵戶旬有餘日
而批成。」《第一奇書·凡例》：「此書非有意刊行，偶因一時文興，
借此一試目力，且成於十數天內。」據此又知竹坡評點《金瓶梅》僅用
時十餘日。張評本卷首有序，序署：時康熙歲次乙亥清明中浣秦中覺天
者謝頤題於皋鶴堂。一般說，爲某書作序應在全書畢稿之後。今姑以此
序例外，有作於竹坡評點開筆之前或評點過程中間的可能。即便如此，
自「清明中浣」，無論是逆推「旬有餘日」，還是順移「十數天內」，

竹坡評點《金瓶梅》的時間，都必在本年三月。

❼《族譜·壼德》：「張氏，湖北臬司張諱道祥女，適原任浙江寧紹道史光鑒子、監生史楷。後楷……貧歿京邸，氏年方二十四歲。……氏係壬子年生，孀居三十年。」按壬子爲康熙十一年，氏「二十四歲」，當即本年事。

❼《仲兄竹坡傳》：「遂付剞劂，載之金陵。於是遠近購求，才名益振。四方名士之來白下者，日訪兄以數十計。兄性好交游，雖居邸舍，而座上常滿。」《十一草·撥悶三首》其三：「去年過虎踞，今年來虎阜。」按竹坡本年八月五應鄉試於南京，秋冬間旅居揚州，明年移寓蘇州。因知康熙乙亥本《第一奇書》於本年春刊竣，並即「載之金陵」。參見丁丑譜。

❼參見甲子譜、丁卯譜。

❼張潮《友聲集·後集》收竹坡《與張山來》書三封。其一：「承頒賜各種奇書，捧讀之下，不勝敬服。老叔台誠昭代之偉人，儒林之柱石。小侄何幸，一旦而識荊州。廣陵一行，誠不虛矣。昨晚於大刻中見燈謎數十則，羨其典雅古勁，確而且趣。不揣冒昧，妄爲擬議，不知有一二中鵠否？敢錄呈座下，幸進而教之爲望。昨夜陳定翁過訪，亦猜得四枚，並呈台教。附候興居，俟容叩悉不盡。」其二：「連日未獲趨候，歉歉。承教《幽夢影》，以精金美玉之談，發天根理窟之妙。小侄旅邸無下酒物，得此，數夕酒杯間頗饒山珍海錯。何快如之。不揣狂瞽，妄贅瑣言數則。老叔台進而教之，幸甚幸甚。拙稿數篇並呈，期郢政爲望。」其三：「捧讀佳序，眞珠璀玉爛，能使鐵石生光。小侄後學妄評，過龍門而成佳士，其成就振作之德，當沒世銘刻矣。謝謝。」信中涉事甚多，茲分別按詮如次：一、據顧國瑞、劉輝《〈尺牘偶存〉、〈友聲〉及其中的戲曲史料》考證，此三封信俱作於本年。而本年夏季之前，竹坡均在南京。其去揚州，必在本年秋冬間。則《與張山來》書三封本年秋冬

作於揚州。二、信中既云：「小侄何幸，一旦而識荊州。廣陵一行，誠
不虛矣。」則竹坡與張潮本年在揚州必為初交。但因為同聲相應，同氣
相求，又是同姓相親，其關係很快便極融洽。於是頒書、賜序、呈稿、
寫信，儼然如同故知。三、所謂「昨晚於大刻中見燈謎數十則」云云，
王汝梅《再談張竹坡的小說評點》考定「大刻」為《檀几叢書》，是。
此即為「承頒賜各種奇書」之一。四、信中所提「陳定翁」，疑即陳定
生。定生名貞慧，江蘇宜興人，一般認為他卒於順治十三年，享年五十
三歲。若他至本年尚健在，則已是九十三歲高齡，稱「翁」正當其宜。
定生與竹坡為世交，《曙三張公志》錄張介《雨村公口述所見旴紳藏本
記略》：「閣部按部淮安，遍閱諸將，兵皆虛誇不足用，惟興平部伍齊
整，士馬精強，……思妙選長材，為之輔佐。時宜興陳定生已招置幕府，
曙三既至，任事明敏精密，……史公大悅曰：吾得張陳兩君以佐興平，
復何慮哉。……乙酉正月十一日，興平抵睢。定國出迎四十里，……即
請興平入城。曙三與陳定生已窺定國狡詐志異，皆極言之。興平勿聽。
定生密謂曙三曰：高公剛愎，無濟也。我輩從之，終受禍耳。盍去諸？
曙三太息曰：知之久矣。顧子客也，可以去。我則有官守，夙受高公知
遇，史公托付，受事以來，已置此身於度外矣。子其行哉。」曙三即竹
坡祖父張垣。竹坡與定生能在揚州會晤，緬懷往事，當更多一番感觸。
五、據嘯園刊本，《幽夢影》批語多達五百十三則，其中竹坡批語八十
三則。信中云：「承教《幽夢影》，……小侄旅邸無下酒物，得此，…
…不揣狂瞽，妄贅瑣言數則。」則竹坡《幽夢影》批語作於此時。六、
信中所謂「佳序」，自是張潮為竹坡某評書所作之序。顧國瑞、劉輝
《〈尺牘偶存〉、〈友聲〉及其中的戲曲史料》以此「佳序」即《第一
奇書》謝頤序，非是。由上文可知，竹坡《與張山來》書寫於康熙三十
五年秋冬（據《友聲》編輯體例，其第三信當較前二信晚出，則寫第三
信之時，或已入冬），則張潮「佳序」亦當作於此前不久。而《第一奇

書》謝頤序，作於康熙三十四年「清明中浣」。時間相距一年又半，兩序顯非一序。《第一奇書》全稱爲《皋鶴堂批評第一奇書金瓶梅》，皋鶴堂當即張竹坡之堂號。而謝序「題於皋鶴堂」，則謝序應爲竹坡本人所作，即「謝頤」乃竹坡之化名。參見乙亥譜。

❼❹《云谿張公墓志》：「丙子秋，霖雨浹旬，河流泛溢，城不浸者三版，居民驚駭遷避，公百方保護。」

❼❺《族譜·藏稿》選彥琦諛詞：「屈指算，雙丸易邁，余也行年三十。」按彥琦生於康熙六年丁未，「行年三十」，則爲本年。

❼❻《十一草·撥悶三首》其一：「風從雙鬢生，月向懷中照，對此感別離，無何復長嘯。愁多白髮因欺人，頓使少年失青春。愁到無愁又愁老，何如不愁愁亦少。不見天涯潦倒人，飢時雖愁愁不飽。隨分一杯酒，無者何必求。其有遇，合力能，龍風飛拂逆，志甘牛馬走。知我不須待我言，不知我兮我何剖。高高者青天，淵淵者澄淵，千秋萬古事如彼，我敢獨不與天作周旋。既非諂鬼亦非顚，更非俯首求天憐。此中自有樂，難以喉舌傳。明日事，天已定，今夜月明裏，莫把愁提起。閑中得失決不下，致身百戰當何以。」其二：「少年結客不知悔，黃金散去如流水。老大作客反依人，手無黃金辭不美。而今識得世人心，藍田緩種玉，且去種黃金。」其三：「青天高，紅日近，浮雲有時自來往，太虛冥冥誰可印。南海角，北山足，二月春風地動來，無邊芳草一時綠。君子能守節，達人貴趨時，時至節可變，拘迫安所之。我生泗水上，志節愧疏放。天南地北汗漫游，十載未遇不惆悵。我聞我母生我時，斑然之虎入夢思，掀髯立起化作人，黃衣黑冠多偉姿。我生柔弱類靜女，我志騰驤過於虎。有時亦夢入青雲，傍看映日金龍舞。十五好劍兼好馬，廿歲文章遍都下。壯氣凌霄志拂雲，不說人間兒女話。去年過虎踞，今年來虎阜，金銀氣高虎呈祥，池上劍光射牛斗。古人去去不可返，今人又與後人遠。我來凭弔不勝情，落花啼鳥空滿眼。白雲知我心，清池怡我情，眼前未

得志，豈足盡生平。」按竹坡曾於康熙二十三年甲子、二十六年丁卯、
二十九年庚午、三十二年癸酉、三十五年丙子五至金陵。本詩中云：
「廿歲文章遍都下」。則「去年過虎踞」，必在康熙三十二年癸酉竹坡
北上都門、奪魁長安詩社之後，即指康熙三十五年丙子第五次至金陵
事。「今年來虎阜」，自即康熙三十六年丁丑事。又本詩中「二月春風」
云云，可知竹坡離揚來蘇，係在春季。參見癸酉譜、丙子譜。

⑦《仲兄竹坡傳》：「一朝大呼曰：大丈夫寧事此以鬻吾身耶！遂將所刊
梨棗，棄置於逆旅主人。罄身北上，遇故友於永定河工次。」按每年春
夏間築堤防汛，為當時例務，永定河亦然。而竹坡離蘇北上與效力河干
中無間隔，可知竹坡「遇故友於永定河工次」，當為本年初夏間事。此
前當仍在蘇州。參見本譜注②。

⑱《十一草・客虎阜遣興》其一：「四月江南晒麥天，日長無事莫高眠。
好將詩思消愁思，省卻山塘買醉錢。」其二：「劍水無聲靜不流，天花
何處講台幽。近來頑石能欺世，翻怪生公令點頭。」其三：「千秋霸氣
已沉浮，銀虎何年臥此邱。凭弔有時心耳熱，雲根撥土覓吳鈎。」其四：
「畫船歌舞漫移商，矜貴吳姬曲未央。歇擔柴佣橋上坐，也凝雙眼學周
郎。」其五：「故園北望白雲遙，游子依依淚欲飄。自是一身多缺限，
敢評風土惹人嘲。」其六：「僧房兀坐掩重門，鳥過花翻近水村。連日
又開詩酒戒，只緣愁緒欲消魂。」按本組詩與《撥悶三首》情趣大不相
同。前詩怨天尤人，自我解嘲，而不得解脫。本詩雖亦吟咏寄愁，但描
摩景物，清脫自然，其「雲根撥土覓吳鈎」句，已意味著不久將大呼而
起，另求進取。可知本組詩的寫作時間，距其「五困棘圍」，當有較長
的間隔。但兩組詩均寫蘇州春日事，而《撥悶三首》作於康熙三十六年
丁丑，則本組詩當作於本年。詩中既有「四月江南晒麥天」云云，則本
年四月之前，竹坡仍在蘇州。

⑲《仲兄竹坡傳》：「……遇故友於永定河工次。友荐兄河干效力。兄曰：

吾聊試為之。於是晝則督理插畚，夜仍秉燭讀書達旦。」按自康熙六年
至三十七年，黃河凡十四度決口。而自康熙二十三年至四十六年，康熙
六次南巡，均曾閱河。治理黃河成為國家頭等要務之一。永定河亦然。
《清史稿‧河渠志‧永定河》：「永定河亦名無定河，……順治八年，
河由永清徙固安，與白溝合。明年，決口始塞。十一年，由固安西宮村
與清水合，經霸州東，出清河；又決九花台、南里諸口，霸州西南遂成
巨浸。康熙七年，決盧溝橋堤，命侍郎羅多等築之。三十一年，以河道
漸次北移，永清、霸州、固安、文安時被水災，用直隸巡撫郭世隆議，
疏永清東北故道，使順流歸淀。三十七年，以保定以南諸水與渾水合
流，勢不能容，時有泛濫，聖祖臨視。巡撫於成龍疏築兼施，自良鄉老
君堂舊河口起，經固安北十里鋪，永清東南朱家莊，會東安狼成河，出
霸州柳岔口三角淀，達西沽入海，浚河百四十五里，築南北堤百八十餘
里，賜名永定。自是渾流改注東北，無遷徙者垂四十年。」清廷每年僅
治水一項，度支國帑，動輒數百萬計。藉此升官發財者則不計其數。即
彭城張氏，如道源、道溥、道沂、廷獻等，均增取譽邀寵於河工。竹坡
困於場屋達十三、四年之久，此番可謂轉覓途徑，另求進取。

⑧⓪《仲兄竹坡傳》：「工竣，詣鉅鹿會計帑金。寓客舍，一夕突病，嘔血
　數升。同事者驚相視，急呼醫來，已不出一語。藥鐺未沸，而兄淹然氣
　絕矣。時年二十有九。……兄既歿，檢點行櫥，惟有四子書一部、文稿
　一束、古硯一枚而已。」《族名錄》：「道深……生年二十九歲，於康
　熙戊寅年九月十五日疾終於直隸保定府永定河工次。」

⑧①《族名錄》：「道深……葬於丁塘先塋穆穴。」按據《族名錄》，塋穴
　在丁塘紫金山之陰，主穴為其父母，昭穴為其兄嫂。

⑧②《族譜‧雜著藏稿》錄張彥琦《醉流亭賦》：「余於戊寅年懷山居之念，
　遂構此亭，種花蒔竹，以為游覽地。」

⑧③《族譜》道淵雍正十一年後序：「族譜之修，幾經讎校，曾於戊戌、己

亥間，遍歷通族，詳分支派，……滙選恩綸、傳志、藏稿、贈言、壽挽
諸章，裒集成帙。正在發刊，忽以他務糾纏，奔走於吳中、白下之途，
……只得暫爲輟工。只將錄成之宗支圖、族名錄等等，附以家法十七
則，訂輯成書，分給族人使用。」按《族譜》道淵前序作於康熙六十年，
當爲初成而輟工之期，因繫於此。

❽《族譜》道淵雍正十一年後序：「編次方完，而梓人報竣。茲舉也起於
癸丑四月之朔，成於九月之望。」

❽《族譜》張璐乾隆四十二年序：「迄今四十餘年，代日益遠，人日益多，
使不重加訂正，詳爲增入，將遠者或不免於湮，多者或不免於紊。璐罪
其奚辭焉。……賴吾族中宦游者解俸助梓，典核者悉心襄事，始克勒有
成書。」

❽張介編《榮壽錄》引程保廉《清毅先生年譜》：「道光二十九年己酉，
公五十四歲，重修族譜，采輯舊聞，搜羅遺事，夜以繼日，寢食不遑
也。」按清毅先生爲鄉人私謚，即張省齋，其《清毅先生譜稿》雖略有
增刪，實乃乾隆四十二年刊本《張氏族譜》與道光五年刊本《彭城張氏
族譜》之重新組合本。

❽《清毅先生譜稿·族名錄》墨筆稿：「道深……恃才傲物，曾批《金瓶
梅》小說，隱寓譏刺，直犯家諱，非第誤用其才也，早逝而後嗣不昌，
豈無故歟？」朱筆修改稿：「道深……恃才傲物，批《金瓶梅》小說，
憤世疾俗，直犯家諱，則德有未足稱者，抑失裕後之道矣。」

張竹坡《金瓶梅》評點概論

　　張竹坡上承金聖嘆，下啓脂硯齋，通過對《金瓶梅》思想與藝術的評點，在很多方面把中國小說理論向前推進了一大步。

　　張竹坡評點《金瓶梅》的文字，總計約十幾萬字。其形式大致爲書首專論，回首與回中總評，和文間夾批、旁批、眉批、圈點等三大類。屬於專論的，就有《雜錄小引》、《金瓶梅寓意說》、《冷熱金針》、《第一奇書非淫書論》、《苦孝說》、《竹坡閑話》等十幾篇之多。明清小說評點中使用專論的形式，始於張竹坡。中國小說理論自此健全了自己的組織結構體係。從文學欣賞方面說，張竹坡的各篇專論以及一百零八條讀法，是《金瓶梅》全書的閱讀指導大綱；而回評與句批則是該回與該段的賞析示範。

　　張竹坡的《金瓶梅》評點，或概括論述，或具體分析，或擘肌分理，或畫龍點睛，對這部小說作了全面、系統、細微、深刻的評介，涉及題材、情節、結構、語言、思想內容、人物形象、藝術特點、創作方法等各個方面，其最有價值的爲下述幾點：

　　第一，系統提出「第一奇書非淫書論」，給《金瓶梅》以合法的社會地位，使其得以廣泛流傳。《金瓶梅詞話》大約自明代中後葉問世以來，陸續有人在筆記叢談中予以評論。這些評論不僅一般都很零碎，而且大多閃爍其詞，諱莫如深。有的更乾脆目爲「淫書」，急欲焚之而後快。這種觀點蔓延到社會，在人們心理上造成一種錯覺，抹煞了該書的文學價值，影響了它的流傳。

張竹坡認爲《金瓶梅》亦如「詩三百，一言以蔽之曰：思無邪」
（《第一奇書非淫書論》）。他說：「《金瓶梅》三字連貫者，
是作者自喻。此書內雖包藏許多春色，卻一朵一朵一瓣一瓣，費
盡春工，當注之金瓶，流香芝室，爲千古錦綉才子作案頭佳玩，
斷不可使村夫俗子作枕頭物也」（《讀法・百六》）。又說：「然
則《金瓶梅》是不可看之書也，我又何以批之以誤世哉？不知我
正以《金瓶》爲不可不看之妙文，……恐人自不知戒而反以是咎
《金瓶梅》，故先言之，不肯使《金瓶》受過也」（《讀法・八
十二》）。又說：「今夫《金瓶》一書，作者亦是將《褰裳》、
《風雨》、《蘀兮》、《子衿》諸詩細爲摹仿耳。夫微言之而文人
知懲，顯言之而流俗皆知。不意世之看者，不以爲懲勸之韋弦，
反以爲行樂之符節，所以目爲淫書。不知淫者自見其爲淫耳」
（《第一奇書非淫書論》）。他在《讀法・五十三》中也說：「凡
人謂《金瓶》是淫書者，想必伊止看其淫處也。若我看此書，純
是一部史公文字。」第七十一回「李瓶兒何家托夢，提刑官引奏
朝儀」有一段寫小廝在何太監宴請西門慶的席前唱了一套〔正宮
・端正好〕，張竹坡批道：「又是宋朝，總見寓言也。」聯繫他
在《金瓶梅寓意說》中所謂「稗官者，寓言也。其假捏一人，幻
造一事，雖爲風影之談，亦必依山點石，借海揚波」的說法，則
他的「史公文字」說便有了具體的內容。而看出小說有以宋喻明
的一面，是很有見地的。所以他要「急欲批之請教」，以「憫作
者之苦心，新同志之耳目」（《第一奇書非淫書論》）。《金瓶梅》
中當然有一些淫穢的文字，張竹坡強調要從整體上把握其主導傾
向，不要輕易被「淫書」二字瞞過。《讀法・三十八》：「一百
回是一回，必須放開眼作一回讀，乃知其起盡處。」《讀法・五
十二》：「《金瓶梅》不可零星看。如零星，便止看其淫處也。

故必盡數日之間，一氣看完，方知作者起伏層次，貫通氣脈，爲一線穿下來也。」《讀法·七十二》：「讀《金瓶》必靜坐三月方可，否則眼光模糊，不能激射得到。」經過他鞭辟入裏的分析，雖然不能從官方的禁令中，但是從人們的觀念上，將《金瓶梅》解放了出來。《金瓶梅》的刻板發行，在張竹坡評點之前，只有萬曆丁巳本與所謂崇禎本，印數也很少，在張竹坡評點之後，卻出現了幾十種刊本。帶有張竹坡評語的《第一奇書》，成爲流傳最廣、影響最大的《金瓶梅》，這不能不說是張竹坡評點《金瓶梅》的功績。

第二，指出《金瓶梅》「獨罪財色」，是泄憤之作，具體肯定了這部小說的思想性、傾向性。眾所周知，《金瓶梅》描寫了西門慶一家暴發與衰落的過程。張竹坡分析了該書「因一人寫及全縣」，由「一家」而及「天下國家」的寫作方法，認爲通過對西門慶的揭露，暴露了整個社會的問題。《讀法·六十三》：「即千古算來，天之禍淫福善，顛倒權奸處，確乎如此。讀之似有一人，親曾執筆，在清河縣前，西門家裏，大大小小，前前後後，碟兒碗兒，一一記之，似眞有其事，不敢謂操筆伸紙做出來的。」他又說：「嘗見一人批《金瓶梅》曰：『此西門慶之大帳簿。』其兩眼無珠，可發一笑。夫伊於甚年月日，見作者雇工於西門慶家寫帳簿哉？」（《讀法·八十二》)似有人記帳，實無人記帳，說明雖然小說描寫細微逼眞，但畢竟是小說不是帳簿。張竹坡實際已感覺到創作中的「典型」問題，所以他說：「《金瓶梅》因西門慶一分人家，寫好幾分人家，如武大一家，花子盧一家，喬大戶一家，陳洪一家，吳大舅一家，張大戶一家，王招宣一家，應伯爵一家，周守備一家，何千戶一家，夏提刑一家。他如翟雲峰在東京不算，夥計家以及女眷不往來者不算，凡這幾家，大約

清河縣官員大戶屈指已遍，而因一人寫及一縣」（《讀法·八十四》）。《金瓶梅》中寫了很多地方貪官，市井惡霸，張竹坡認爲「無非襯西門慶也」（第四十七回回評），然社會上「何止百千西門，而一西門之惡已如此，其一太師之惡爲何如也」（第四十八回回評）。他在第七十四回回評中也寫道：「今止言一家，不及天下國家，何以見怨之深，而不能忘哉！故此回歷敘運艮峰之苦，無謂諸奸臣之貪位慕祿，以一發胸中之恨也。」這就是魯迅說的「著此一家，即罵盡諸色」（《中國小說史略》）。張竹坡實際也感覺到藝術眞實與生活眞實的關係問題，他說：「便使一時半夜，人死喧鬧，以及各人言語心事，並各人所做之事，一毫不差，歷歷如眞有其事。即眞事令一人提筆記之，亦不能全者，乃又曲曲折折，拉拉雜雜，無不寫之」（第六十二回回評）。《竹坡閑話》：「《金瓶梅》，何爲而有此書也哉？曰：此仁人志士孝子悌弟，不得於時，上不能問諸天，下不能告諸人，悲憤嗚唈，而作穢言以泄其憤也。」第三十四回「獻芳樽內室乞恩，受私賄後庭說事」寫西門慶賄賂蔡京當了山東提刑官之後，即貪贓枉法，竹坡在回評中批道：「提刑所，朝廷設此以平天下之不平，所以重民命也。看他朝廷以之爲人事送太師，太師又以之爲人事送百千奔走之市井小人，而百千市井小人之中，有一市井小人之西門慶，是太師特以一提刑送之者也。今看到任以來，未行一事，先以伯爵一幫閑之情，道國一夥計之分，將直作曲，妄入人罪，後即於我所欲入之人，又因以龍陽之情，混入內室之面，隨出人罪，是西門慶又以提刑之刑爲幫閑、淫婦、書童之人事，天下事至此尙忍言哉？作者提筆著此回時，必放聲大哭也。」所以他說：「讀《金瓶》必須列寶劍於右，或可劃空泄憤」（《讀法·九十五》）；「讀《金瓶》必置大白於左，庶可痛飲以消此世

情之惡」（《讀法・九十七》）。不僅如此，張竹坡進一步將小說中的人和事放到冷、熱、眞、假的關係中考察，他在《竹坡閑話》中說：「將富貴而假者可眞，貧賤而眞者亦假。富貴，熱也，熱則無不眞。貧賤，冷也，冷則無不假。不謂冷熱二字，顚倒眞假，一至於此。……因彼之假者，欲肆其趨承，使我之眞者，皆遭其荼毒。」說明他認識到，《金瓶梅》並及揭露到人心世情、社會風尙、道德觀念等社會意識形態。《讀法・八十三》：「《金瓶》是兩半截書，上半截熱，下半截冷；上半熱中有冷，下半冷中有熱。」張竹坡把第一回文字就歸結爲「熱結」、「冷遇」，並說：「《金瓶》以冷熱二字開講，抑孰不知此二字，爲一部之金鑰乎？」（《冷熱金針》）他的冷熱說，在讀法、回評與夾批中雖然時相抵牾，界說不明，其基本含義還是一貫的，這就是：「其起頭熱得可笑，後文一冷便冷到徹底，再不能熱也」（《讀法・八十七》）。「作者直欲使此清河縣之西門慶氏冷到徹底並無一人，雖屬寓言，然而其恨此等人，直使之千百年後永不復望一復燃之灰」（《讀法・八十八》）。張竹坡還認爲，《金瓶梅》之所以能夠對社會生活與社會思想作出如此深刻廣泛的暴露，是因爲「作者必於世亦有大不得意之事，如史公之下蠶室，孫子之刖雙足，乃一腔憤懣而作此書，……以後有知心，當悲我之辱身屈志，而負才淪落於污泥也」（第七回回評）。張竹坡從創作意圖到寫作效果，將《金瓶梅》提到與《史記》、《詩經》等同的地位，高度評價了小說的寫實成就。

　　第三，緊緊把握住《金瓶梅》的美學風貌，以「市井文字」概括其藝術特色，從小說史的角度，充分肯定了這部小說在中國文學史中的地位。《金瓶梅》以前的中國長篇小說，如《三國演義》、《水滸傳》、《西遊記》等，寫的是歷史、英雄、神魔，

著墨最多的是正面人物的刻劃與傳奇經歷的描述。《金瓶梅》則不然，它的主要人物都是反面角色，它的情節多係家庭日常瑣事。「審醜」不同於「審美」，寫家庭細節不同於寫社會巨變。不同的社會生活面，不同的人物形象群，必然會產生不同的藝術特色。張竹坡看到了這種不同，並從理論上準確地給予了總結。他指出，《金瓶梅》與《西廂記》不同，後者是「花嬌月媚」文字，而前者則是「一篇市井的文字」。《讀法·三十二》：「西門慶是混帳惡人，吳月娘是奸險好人，玉樓是乖人，金蓮不是人，瓶兒是痴人，春梅是狂人，敬濟是浮浪小人，嬌兒是死人，雪娥是蠢人，宋蕙蓮是不識高低的人，如意兒是頂缺之人。若王六兒與林太太等，直與李桂姐輩一流，總是不得叫做人。而伯爵、希大輩，皆是沒良心的人。兼之蔡太師、蔡狀元、宋御史，皆是枉爲人也。」都是反面角色。反面角色又多是市井中人，「寫西門自加官至此，深淺皆見，又熱鬧已極。蓋市井至此，其福已不足當之矣」（第七十回回評）。「西門拜太師乾子，王三官又拜西門乾子，勢力之於人寧有盡止？寫千古英雄同聲一哭，不爲此一班市井小人哭也」（第七十二回回評）。市井中人不論怎麼發迹變泰，穿戴裝扮，到底都有市井氣。第七回有一段：「這西門慶頭戴纏綜大帽，一撒鈎絛粉底皂靴」，張竹坡批道：「富貴氣卻是市井氣。」寫這些人物的文字，「直是一派地獄文字」(第五回回評)。「《金瓶梅》，倘他當日發心不作此一篇市井的文字，他必能另出韻筆，作花嬌月媚如《西廂》等文字也」（《讀法·八十》）。小說寫的不是才子佳人，所以不能用「韻筆」寫成「花嬌月媚」文字，小說寫的是市井小人，所以只能用俗筆寫成「市井文字」。《金瓶梅》中的奸夫淫婦、貪官惡僕、幫閑娼妓各色人等，「不徒肖其貌，且並其神傳之」（謝肇淛

《金瓶梅跋》），靠的是什麼呢？張竹坡認為「純是白描追魂攝影之筆」（第一回回評）。他的「市井文字」說包含有一系列表象，「白描」是其最主要的特徵。他在《讀法·六十四》中說：「讀《金瓶》，當看其白描處。子弟能看其白描處，必能做出異樣省力巧妙文字來也。」第三十回「蔡太師覃恩錫爵，西門慶生子加官」寫李瓶兒臨盆，「今看其止令月娘一忙，衆人一齊在屋，金蓮發話，雪娥慌走，幾段文字，下回接呱的一聲，遂使生子已完，眞是異樣巧滑之文，而金蓮妒口，又白描入骨也」（本回回評）。書中是怎樣描寫潘金蓮的「妒口」的呢？先是寫潘金蓮對孟玉樓說：「爹喏喏！緊著熱刺刺的，擠了一屋子的人，也不是養孩子，都看著下象胎哩！」又寫潘金蓮嘲弄孫雪娥說：「你看，獻勤的小婦奴才！你慢慢走，慌怎的？搶命哩！黑影裏絆倒了，磕了牙，也是錢。養下孩子來，明日賞你小婦一個紗帽戴？」這種白描文字，就如中國畫的墨線勾描，所以張竹坡又叫做「白描勾挑」（第一回夾批）。第九十四回「大酒樓劉二撒潑，酒家店雪娥爲娼」：「卻說春梅走歸房中，摘了冠兒，脫了繡服，倒在床上，便捫心摑被，聲疼叫喚起來。……落後守備……也慌了，扯著他手兒問道：『你心裏怎的來？』也不言語。又問：『那個惹著你來？』也不做聲。守備道：『不是我剛才打了你兄弟，你心內惱嗎？』亦不應答。……大丫環月桂拿過藥來：『請奶奶吃藥！』被春梅拿過來匹臉只一潑，罵道：『賊浪奴才，你只顧拿這苦水來灌我怎的？我肚子裏有甚麼？』叫他跪在面前。」張竹坡批道：「內只用幾個一推一潑，寫春梅悍妒性急如畫。」（本回回評）

第四，全面細微地點按《金瓶梅》的章法技法，形成系統的《金瓶梅》藝術論，其中不少論述，今天仍有借鑒意義。舉如

《金瓶梅》的結構，與《水滸傳》等小說單線發展結構方式不同，是一個以西門慶一家為主線，旁及清河他家，以及清河各家以外多家多人，貫通關聯，穿插曲折的網狀形結構。張竹坡注意到這一點，他在《竹坡閑話》中說：「然則《金瓶梅》，我又何以批之也哉？我喜其文之洋洋一百回，而千針萬線，同出一絲，又千曲萬折，不露一線。閑窗獨坐，讀史讀諸家文，少假偶一觀之，曰：如此妙文，不為之遞出金針，不幾辜負作者千秋苦心哉？久之心怛怵焉，不敢遽操管以從事，蓋其書之細如牛毛，乃千萬根共具一體，血脈貫通，藏針伏線，千里相牽，少有所見」。《金瓶梅》是怎樣「千曲萬折」又「血脈貫通」的呢？張竹坡說：「《金瓶梅》是一部《史記》。然而《史記》有獨傳，有合傳，卻是分開做的。《金瓶梅》卻是一百回共成一傳，而千百人總合一傳內，卻又斷斷續續各人自有一傳」（《讀法·三十四》）。《金瓶梅》一書寫了幾百個人，其有始有終的少說也有幾十人，如此多人「總合一傳」，豈不是頭緒紛繁，讀來模糊嗎？張竹坡認為說來也簡單：「劈空撰出金、瓶、梅三個人來，看其如何收攏一塊，如何發放開去。看其前半部止做金、瓶，後半部止做春梅，前半人家的金、瓶，被他千方百針弄來，後半自己的梅花，卻輕輕的被人奪去」（《讀法·一》）。他認為第一回是全書的總綱：「開卷一部大書，乃用一律、一絕、三成語、一諺語盡之，而又入四句偈作證，則可云《金瓶梅》已告完矣」（本回回評）；第五十一回又是後半部的關鍵：「此書至五十回以後，便一節節冷了去。今看他此回，先把後五十回的大頭緒，一一題清，如開首金蓮兩舌，伏後文官哥、瓶兒之死；李三、黃四諄諄借帳，伏後文賴帳之由；李桂姐伏王三官、林太太；來保、王六兒飲酒一段，伏後文二人結親，拐財背主之故；郁大姐伏申二姐；品玉伏

西門之死；而斗葉子伏敬濟之飄零；二尼講經，伏孝哥之幻化。
蓋此一回，又後五十回之樞紐也」（本回回評）。但實際讀起小說
來，卻不可如此粗疏。對這一點，張竹坡在每回回評與夾批中隨
處都有提醒，如第一回回評：「一部一百回，乃於第一回中，如
一縷頭髮，千絲萬絲，要在頭上一根繩兒扎住。又如一噴壺水，
要在一提起來，即一線一線，同時噴出來。今看作者，惟西門慶
一人是直說，他如出伯爵等人是帶出，月娘、三房是直敘，別的
如桂姐、玳安、玉簫、子虛、瓶兒、吳道官、天福、應寶、吳銀
兒、武松、武植、金蓮、迎兒、敬濟、來興、來保、王婆諸色人
等一齊皆出，如噴壺傾水，然卻是說話做事，一路有意無意，東
拉西扯，便皆敘出，並非另起鍋灶，重新下米，真是龍門能事。」
靠什麼把這些千絲萬縷的片斷總合成一個有機的整體呢？張竹坡
認為：「做文章不過是情理二字。今做此一篇百回長文，亦只是
情理二字。於一個人的心中，討出一個人的情理，則一個人的傳
得矣。雖前後夾雜眾人的話，而此一人開口是此一人的情理。非
其開口便得情理，由於討出這一人的情理方開口耳。是故寫十百
千人皆如寫一人，而遂洋洋乎有此一百回大書也。（《讀法·四
十三》）。

　　再如《金瓶梅》的人物塑造，與《水滸傳》類型化手法不同，
注重人物性格刻畫，在個性化方面取得了很大進展。張竹坡在
《金瓶梅》評點中很好地總結了小說這一方面的創作經驗，他特
別抓住了人物性格的發展，在第四十一回回評中寫道：「上文生
子後，方使金蓮醋甕開破泥頭，瓶兒氣包打開線口。蓋金蓮之刻
薄尖酸，必如上文如許情節，自翡翠軒發源，一滴一點，以至於
今，使瓶兒之心深懼，瓶兒之胆暗攝，方深深鬱鬱悶悶，守口如
瓶，而不輕發一言，以與之爭，雖瓶兒天性溫厚，亦積威於漸以

致之也。」小說是如何描寫潘金蓮醋甕開瓶的呢？第二十二回回
評：「此回方寫蕙蓮。夫寫一金蓮，已令觀者髮指，乃偏又寫一
似金蓮。特特犯手，卻無一相犯。而寫此一金蓮必受制於彼金蓮
者，見金蓮之惡，已小試於蕙蓮一人，而金蓮恃寵爲惡之胆，又
漸起於治蕙蓮之時。其後遂至陷死瓶兒母子，勾串敬濟，藥死西
門，一縱而幾不可治者，皆小試於蕙蓮之日。西門入其套中，不
能以禮治之，以明察之，惟有縱其爲惡之性耳。吾故曰：爲金蓮
寫肆惡之由，寫一武大死；爲金蓮寫爭寵之由，乃寫一蕙蓮死
也。」李瓶兒終於因此喪生，第六十二回「潘道士法遣黃巾士，
西門慶大哭李瓶兒」寫李瓶兒死時各人的言行，竹坡批道：「西
門是痛，月娘是假，玉樓是淡，金蓮是快。故西門之言，月娘便
惱；西門之哭，玉樓不見；金蓮之言，西門發怒也。情事如畫」
（本回回評）。張竹坡還指出小說寫出了同類人物的不同性格特
徵，「《金瓶梅》妙在於善用犯筆而不犯也。如寫一伯爵，更寫
一希大，然畢竟伯爵是伯爵，希大是希大，各人的身分，各人的
談吐，一絲不紊。寫一金蓮，更寫一瓶兒，可謂犯矣。然又始終
聚散，其言語舉動又各各不紊一絲。寫一王六兒，偏又寫一賁四
嫂；寫一李桂姐，偏又寫一吳銀姐、鄭月兒；寫一王婆，偏又寫
一薛媒婆、一馮媽媽、一文嫂兒、一陶媒婆；寫一薛姑子，偏又
寫一王姑子、劉姑子；諸如此類，皆妙在特特犯手，卻又各各一
款，絕不相同也」（《讀法·四十五》）。小說是怎樣做到「用
犯筆而不犯」的呢？張竹坡說：「《金瓶梅》於西門慶不作一文
筆，於月娘不作一顯筆，於玉樓則純用俏筆，於金蓮不作一鈍
筆，於瓶兒不作一深筆，於春梅純用傲筆，於敬濟不作一韻筆，
於大姐不作一秀筆，於伯爵不作一呆筆，於玳安不作一蠢筆，此
所以各各皆到」（《讀法·四十六》）。

　　又如《金瓶梅》的寫作手法，張竹坡做了很多概括，起了不少名目，雖然沒有跳出評點的窠臼，不免瑣屑龐雜，其具體闡述，自有眞知灼見。《讀法·十四》：「《金瓶》有節節露破綻處。如窗內淫聲，和尙偏聽見；私琴童，雪娥偏知道。而裙帶葫蘆，更屬險事。墻頭密約，金蓮偏看見；蕙蓮偷期，金蓮偏撞著。翡翠軒，自謂打聽瓶兒；葡萄架，早已照入鐵棍。才受贓，即動大巡之怒；才乞恩，便有平安之讒。……諸如此類，又不可勝數。總之，用險筆以寫人情之可畏，而尤妙在既已露破，乃一語即解，絕不費力累贅。此所以爲化筆也。」《讀法·二十五》：「文章有加一倍寫法。此書則善於加倍寫也。如寫西門之熱，更寫蔡、宋二御史，更寫六黃太尉，更寫蔡太師，更寫朝房，此加一倍熱也。如寫西門之冷，則更寫一敬濟在冷鋪中，更寫蔡太師充軍，更寫徽欽北狩，眞是加一倍冷。要之，加一倍熱，更欲寫如西門之熱者何限，而西門恃財肆惡；加一倍冷者，正欲寫如西門之冷者何窮，而西門乃不早見機也。」《讀法·四十四》：「《金瓶》每於極忙時，偏夾敘他事入內。如正未娶金蓮，先插娶孟玉樓；娶孟玉樓時，即夾敘嫁大姐；生子時，即夾敘吳典恩借債；官哥臨危時，乃有謝希大借銀；瓶兒死時，乃入玉簫受約；擇日出殯，乃有請六黃太尉等事。皆於百忙中，故作消閑之筆。非才富一石者何以能之？」它如「板定大章法」、「兩對章法」、「大間架處」、「入笋處」、「特殊錯亂其年譜」、「脫卸處」、「避難處」、「手閑事忙處」、「穿插處」、「結穴發脈關鎖照應處」、「反射法」、「點睛處」等，隨文點撥，俯拾皆是，用張竹坡的話說是「《金瓶梅》一書，於作文之法，無所不備」（《讀法·五十》）。

　　又如《金瓶梅》的細節描寫，今傳本《金瓶梅》內雖有不少

前後抵牾之處，但「《金瓶梅》是大手筆，卻是極細的心思做出來者」（《讀法·百四》）。張竹坡特別稱許小說的「細針密線」（謝頤序），《讀法·四十八》：「寫花子虛，即於開首十人中，何以不便出瓶兒哉？夫作者於提筆時，固先有一瓶兒在其意中也。先有一瓶兒在其意中，其後如何偷期，如何迎奸，如何另嫁竹山，如何轉嫁西門，其着數俱已算就，然後想到其夫，當令何名，夫不過令其應名而已。則將來雖有如無，故名之曰子虛。瓶本為花而有，故即姓花。忽然於出筆時，乃想敘西門氏正傳也。於敘西門傳中，不出瓶兒，何以入此公案？特敘瓶兒，則敘西門起頭時，何以說隔壁一家姓花名某，其妻姓李名某也？此無頭緒之筆，必不能入也。然則俟金蓮進門再敘如何？夫他小說便有一件件敘去另起頭緒於中，惟《金瓶梅》純是太史公筆法。夫龍門文字中，豈有於一篇特特著意寫之人，且十分有八分寫此人之人，而於開卷第一回中不總出樞紐，如衣之領，如花之蒂，而謂之太史公之文哉？……然則作者又不能自己另出頭緒說，勢必借結弟兄時入花子虛也。夫使無伯爵一班人，先與西門打熱，則弟兄又何由而結？……故用寫子虛為會外之人，今日拉其入會，而因其鄰墻，乃用西門數語，李瓶兒已出。……今日自純以神工鬼斧之筆行文，故曲曲折折，細詳瓶兒，寂目而不令其窺彼金針之一度。」他認為第六十二回「最是難寫」，但「內卻前前後後，穿針遞線，一絲不苟。……如寫瓶兒，寫西門，寫伯爵，寫潘道士，寫吳銀兒、王姑子，寫馮媽媽，寫如意兒，寫花子由，其一時或閑筆插入，或忙筆正寫，或關切，或不關切，疏略淺深，一時皆見。至於瓶兒遺囑，又是王姑子、如意、迎春、綉春、老馮、月娘、西門、嬌兒、玉樓、雪娥，不漏一人，而淺深恩怨皆出。其諸人之親疏厚薄淺深，感觸心事，又一筆不苟，層層描出，文

至此亦可云至矣。看他偏有餘力，又接手寫其死後西門大哭一
篇。且偏更於其本命燈絕後，預先寫其一番哭泣，不特瓶兒、西
門哭，直寫至西門與月娘哭，豈不大奇？至其一死，獨寫西門一
人大哭，眞聲淚俱出。又寫月娘之哭，又寫衆人之哭，又接寫西
門之再哭，又接寫月娘之不哭，又接寫西門前廳哭，又寫哭了又
哭，然後將雞都叫了一句頓住，……我已爲至矣盡矣，其才亦應
少竭矣，乃偏又接寫請徐先生，報花子由，報諸親，又寫黑書，
又寫取布搭棚，請畫師，且夾寫玳安哭，又夾寫西門再哭，月娘
惱，玉樓疏，金蓮暢快，又接寫伯爵做夢，咂嘴跌腳，再接寫西
門哭，伯爵勸，一篇文字方完。我亦並不知作者是神工，是鬼斧，
但見其三段中，如千人萬馬，卻一步不亂」（本回回評）。

　　張竹坡評點《金瓶梅》還有一個很大的特點，把自己的家世
遭遇情緒感觸擺進去。在他的評點文字中，這一內容占了不少份
量。《竹坡閑話》：「邇來爲窮愁所迫，炎涼所激，於難消遣時，
恨不自撰一部世情書以排遣悶懷，幾欲下筆，而前後結構，甚費
經營，乃擱筆曰：我且將他人炎涼之書，其所以前後經營者，細
細算出，一者可消我悶懷，二者算出古人之書，亦可算我今又經
營一書。」《第一奇書非淫書論》：「小子窮愁著書，亦書生常
事。又非借此沽名，本因家無寸土，欲覓蠅頭以養生耳。」《金
瓶梅寓意說》：「至其以孝哥結入一百回，用普淨幻化，言惟孝
可以消除萬惡，惟孝可以永錫爾類，今使我不能全孝，抑曾反思
爾之於爾親卻是如何，千秋萬歲，此恨綿綿，悠悠蒼天，曷其有
極，悲哉悲哉！」他在《讀法·八十六》中的感慨：「奈何世人
於一本九族之親，乃漠然視之，且恨不排擠而去之，是何肺腑！」
指的就是自己的家世。第一回正文開首，他只圈了「親朋白眼，
面目寒酸」四字，便基於自己的身世。他評點《金瓶梅》可謂牽

腸掛肚，驚心動魄，「今夜五更燈花影裏，我亦眼淚盈把，笑聲
驚動妻孥兒子輩夢魂也」（第三回回評）。「我卻批完此一回時，
心血已枯了一半也」（第四回回評）。「夜深風雨，鬼火青熒，對
之心絕欲死，我不忍批，不耐批，亦且不能批」（第五回回評）。
「我不覺爲之大哭十日百千日不歇，然而又大笑不歇也」（第七
十三回回評）。「我亦不能逐節細批，蓋讀此等文，不知何故，
雙眼惟有淚出，不能再看文字矣。讀過一遍，一月兩月，心中忽
忽不樂，不能釋然」（第七十八回回評）。

　　惟其如此，加上時代局限與思想局限，張竹坡的《金瓶梅》
評點中，也摻雜了一些主觀臆斷，闡發了不少封建綱常。第一百
回回評：「第一回弟兄哥嫂，以悌字起，一百回幻化孝哥，以孝
字結。始悟此書，一部奸淫情事，俱是孝子悌弟窮途之淚。」
不少論者接著引用張竹坡的話：「夫以孝悌起結之書，謂之曰淫
書，此人眞是不孝悌」，認爲這是他爲《金瓶梅》辯白的托詞。
但聯繫到他冠於書首的「苦孝說」，他在其他專論與回評、夾批
中對孝悌的反復論述，他對作者身份家世的猜測，他自己的家世
生平，便不能不認爲這正是張竹坡的眞實思想，是他思想中迂腐
落後的一面。張竹坡對貧富、財色、冷熱、眞假關係的解說也不
夠固定，並且最後「以空結此財色二字也」（《讀法・二十六》），
在第六十一回的夾批中更進而說道：「夫一夢一空，已全空矣。
現一夢兩空，天下安往非夢，亦安往非空。」《紅樓夢》評論中
的色空觀念、說夢之談，原來濫觴於此。張竹坡的《〈金瓶梅〉
寓意說》更是一篇奇文，他說：「故《金瓶》一書，有名人物，
不下百數，爲之尋端竟委，大半皆屬寓言」。於是他在全書「尋
端竟委」，找微言大義，竟至認爲「梅雪不相下，故春梅寵而雪
娥辱，春梅正位而雪娥愈辱。月爲梅花主人，故永福相逢，必云

故主。……至周舟同音，春梅歸之，為載花舟，秀臭同音，春梅
遭臭，載花舟且作糞舟」，牽強附會到可笑的地步，開了後來紅
學索隱派的先河。張竹坡激烈貶斥吳月娘，極力推譽孟玉樓，甚
至說孟玉樓就是作者的化身，遭到清末《金瓶梅》評點者文龍的
批評：「作書難，看書亦難，批書尤難。未得其意，不求其細，
一味亂批，是為酒醉雷公。批者深惡月娘，而深愛玉樓，至謂作
者以玉樓自比，何其謬也」（第二十九回回評）。

　　因此，《歧路燈》作者李海觀在該書自序中譏諷張竹坡是
「三家村冬烘學究」，不能說全無道理。但近人朱星說：「崇禎
本已有評點，張評本又加擴大，……《讀法》共一百零六條，說
『《金瓶梅》是一部《史記》』，這一句還可取，其餘都是冬烘
先生八股調，全不足取」（《金瓶梅考證》），便失之公允。平
心而論，張竹坡的《金瓶梅》評點，雖然瑕瑜互見，畢竟瑕不掩
瑜。崇禎本只有零散的夾批，張竹坡的評點則是一部系統的《金
瓶梅》論，並不僅僅是「又加擴大」而已。何況張竹坡在他的
《金瓶梅》論中，完備了古代小說評點的結構體系，對古代小說
理論增添了一系列新的創造，開發了近代小說理論的先聲。在
《金瓶梅》研究史上，張竹坡的評點不可低估；在中國小說批評
史上，張竹坡的功績不可抹煞。

　　　　　　　　　（載《徐州師範學院學報》1987年第3期）

《金瓶梅》的文學風貌與
張竹坡的「市井文字」說

前張竹坡的《金瓶梅》藝術論

　　張竹坡之前論及《金瓶梅》藝術的文字無多。袁宏道說：「伏枕略觀，雲霞滿紙」（《袁宏道集箋校》卷六《錦帆集之四·尺牘》）。袁中道說：「往晤董太史思白，共說諸小說之佳者，思白曰：『近有一小說，名《金瓶梅》，極佳。』予私識之」（《游居柿錄》）。可見，袁宏道、袁中道、董其昌都是推崇《金瓶梅》的藝術的。但李日華持相反意見：「大抵市諢之極穢者，而鋒焰遠遜《水滸傳》。袁中郎極口贊之，亦好奇之過」（《味水軒日記》卷七）。其他還有一些論述。而無論是稱譽者還是貶抑者，都沒有展開分析，甚至他們並沒有讀到該書全帙，而只是掩卷一過，「伏枕略觀」，便下了結論。這當然是一種常見的讀書方式、論書現象。對作家作品進行總體把握，然後以幾句話甚或幾個字高度概括其藝術旨趣、文學風貌，原是中國古代詩歌、散文評論的傳統。明清兩朝，這種文學評論傳統被廣泛引申到小說、戲曲領域。只不過袁氏兄弟，董、李二公對《金瓶梅》藝術的總體把握，還未達到準確全面概括其文學風貌的地步。

　　猜度到《金瓶梅》藝術壺奧的見解還有一些。欣欣子序：「語句新奇，膾炙人口」。「語句新奇」在哪裏？「其中未免語涉俚俗，氣含脂粉。」脂粉氣濃、俚俗味重的作品就是好作品嗎？

「此一傳者，雖市井之常談，閨房之碎語，使三尺童子聞之，如飲天漿而拔鯨牙，洞洞然易曉。雖不比古之集理趣，文墨綽有可觀。」市井常談，孺子易曉，說出了點味道。東吳弄珠客序：「借西門慶以描畫世之大淨，應伯爵以描畫世之小丑，諸淫婦以描畫世之醜婆」，爲欣欣子序加了注腳。丑角的嘴臉，今天的戲劇舞台仍可見到。一部小說畫出的都是西門慶、應伯爵、諸淫婦以及「僧道尼番、醫巫星相、卜術樂人、歌妓雜耍之徒」（《滿文本金瓶梅序》）這些丑行淨行的人物，「其中朝野之政務，官私之晉接，閨闥之媟語，市里之猥談，與夫勢交利合之態，心輸背笑之局，桑中濮上之期，尊罍枕席之語，驅驗之機械意智，粉黛之自媚爭妍，狎客之從諛逢迎，奴僕之稽唇淬語，窮極境象，誠意快心。……不徒肖其貌，且並其神傳之」（謝肇淛《金瓶梅跋》），可謂「曲盡人間醜態」（廿公跋）。

　　「審醜」是反面的審美。「審醜」的作品的文學風貌與正面審美的作品的文學風貌自然大相逕庭。《金瓶梅》是「審醜」的作品，它的文學風貌應該怎樣概括，在張竹坡之前，尚無人一語破的。

張竹坡的《金瓶梅》藝術評點

　　張竹坡十幾萬字的《金瓶梅》評點，或概括論述，或具體分析，或擘肌分理，或畫龍點睛，對小說作了全面、系統、細微、深刻的評介，其中相當大篇幅是評點的《金瓶梅》的藝術，涉及結構、情節、語言、人物、風貌、特色、手法等各個方面。張竹坡的《金瓶梅》藝術論，總結出三、四十種名目，歸納起來，約可區分爲以下三類：

　　一是大處著眼，總體立論。「《水滸傳》聖嘆批處，大抵皆

腹中小批居多。予書刊數十回後，或以此爲言。予笑曰：《水滸
傳》是現成大段畢具的文字，如一百八人各有一傳，雖有穿插，
實次第分明，故聖嘆止批其字句也。若《金瓶》乃隱大段精采於
瑣碎之中，止分別字句，細心者皆可爲，而反失其大段精采也」
（《第一奇書凡例》）。張竹坡不囿前法，別具隻眼，提綱挈領，
總攬全書，落筆不俗。如《金瓶梅》的結構，與《水滸傳》等小
說單線發展結構方式不同，是一個以西門慶一家爲主線，旁及清
河他家，以及清河以外多家多人，貫通關聯，穿插曲折的網狀形
結構。《竹坡閑話》：「我喜其文之洋洋一百回，而千針萬線，
同出一絲，又千曲萬折，不露一線。……曰：如此妙文，不爲之
遞出金針，不幾辜負作者千秋苦心哉？……蓋其書之細如牛毛，
乃千萬根共具一體，血脈貫通，藏針伏線，千里相牽，少有所見」。
《金瓶梅》是怎樣「千曲萬折」又「血脈貫通」的呢？張竹坡說：
「《金瓶梅》是一部《史記》。然而《史記》有獨傳，有合傳，
卻是分開做的。《金瓶梅》卻是一百回共成一傳，而千百人總合
一傳內，卻又斷斷續續各人自有一傳」（《讀法·三十四》）。
《金瓶梅》一書寫了幾百個人，其有始有終的少說也有幾十人，
如此多人「總合一傳」，豈不是頭緒紛繁，讀來模糊嗎？張竹坡
認爲說來也簡單：「劈空撰出金、瓶、梅三個人來，看其如何收
攏一塊，如何發放開去。看其前半部止做金、瓶，後半部止做春
梅，前半人家的金、瓶，被他千方百計弄來，後半自己的梅花，
卻輕輕的被人奪去」（《讀法·一》）。他認爲第一回是全書的總
綱：「開卷一部大書，乃用一律、一絕、三成語、一諺語盡之，
而又入四句偈作證，則可云《金瓶梅》已告完矣」（本回回評）；
第五十一回又是後半部的關鍵：「蓋此一回，又後五十回之樞紐
也」（本回回評）。張竹坡還進一步用「冷熱」論分析小說結構特

點，《讀法‧八十三》：「《金瓶》是兩半截書，上半截熱，下半截冷；上半熱中有冷，下半冷中有熱。」他把第一回文字就歸結爲「熱結」、「冷遇」，並說：「《金瓶》以冷、熱二字開講，抑孰不知此二字，爲一部之金鑰乎？」（《冷熱金針》）張竹坡說《金瓶梅》有「大關鍵處」、「大照應處」、「大間架處」，《讀法二》：「起以玉皇廟，終以來福寺，而一回中，已一齊說出，是大關鍵處。」《讀法‧三》：「先是吳神仙，便是黃眞人，少扶其衰，本是普淨師，一洗其業，是此書大照應處。」《讀法‧十二》：「讀《金瓶》須看其大間架處，其大間架處，則分金、梅在一處，分瓶兒在一處，又必合金、瓶、梅在前院一處。金、梅合而瓶兒孤，前院近而金、瓶妒，月娘遠而敬濟得以下手也。」其中一些術語，雖係借用前人，且往往界說不明，時相牴牾，其剖析的當之處，卻也發人深醒。

二是把握人物，尋繹規律。張竹坡的《金瓶梅》評點，用筆最多的是人物塑造。《金瓶梅》與《水滸傳》、《三國演義》、《西遊記》等類型化手法不同，注重人物性格刻畫。張竹坡很好地總結了小說這一方面的創作經驗，特別抓住人物性格的發展，如他第四十一回回評中寫道：「上文生子後，方使金蓮醋甕開破泥頭，瓶兒氣包打開線口。蓋金蓮之刻薄尖酸，必爲上文如許情節，自翡翠軒發源，一滴一點，以至於今，使瓶兒之心深懼，瓶兒之胆暗攝，方深深鬱鬱悶悶，守口如瓶，而不輕發一言，以與之爭，雖瓶兒天性溫厚，亦積威於漸以致之也。」小說是如何描寫潘金蓮醋甕開瓶的呢？第二十二回回評：「此回方寫蕙蓮。夫寫一金蓮，已令觀者髮指，乃偏又寫一似金蓮，……而寫此一金蓮必受制於彼金蓮者，見金蓮之惡，已小試於蕙蓮一人，而金蓮恃寵爲惡之胆，又漸起於治蕙蓮之時。其後遂至陷死瓶兒母子，

勾串敬濟，藥死西門，一縱而幾不可治者，皆小試於蕙蓮之日。」
李瓶兒終於因此喪生，第六十二回「潘道士法遣黃巾士，西門慶
大哭李瓶兒」寫李瓶兒死時各人的言行，竹坡批道：「西門是痛，
月娘是假，玉樓是淡，金蓮是快。故西門之言，月娘便惱；西門
之哭，玉樓不見；金蓮之言，西門發怒也。情事如畫」（本回回
評）。張竹坡實際已感覺到創作中的「典型」問題，他說：「《金
瓶梅》因西門慶一分人家，寫好幾分人家，如武大一家，花子虛
一家，喬大戶一家，陳洪一家，吳大舅一家，張大戶一家，王招
宣一家，應伯爵一家，周守備一家，何千戶一家，夏提刊一家。
他如翟雲峰在東京不算，夥計家以及女眷不往來者不算，凡這幾
家，大約清河縣官員大戶屈指已遍，而因一人寫及一縣」（《讀
法‧八十四》）。《金瓶梅》中寫了很多地方貪官，市井惡霸，
張竹坡認為「無非襯西門慶也」（第四十七回回評），然社會上
「何止百千西門，而一西門之惡已如此，其一太師之惡為何如
也」（第四十八回回評）。他在第七十四回回評中也寫道：「今
止言一家，不及天下國家。」這就是魯迅說的「著此一家，即罵
盡諸色」（《中國小說史略》）。張竹坡對《金瓶梅》的藝術特色、
創作方法作了一些規律性的概括，如他的「犯筆」說：「《金瓶
梅》妙在於善用犯筆而不犯也。如寫一伯爵，更寫一希大，然畢
竟伯爵是伯爵，希大是希大，各人的身分，各人的談吐，一絲不
紊。寫一金蓮，更寫一瓶兒，可謂犯矣。然又始終聚散，其言語
舉動又各各不紊一絲。寫一王六兒，偏又寫一賁四嫂；寫一李桂
姐，偏又寫一吳銀姐、鄭月兒；寫一王婆，偏又寫一薛媒婆、一
馮媽媽、一文嫂兒、一陶媒婆；寫一薛姑子，偏又寫一王姑子、
劉姑子；諸如此類，皆妙在特特犯手，卻又各各一款，絕不相同
也」（《讀法‧四十五》）。小說是怎樣做到「用犯筆而不犯」

的呢？張竹坡說：「《金瓶梅》於西門慶不作一文筆，於月娘不作一顯筆，於玉樓則純用俏筆，於金蓮不作一鈍筆，於瓶兒不作一深筆，於春梅純用傲筆，於敬濟不作一韻筆，於大姐不作一秀筆，於伯爵不作一呆筆，於玳安不作一蠢筆，此所以各各皆到」（《讀法·四十六》）。又如「加一倍法」：「文章有加一倍寫法，此書則善於加倍寫也。如寫西門之熱，更寫蔡宋二御史，更寫六黃太尉，更寫蔡太師，更寫朝房，此加一倍熱也。如寫西門之冷，則更寫一敬濟在冷鋪中，更寫蔡太師充軍，更寫徽、欽北狩，眞是加一倍冷」（《讀法·十五》）。他如「板定法」（《讀法·七》）、「顧盼照應伏線法」（第六回回評）、「脫卸影喻引入法」(同上)、「避難處」、「手閑車忙處」、「穿插處」、「　結穴發脈關鎖照應處」(以上《讀法六十六～六十九》)等，均有見地，不再贅述。

　　三是隨文點撥、因故立目。張竹坡爲《金瓶梅》的寫作手法所立的名目，還有如「兩對法」、「節節露破綻處」、「草蛇灰線」法、「對鎖法」、「開缺候官法」、「十成補足法」、「烘雲托月法」、「反射法」、「趁窩和泥處」、「襯疊法」、「旁敲側擊法」、「長蛇陣法」、「十二分滿足法」、「連環鈕扣法」等，雖然沒有跳出明清評點派的窠臼，不免瑣屑龐雜，其具體闡述，自有眞知灼見。《讀法·十四》：「《金瓶》有節節露破綻處。如窗內淫聲，和尙偏聽見；私琴童，雪娥偏知道。……墙頭密約，金蓮偏看見；蕙蓮偷期，金蓮偏撞著。翡翠軒，自謂打聽瓶兒；葡萄架，早已照入鐵棍。才受贓，即動大巡之怒；才乞恩，便有平安之讒。……諸如此類，又不可勝數。」第十三回回評：「寫瓶兒春意，一用迎春眼中，再用金蓮口中，再用手卷一影，金蓮看手卷效尤一影，總是不用正筆，純用烘雲托月之法。」第

四十二回回評：「此回侈言西門之盛也。四架烟火，既云門前逞放，看官眼底，誰不為好向西門慶門前看烟火也。看他偏藏過一架在獅子街偏側使門前三架毫無色相，止用棋童口中一點，而獅子街的一架，乃極力描寫，遂使門前三架不言俱出。此文字旁敲側擊之法。」第七十六回寫西門慶在家宴宋御史、侯巡撫，「先是叫地吊隊舞，撮弄百戲，十分齊整，然後才是海鹽子弟上來磕頭，呈上關目揭點，侯公吩咐搬演《裴晉公還帶記》。」張竹坡在此處有一段夾批：「又是《還帶記》，與請太尉一樣對照，作連環鈕扣章法也。」此類點撥，隨文皆是，用張竹坡的話說是「《金瓶梅》一書，於作文之法，無所不備」（《讀法·五十》）。

　　在張竹坡的《金瓶梅》藝術評點中，最具學術價值的，便是「市井文字」說。

張竹坡的「市井文學」說

　　《讀法·八十》：「《金瓶梅》，倘他當日發心，不作此一篇市井的文字，他必能另出韻筆，作花嬌月媚，如《西廂》等文字也。」《金瓶梅》以前的中國長篇小說，如《水滸傳》、《三國演義》、《西遊記》等，寫的是歷史、英雄、神魔，著墨最多的是正面人物的刻劃與傳奇經歷的描述。《金瓶梅》則不然，它的主要人物都是反面角色，它的情節多係家庭日常瑣事。不同的社會生活面，不同的人物形象群，必然會產生不同的文學風貌。張竹坡看到了這種不同，並且超越前人，從理論上準確地給予了總結。「西門是混帳惡人，吳月娘是奸險好人，玉樓是乖人，金蓮不是人，瓶兒是痴人，春梅是狂人，敬濟是浮浪小人，嬌兒是死人，雪娥是蠢人，宋蕙蓮是不識高低的人，如意兒是頂缺之人。若王六兒與林太太等，直與李桂姐輩一流，總是不得叫做

人。而伯爵、希大輩，皆是沒良心的人。兼之蔡太師、蔡狀元、宋御史，皆是枉爲人也」（《讀法·三十二》）。《金瓶梅》寫的就是這些反面角色。這些反面角色又多是市井中人。市井中人不論怎樣發迹變泰，穿戴裝扮，到底都有市井氣。第七回有一段：「這西門慶頭戴纏綜大帽，一撒鈎綠粉底皀靴」，張竹坡批道：「富貴氣卻是市井氣」（本回夾批）。小說寫的不是才子佳人、英雄俠女，，所以不能用「韻筆」寫成「花嬌月媚」文字，小說寫的是奸夫淫婦、土豪惡僕、幫閑娼妓這些市井小人，所以只能用俗筆寫成「市井文字」。

　　張竹坡的「市井文字」說包含有一系列表象，「白描」是其最主要的特徵。《讀法·六十四》：「讀《金瓶》，當看其白描處。子弟能看其白描處，必能做出異樣省力巧妙的文字來也。」第三十回寫瓶兒臨盆，「今看其止令月娘一忙，衆人一齊在屋，金蓮發話，雪娥慌去，幾段文字，下回接呱的一聲，遂使生子已完，眞是異樣巧滑之文，而金蓮妒口，又白描入骨也」（本回回評）。小說是怎樣描寫潘金蓮的「妒口」的呢？先是寫潘金蓮對孟玉樓說：「爹喏喏！緊著熱刺刺的，擠了一屋子的人，也不是養孩子，都看著下象胎哩！」又寫潘金蓮嘲弄孫雪娥說：「你看，獻勤的小婦奴才！你慢慢走，慌怎的？搶命哩！黑影裏絆倒了，磕了牙，也是錢。養下孩子來，明日賞你小婦一個紗帽戴？」這種白描文字，就如中國畫的墨線勾挑，所以張竹坡又叫做「白描勾挑」（第一回夾批）。第九十四回有這樣一段：「卻說春梅走歸房中，摘了冠兒，脫了綉服，，便悶心捱被，聲疼叫換起來。……落後守備……也慌了，扯著他手兒問道：『你心裏怎的來？』也不言語。又問：『不是我剛才打了你兄弟，你心內惱嗎？』亦不應答。……大丫環月桂拿過藥來：『請奶奶吃藥！』被春梅拿

過來匹臉只一潑，罵道：『賊浪奴才，你只顧拿這苦水來灌我怎
的？我肚子裏有甚麼？』叫他跪在面前。」張竹坡批道：「內只
有幾個一推一潑，寫春梅悍妒性急如畫」（本回回評）。第六十
七回寫應伯爵得子向西門慶借錢：「伯爵進來，見西門慶唱喏，
坐下。西門慶道：『你連日怎的不來？』伯爵道：『哥，惱的我
要不得在這裏』。西門慶問道：『又怎的惱，你告我說。』伯爵
道：『緊自家中沒錢，昨日俺房下那個平白又捅出個孩子來，…
…』西門慶問：『養個甚麼？』應伯爵道：『養了個小廝。』西
門慶罵道：『傻狗才，生了個兒子倒不好，如何反惱？』伯爵道：
『哥，你不知，冬寒時月，比不的你們有錢的人家，又有偌大前
程，生個兒子，錦上添花，俺們連自家還多著個影兒哩，要他做
什麼！……明日洗三，嚷的人家知道了，滿月拿什麼使！到那日
我也不在家，信信拖拖，到那寺院裏且住幾日去罷。』西門慶笑
道：『你去了，好了和尚趁熱被窩兒。你這狗才，到底占小便益
兒。』又笑了一回，那應伯爵故意把嘴谷都著，不做聲。」張
竹坡此處夾批：「一路白描，曲盡借債人心事。」第一回回評：
「描寫伯爵處，純是白描追魂攝影之筆。」白描，是《金瓶梅》
使用最為普遍的手法，也是張竹坡反復評點的地方。

　小說並非通篇都是「市井文字」，第十七回回評：「此回寫
諸官員，真有花團錦簇之妙。」但「寫富貴必寫至相府之富貴，
方使西門等員外家市井之氣，不言而出」（第五十五回回評）。張
竹坡稱這類「市井文字」為「化工文字」，第一回回評：「一部
一百回，乃於第一回中，如一縷頭髮，千絲萬絲，要在頭上一根
繩兒扎住。又如一噴壺水，要在一提起來，即一線一線同時噴出
來。今看作者，惟西門慶一人是直說，他如出伯爵等九人，是帶
出；月娘三房是直敘，別的如桂姐、玳安、玉簫、子虛、瓶兒、

吳道官、天福、應寶、吳銀兒、武松、武植、金蓮、迎兒、敬濟、
來興、來保、王婆諸色人等，一齊皆出，如噴傾壺水，然卻是說
話做事，一路有意無意，東拉西扯，便皆敍出，並非另起鍋灶，
重新下米，眞正龍門能事。……眞正化工文字。」

張竹坡「市井文字」說的意義

中國古代小說批評，到明末清初形成氣候。金聖嘆、毛綸毛
宗崗父子、張竹坡等都出現在這一時期，如此集中，如此輝煌，
空前絕後。毛綸毛宗崗父子的《三國演義》評點側重於思想內容
分析，表現了封建正統觀念與儒家民本思想，間或論及小說藝
術，所概括的名目，多玄虛莫定，無所適從。金聖嘆的《水滸傳》
評點，雖也沿用文選的一些術語，不少地方牽強附會，但藝術評
論份量顯著增多，其「靈心妙舌，開後人無限眼界，無限文心」
（馮鎮巒《讀聊齋雜說》）。

張竹坡的《金瓶梅》評點，方式方法雖多淵源於毛氏父子、
金聖嘆，其藝術評點，至少有三點是他首創：其一，書首專論，
中國小說理論自此健全了自己的組織結構體系。其二，新立了不
少名目，總結了因《金瓶梅》出現所豐富了的小說藝術。其三，緊
緊把握《金瓶梅》的美學風貌，以「市井文字」總括其成，在中
國小說批評史上因此高枝獨占。特別是第三點，前張竹坡的中國
小說理論家都未有如此入眼的落筆。

《金瓶梅》的產生，使中國小說取材構思開路謀篇擴及社會
整個領域，寫生活，寫現實，寫家庭，寫社會眾生相，成爲小說
家的基本思路，開創了中國古代小說創作的黃金時代。張竹坡
「市井文字」說的提出，使中國小說理論擺脫了雕章琢句隨文立
論的八股模式，全書立論，總體涵蓋，顯示了大家氣度，奠定了

中國古代小說美學的基本支柱。

（載江蘇古籍出版社《金瓶梅研究》第 1 輯）

張竹坡評本《金瓶梅》瑣考

張竹坡評點《金瓶梅》在康熙乙亥三月

　　張竹坡是在什麼時間評點的《金瓶梅》？這一問題，似尚未引起學術界普遍的注意。美國學人戴維特·羅伊在其論文《張竹坡評金瓶梅》中，認為是在康熙五年至康熙二十三年之間，其他一些文章則籠統地說在康熙乙亥。羅伊的提法對不對？能不能進一步考定張竹坡評點《金瓶梅》的具體時間？據筆者發現的《張氏族譜》，參酌《金瓶梅》張評的夫子自道，現在，已可確知張竹坡是在康熙三十四年乙亥三月評點的《金瓶梅》。茲論證如次。

　　所有的張竹坡評本《金瓶梅》的卷首，都有一篇題署謝頤的序，作序的時間寫得清清楚楚：時康熙歲次乙亥清明中浣。一般說，為某書作序應在全書畢稿之後，就是作者自序也是如此。今為嚴密起見，姑且認為謝序例外，有作於張竹坡評點開筆之前或者評點中間這種可能。即便如此，則張竹坡評點《金瓶梅》的時間，起碼也可說是在康熙乙亥三月中旬前後。

　　張竹坡在《第一奇書非淫書論》中稱：「生始二十有六」。據《張氏族譜》，張竹坡生於康熙九年庚戌。至乙亥年，正好是二十六歲。這說明張竹坡上面關於自己年齡的話誠實可信，也證明他評點《金瓶梅》就是在康熙乙亥這一年之內。因此，便可推進一步，將《金瓶梅》張評的時間，縮小到康熙乙亥這一年的三月中旬前後。

　　張竹坡在《第一奇書‧凡例》中還說：「此書非有意刊行，偶因一時文興，借此一試目力，且成於十數天內。」這也不是自我炫耀之詞。《族譜‧傳述》錄張道淵《仲兄竹坡傳》：「(兄)曾向余曰：《金瓶》針線縝密，聖嘆既歿，世鮮知者，吾將拈而出之。遂鍵戶旬有餘日而批成。」「旬有餘日」就是「十數天內」。張道淵的話是竹坡自白的一個有力的旁證。這樣，自「清明中浣」，無論是逆推「旬有餘日」，還是順移「十數天內」，張竹坡評點《金瓶梅》的時間，都必在康熙三十四年乙亥三月。

　　「旬有餘日」批完一部文學名著，而且「為之先總大綱，次則逐卷逐段分注批點」，寫出具有很高美學價值的十幾萬字的評語，這可能嗎？人們或是出於這種懷疑，不能承認這個事實。由上文可知，竹坡確實是在「旬有餘日」的時間內評完的《金瓶梅》。與其說這是中國古代小說理論批評史上的奇迹，不如說竹坡在批書之前，受過有益的熏陶，經過反復的醞釀。《族譜‧贈言》引陸琬《山水友詩序》：「彭城季超張先生挾不世之材，負泉石之癖，多蓄異書古器，以嘯咏自適。」季超是竹坡父親張翀的字，他所藏的「異書」，當即包括《金瓶梅》。《仲兄竹坡傳》：「兄讀書能一目數行下，偶見其翻閱稗史，如《水滸》、《金瓶》等傳，快若敗葉翻風。晷影方移，而覽輒無遺矣。」一目數行、過目不忘云云，是古人稱譽才子的例話。竹坡閱覽《金瓶梅》，能快到「若敗葉翻風」，不是曾經再三研讀，是不可想像的。他能夠長期反復玩味《金瓶梅》，沒有家藏本，也是不易做到的。這並不是低估「竹坡才子」的才氣，和忽視他的異乎常人的氣質，而是說明竹坡對於《金瓶梅》、《水滸傳》等說部，確是具有特殊的興趣和卓異的鑒賞力。

　　張竹坡能夠「十數天內」批完《金瓶梅》，當然也有他自身

的才力、精力條件做保證。《仲兄竹坡傳》曰：「長安詩社每聚會不下數十百輩，兄訪至，登上座，竟病分拈，長章短句，賦成百有餘首。衆皆壓倒，一時都下稱爲竹坡才子云。」又曰：「兄雖立有羸形，而精神獨異乎衆。能數十晝夜目不交睫，不以爲疲。」竹坡的才力、精力如此，又是長期醞釀，成竹在胸，他創造出這種奇迹，是並不奇怪的。

皋鶴堂是張竹坡的堂號

有清一代，在社會上流行的《金瓶梅》，基本上都是張竹坡評本。其版本可約略分爲早期刊本、中期刊本與晚清刊本三大類。早期刊本與中晚期刊本的版本特徵有許多不同。其中一點突出的差異，是中晚期刊本在封面上增刻有「彭城張竹坡批評」字樣，而正文書題則爲《皋鶴堂批評第一奇書金瓶梅》。如在茲堂本，係早期復刻本之一，封面書題《第一奇書》，正文書題《皋鶴堂批評第一奇書金瓶梅》。到了稍晚一點的影松軒本，封面書題增改爲《彭城張竹坡批評金瓶梅第一奇書》，正文書題同在茲堂本。再晚一些的本衙藏板本，封面書題《彭城張竹坡批評全像金瓶梅第一奇書》，正本書題仍同在茲堂本。如此排比一下，便可看出其中的機竅。「皋鶴堂批評金瓶梅」與「張竹坡批評金瓶梅」，原來只是同一種含意的兩種不同說法而已。有一種日本石印油光紙小字本，則乾脆在扉頁上逕署「皋鶴堂第一奇書」。在此之前，《金瓶梅》的研究者似乎都忽略了這一微妙的關係。「皋鶴堂批評」的是《金瓶梅》，「張竹坡批評」的也是《金瓶梅》，而且晚清以前又僅有一種批評本《金瓶梅》，不言而喻，皋鶴堂是張竹坡的堂號。

《詩經·小雅·鶴鳴》：「鶴鳴於九皋」。這是皋鶴堂的語

源出處。而自北宋張山人放鶴雲龍山、蘇軾爲作《放鶴亭記》以來，鶴常被看作彭城的象徵。張竹坡以皋鶴堂作堂號，應該說是十分典貼高雅的。據筆者調查，張竹坡的故居，即在徐州雲龍山北戶部山南坡。在其故居凭軒觀山，放鶴亭舉首可見。竹坡或者是久睹合契，方才靈犀一點的吧？

皋鶴草堂本是徐州自刊本

張竹坡評《金瓶梅》的版本，有皋鶴草堂本、康熙乙亥本、在茲堂本、金閶書業堂本、目睹堂本、影松軒本、玩花書屋本、本衙藏板本等多種。既然皋鶴堂是張竹坡的堂號，皋鶴草堂本自當爲張評《金瓶梅》的自刊本。《仲兄竹坡傳》：「遂鍵戶旬有餘日而批成。或曰：此稿貨之坊間，可獲重價。兄曰：吾豈謀利而爲之耶？吾將梓以問世，使天下人共賞文字之美，不亦可乎？遂付剞劂。」話說得再明白不過，皋鶴草堂本不但是自刊本，而且是原刊本。張竹坡以皋鶴草堂名義自刊《金瓶梅》的地點，應該就是他的故園徐州。「遂付剞劂」，說明稿成即行付梓，中間並無間隔。他不願意「貨之坊間」，當然他不會到外地去聯繫出版商。下文將要證明，康熙三十五年丙子春，《金瓶梅》張評初刻本殺青。就是說，張竹坡自刊《金瓶梅》的時間，只有康熙三十四年「清明中浣」至年底這大半年時間，工程量擺在那裏，也不容許他耽擱。後文還要講到，梓工報竣以後，是張竹坡本人將書運到金陵銷售的。因此，即便當時徐州有坊賈，竹坡也未讓他們承刊本書。至於皋鶴草堂本封面刻有「姑蘇原板」字樣，當係張竹坡的偽托。

康熙間，《張氏族譜》修成，也是在徐州家刻的。「譜約千頁」，「盈尺之書」，「隨手付梓，編次方完，而梓人報竣」

（《族譜》張道淵雍正十一年後序）。《族譜》係仿宋大字本，字體端正，用刀圓熟，說明當時的刻書力量與刻字技術都是相當可觀的。《張氏族譜》的刊刻，六越月而畢事。張竹坡在徐州用大半年時間自刊《金瓶梅》，當然也是完全可能實現的。

謝頤是張竹坡的化名

為張評本《金瓶梅》作序的「謝頤」，不少《金瓶梅》的研究者都懷疑不是眞名。如(英)阿瑟·戴維·韋利先生在《〈金瓶梅〉引言》（據顧希春譯文，載《河北大學學報》一九八一年一期）中就如此認為，譯者即將「謝頤」譯為「孝義」。但韋利沒有說明謝頤是誰的化名。顧國瑞、劉輝《〈尺牘偶存〉、〈友聲〉及其中的戲曲史料》（載《文史》第十五輯），也認為謝頤實無其人，但認為是張潮的托名。說「謝頤」為假名，是對的，說謝頤即張潮，筆者卻不敢苟同。今辨證如下。顧、劉兩先生既然考證出張潮編《友聲》中竹坡的三封《與張山來》書，俱於康熙三十五年寫於揚州，（這考證是極為正確的。）顯而易見，他們據以立論的第三封信（據《友聲》編例，此信較前二信晚出）中所提到的張潮的「佳序」，亦當作於竹坡寫信前不久。為便於說明問題，今將第三封信全文引錄於下：

> 捧讀佳序，眞珠璀玉燦，能使鐵石生光。小侄後學妄評，
> 過龍門而成佳士，其成就振作之德，當沒世銘刻矣。謝謝！

據《張氏族譜》，康熙三十五年丙子八月，竹坡在南京第五次參加江南省的鄉試。應試之前，他在南京住了半年，一方面準備時文，一方面推銷《第一奇書》。只是在桂榜落第之後，他才先在揚州後在蘇州一帶，做了一年多的寓公。因此，他的三封《與張山來》書，可進一步考知寫於康熙三十五年下半年。則張潮的所

謂「佳序」，亦當作於此時。而皋鶴草堂本《第一奇書》刊刻於
康熙三十四年，題名謝頤的序，更早在三十四年三月中旬。顧、
劉兩先生忽略了這前後一年多的時間差距。試想，張潮於三十五
年下半年所作的「佳序」，怎麼可能刻印在三十四年刊行的書上
呢？而旅居揚州的張竹坡，又怎麼能把張潮化名謝頤（姑如顧、
劉兩先生所說）於一年半之前所作的序，寫在這第三封信中，說
「捧讀佳序」之類的話呢？顯然，張評本《金瓶梅》上謝頤的序，
並不是張潮的作品。筆者無意否定竹坡信中所說的張潮「佳序」
的存在，但那是一篇給什麼書所作的序，就很難說了。因為竹坡
所評的書，並非《金瓶梅》一種。縱便是《金瓶梅》序，也斷不
是皋鶴草堂本的謝頤序，而是一篇雖令竹坡「沒世銘刻」卻未曾
刊用的序。

　　有沒有另外一種可能，即竹坡與張潮早已相識，張潮在「康
熙乙亥清明中浣」，的確曾化名謝頤為張評本寫過一篇序？通觀
竹坡三封《與張山來》書，這種可能也是不存在的。其第一封信
云：「老叔台誠昭代之偉人，儒林之柱石。小侄何幸，一旦而識
荊州。廣陵一行，誠不虛矣。」語氣如此生分客氣，而且明白道
出「廣陵一行」、初「識荊州」。顯然，竹坡與張潮康熙三十五
年下半年在揚州係初次相識。

　　那末，「謝頤」究係誰氏的托名？我們知道，張評本《金瓶
梅》的書題全稱是《皋鶴堂批評第一奇書金瓶梅》。而謝序題署：
「秦中覺天者謝頤題於皋鶴堂」。這就漏出了其中的機關。《金
瓶梅》是張竹坡批評的，皋鶴堂是張竹坡的堂號，則作序於皋鶴
堂的這個「謝頤」，當即竹坡本人。《第一奇書·凡例》：「偶
為當世同筆墨者閑中解頤」。序中說：「不特作者解頤而謝」。
兩相對應，當出一人之手，可為佐證。謝序係寫刻，如果上述考

證成立，則也可能我們得到了一篇竹坡的手迹。

汪蒼孚其人

劉廷璣《在園雜志》卷二：「彭城張竹坡爲之先總大綱，次則逐卷逐段分注批點，可以繼武聖嘆，是懲是勸，一目了然。惜其年不永，歿後將刊板抵償夙逋於汪蒼孚。蒼孚舉火焚之，故海內傳者甚少。」這一段話曾爲人們反復徵引，但其中頗有欠確以至謬誤之處。據《徐州府志》，劉廷璣康熙四十五年任淮徐道，駐守彭城，與張氏族人有交往。所謂「先總大綱，次則逐卷逐段分注批點」，居然能夠知道竹坡評點《金瓶梅》的先後次序，不用說是從張氏族人那裏得知的。但這時竹坡已經去世八年，傳聞上難免有些差誤。

《仲兄竹坡傳》：「遂付剞劂。載之金陵。於是遠近購求，才名益振。四方名士之來白下者，日訪兄以數十計。兄性好交游，雖居邸舍，而座上常滿。日之所入，僅足以供揮霍。一朝大呼曰：大丈夫寧事此以羈吾身耶！遂將所刊梨棗，棄置於逆旅主人，罄身北上。」此段話包含以下幾層意思：其一，皋鶴草堂本是竹坡自己發行的。《十一草·撥悶三首》其三：「去年過虎踞，今年來虎阜」。竹坡於康熙三十六年春，由揚州移寓蘇州。「去年」，當爲康熙三十五年。前文提到，三十五年八月他在南京應試，旋即旅居廣陵，直至年底。因此，「載之金陵」發行《第一奇書》的時間，必在三十五年春。又竹坡於康熙三十七年初夏離開蘇州北上，其「罄身北上」之前，一直都在蘇州。此時尚有「所刊梨棗」。由此可知，竹坡發行《第一奇書》的路線爲南京、揚州、蘇州。其二，皋鶴草堂本是竹坡以己資刊刻的。自從康熙二十三年竹坡的父親謝世之後，竹坡家庭的經濟條件便每況愈

下。《十一草・乙亥元夜戲作》：「去年前年客長安，春燈影裏誰爲主。歸來雖復舊時貧，兒女在抱忘愁苦。」他這裏所說的貧苦，當然不是矯情虛語，但也僅是與他「少年結客不知悔，黃金散去如流水」（《十一草・撥悶三首》其二）那種富貴公子的生活相比而言，並非窮到不名一文的地步。因爲沒有借貸，他也不是「謀利而爲之」，所以他才敢於「雖居邸舍，而座上常滿。日之所入，僅足以供揮霍」。否則，如果有一個還賬的後顧之憂，他將不至於如此浪費。而且，如果他需要借貸付梓，他何不「貨之坊間」而獲其「重價」。因此，劉廷璣所謂「夙逋」，並不是刊書的借貸。其三，他因爲「才名益振」，交游愈廣，慷慨揮霍，寄廬蘇州的一年多時間，眞的欠下「逆旅主人」一筆款項，而離開蘇州時「將所刊梨棗，棄置於逆旅主人，罄身北上」。如果說是「抵償夙逋」，便是抵償的這筆旅費。所謂「逆旅主人」，便是汪蒼孚一類的人物。其四，他用以抵償的，是剩餘的圖書，而不是刊板。所謂「歿後將刊板抵償夙逋於汪蒼孚」，即便劉廷璣是忠實地記錄張氏族人的原話，那也僅是因爲族人們爲避免刊行「淫詞小說」危害的一種托詞。況且，縱便汪蒼孚之流果有舉火焚板的蠢舉，張評本《金瓶梅》依然廣爲流行，並非「海內傳者甚少」。

張竹坡評點《金瓶梅》所受的連累

　　稗語小說本不爲封建正統文人重視，封建當局更屢頒法令，嚴加禁止。據王利器《元明清三代禁毀小說戲曲史料》，清朝定鼎未久，順康兩朝僅中央法令，就有十三宗之多。就在張竹坡評點《金瓶梅》前九年，「康熙二十六年議准，書肆淫詞小說，……固應嚴行禁止；至私行撰著淫詞等書，……亦應一體查禁，毀

其刻板。如違禁不遵，……從重治罪」。

彭城張氏是官宦之家，對此法令自然不會熟視無睹。張竹坡評點《金瓶梅》的時候，雖然其父輩張胆、張鐸、張翅兄弟均已辭世，從兄道祥、道瑞也已亡故，但張氏家族中為宦者尚眾，他們當然不會支持他的這一危及全族的行為。張竹坡將《第一奇書》自刊畢功之後，只能「載之金陵」銷售。而且從此他遠離桑梓，直至病卒，再也沒有與家族團聚。（他離蘇北上之時，即使路經家園，逗留也應極為短促。因為他是初夏離開蘇州的，這時河工正當緊張之時，據《族譜》，本年竹坡曾效力永定河工地，時間也不允許他多所停留。）另外，他第五次被秋闈點額，正是他在南京推銷《第一奇書》鬧騰得滿城風雨之後不久。他一生中這最後一次困於棘圍，自然也與他評點《金瓶梅》不無關係。他對這一點深有感觸，可以說是憤懣滿胸。他評點《幽夢影》：「凡事不宜刻，若讀書則不可不刻」這一則時說：「我為刻書累，請並去一不字。」《十一草·客虎阜遣興》其五：「故園北望白雲遙，游子依依淚欲飄。自是一身多缺陷，敢評風土惹人嘲。」他無官無職，有什麼不能回家的呢？僅僅因為他評點了一部所謂「淫詞小說」，在他生命的最後三年，弄到貧病交加、寄人籬下、飽嘗辛酸、有家不可歸的田地。

張竹坡身後的景況並不比他生前好多少。除了他的胞弟道淵在纂修《張氏族譜》時，為他說了公道話，並將他的生平著述部分地保存下來之外，直至近代，張氏族人諱莫如深，不願在公開場合提到他。歷次修纂《徐州府志》、《銅山縣志》，雖然差不多總有張氏族人參與其事，卻一律無有他的名姓。只有光緒十七年王嘉詵編選《徐州詩徵》，才第一次提到他的名字、詩集，並選入他的二首詩。民國十五年《銅山縣志》卷二十《藝文考》這

才跟着作了著錄。但如果不是後來張伯英於民國二十四年繼編《徐州續詩徵》，增入一個「道深、翺子」的腳注，人們仍然無法確知張竹坡是彭城張氏族中之人。即彭城張氏族人後來重修家譜，也對竹坡採取了歧視排斥的態度。道光五年張協鼎所修《彭城張氏族譜》，對前譜所載《仲兄竹坡傳》作了大量刪削，舉凡與《金瓶梅》有關的文字，俱已砍除淨盡。道光二十九年張省齋新修家譜，索性將該傳刪除，而在《族名錄》中說：「恃才傲物，曾批《金瓶梅》小說，隱寓譏刺，直犯家諱，非第誤用其才也，早逝而後嗣不昌，豈無故歟？」張竹坡爲評點與刊行《金瓶梅》可謂付出了極大的代價。

《金瓶梅》作者王世貞說李漁說的由來

關於《金瓶梅》的作者，自明代萬曆以來，已經提出了十幾種說法。本文既非研究這一專題，筆者目前也無力確主一說或另倡新說，本節僅就張評本《金瓶梅》所涉及到的王世貞說、李漁說，略申鄙見。

先談王世貞說。張竹坡化名謝頤序稱：「《金瓶》一書，傳爲鳳洲門人之作也，或云即鳳洲手然。……的是揮《艷異》舊手而出之者，信乎爲鳳洲作無疑也。」《金瓶梅》作者王世貞說即濫觴於此。我們看張竹坡的《金瓶梅》批語、《幽夢影》批語以及他的詩文，無論話說得正確與否，盡管他有時好用豪壯之詞，又時帶酸辛之語，卻無一例外地說的都是誠實話。那末，他在序中的提法，自亦不當認爲是信口雌黃。張竹坡提出王世貞說的根據，似主要來源於張氏家族的世代相傳。竹坡的祖父張垣，生於明萬曆二十一年，「今古之詞，博學強記，無所不窺，下筆浩瀚，跌宕詩賦，屢應賓興，……崇禎末年，……憤時事不可爲，棄

文改武，中崇禎癸酉科武舉」（《族譜·傳述》錄張胆《舊譜家傳》）。張垣極有氣節，後來抗清殉國，是一位民族英雄。但他偎紅賞月，依翠觀花，落拓不羈，不拘小節。他的中年和壯年時期，正是《金瓶梅詞話》和所謂崇禎本《金瓶梅》刊行，世議紛紛、毀譽不一的年代。不能說張垣沒有見過《金瓶梅》，或者至少是聽人議論過《金瓶梅》及其作者。前文講過，竹坡的父親張翹「多蓄異書」，竹坡很早就得以閱讀《金瓶梅》。不能說竹坡沒有從他父親那裏聽到過《金瓶梅》作者的傳聞。張翹又「最重交游，嘗結同聲社，遠近名流，聞聲畢集。中州侯朝宗方域，時下負盛名；北譙吳玉林國縉，詞壇宗匠，皆間關入社」（《族譜·傳述》引胡銓《司城張公傳》）。不能說竹坡沒有從他的父親那裏聽到過關於《金瓶梅》作者的議論。竹坡本人在評點《金瓶梅》之前，四下金陵，廣交全省學子；北上京都，魁奪長安詩社。不能說他沒有從他的朋友中間聽到過《金瓶梅》作者的流言。總之，《金瓶梅》作者王世貞說，應當是當時普遍的議論，張竹坡只是第一次用文字記載下這種時議而已。實在張竹坡也並不是咬定王世貞說不放的。《讀法·三十六》：「傳聞之說，大都穿鑿，不可深信」，「彼既不著名於書，予何多贅」。

　　再談李漁說。康熙乙亥本、在茲堂本《第一奇書》於封面題署「李笠翁先生著」，是爲此說始作俑者。說李漁是《金瓶梅》的作者，當然是無稽之談。但刻本如此托名，也並非沒有來由。皋鶴草堂本《第一奇書》初售於金陵，立即「遠近購求」，說明張竹坡的評點很快就得到了世人的首肯。復刻《第一奇書》，只要原樣照搬，或者掛上「彭城張竹坡批評」的招牌，不愁沒有銷路。而且，「目今舊板，現在金陵印刷，原本四處流行買賣」（《第一奇書非淫書論》）。原本流傳既久且廣，世人並不會相

信「李笠翁先生著」這種偽托。就是說，康熙乙亥本、在茲堂本沒有必要也不可能借用李漁的名義擴大銷數。可是康熙乙亥本、在茲堂本偏偏如此做了，愚見以為，或者張評本的祖本即崇禎刊本《新刻綉像批評金瓶梅》，係李笠翁由說唱本改定為說散本的吧？如果是這樣的話，則這一事實張竹坡應該早已知曉。《司城張公傳》：「湖上李笠翁遇過彭門，寓公廡下，留連不忍去者，將匝歲。」《笠翁一家言全集》卷四《聯》收有李漁書贈張胆的兩幅對聯，其一注云：「次君履貞新登武第」。按履貞係張胆次子道瑞之字，道瑞中康熙癸卯（二年）科武舉，癸酉（十二年）成武進士。無論李漁所指是道瑞中舉還是中進士，都是在康熙初年，亦即李漁晚年。李漁在竹坡家中住了那末長的時間，與張翃應是非常合契，自然無話不談。他改削《金瓶梅》一事，當然也要向張翃誇述。不過，李漁既然不願在崇禎本上署名，康熙乙亥本、在茲堂本便屬多此一舉。後來的張評《金瓶梅》刊本，便又拿掉了這一多事而無益的偽托。

　　本文提到的一些問題，在《張氏族譜》發現以前，都曾經百思不得其解。現在能夠貫串為線，順理成章，應該感謝《族譜》的修纂者與歷代保存者。文內武斷與誤推之處，或不能全免，謹請讀者不吝賜教。

（載中華書局《學林漫錄》第12集）

乾隆四十二年刊本
《張氏族譜》述考

（一）

　　張竹坡與《金瓶梅》的關係，如同金聖嘆與《水滸傳》、脂硯齋與《紅樓夢》一樣，相得益彰，密不可分。自從康熙三十四年乙亥初版《第一奇書》即張竹坡評本《金瓶梅》以後，「舊板現在金陸印刷，原本四處流行買賣」（《第一奇書非淫書論》）的萬曆詞話本和所謂天啓崇禎本，便絕少流傳。其後的《金瓶梅》的讀者，差不多也是張竹坡評語的欣賞者。然而，近三百年來，人們對張竹坡其人的家世生平卻極少了解。近年來，國內陸續從《銅山縣志》、《徐州詩徵》、《友聲後集》等文獻中拈出一些有關張竹坡的資料，將張竹坡與《金瓶梅》的研究，推進到一個新的階段。但上述文獻中的記載，既零星片斷，又有謬誤，尚不足以對張竹坡形成一個全面、系統、準確的認識。

　　民國十五年官修《銅山縣圖志》，增補了不少張氏族人的姓名，均夾注標明所據爲《張氏譜》。民國廿二年張伯英選編《徐州續詩徵》，徐東橋爲編《張氏詩譜》，前加小引云：

> 勺圃續詩徵訖，以家藏集見示，曰：先世遺著，不敢自去取。屬代錄。予辭不獲，受而讀之。依原編體例，於前徵已採者不重錄。凡得詩三十一家，合前徵得五十一家。……而張氏分居銅、肖，因時與地之各異，詩皆不能聯

屬。予考其家乘，別其世次，撰爲《張氏詩譜》。由是張
氏同族之詩，一覽可知。……

「家乘」即民國《銅山縣志》所謂「張氏譜」。這就提供了一個
明確的線索：要想得到更多的資料，就必須訪求張氏家譜與家藏
故集。

筆者即循此線索，先於一九八四年五月獲見乾隆四十二年刊
本《張氏族譜》一部，又於同年七、八月間訪得康熙六十年刊本
《張氏族譜》與道光五年刊《彭城張氏族譜》各一部，以及數十
冊張氏家藏集。同年九月中旬，徐州師範學院圖書館在整理時有
恒先生藏書之時，也發見康熙六十年刊本《張氏族譜》與晚清抄
本《清毅先生譜稿》各一部。

在這些不同時期纂修的張氏家譜中，以乾隆四十二年刊本
《張氏族譜》最具資料價值。本文即主要對該譜加以考述，將這
部在張竹坡研究上具有劃時代意義的文獻，紹介於同好。

（二）

這部族譜是刊本。封面簽條書題《張氏族譜》，目錄書題同，
凡例書題《張氏家譜》。書脊不甚統一，凡例六頁刻《張氏家譜》，
石杰序九頁僅刻一「序」字，張道淵前序五頁刻「家譜序」（首
頁「序」又作「敘」），餘俱刻《張氏族譜》。大型大字本，刊
刻頗精。四周雙邊，白口，單魚尾。版心注類名、頁次，《族名
錄》部分第十六至五十五頁上魚尾與類名之間增刻一「卷」字，
卻未刻卷次。有界欄。正文每半頁八行，行二十字。不分卷，每
類編頁自爲起訖。原爲活頁，後合訂成禮樂射御書數六冊。字多
用異體字，如「輩」刻爲「軰」、「視」刻爲「眎」，「輒」刻
爲「輙」等。又喜自造字，如「邊」，實爲「邊」字，「罄」，

實爲「馨」字等。還有不少錯別字，如「礽」刻作「乃」，「戤」刻作「亂」等。

（三）

張氏家譜前後經過張胆、張翃、張道淵、張璐等人修纂增補，主要成書於道淵之手。

張胆，字伯量，爲彭城張氏四世祖，係大宗長孫。生於明萬曆四十二年十二月十八日，卒於清康熙二十九年二月初七日，享年七十七歲。幼習時文，文場失利，轉攻兵書，與父垣同中崇禎癸酉科武舉。清兵入關，進逼黃河，史可法鎮守淮揚，錄用軍前，題授河南歸德府城守參軍。時張垣爲歸德通判，參謀興平伯高杰軍事。南明弘光元年，睢州總兵許定國叛變，誘殺高杰，垣與其難。清兵遂圍城。胆爲報父仇，並保全全城百姓，乃降。轉隨清兵南下，三攝兵權，兩推大鎮，累功官至督標中軍副將，加都督同知，誥封驃騎將軍。順治十一年，解甲歸里，終老彭城。

張翃，字季超，號雪客，胆季弟，竹坡之父。生於明崇禎十六年七月二十九日，卒於清康熙二十三年十一月十一日，得年四十二歲。一生奉母家居，不欲宦達，而留連山水，結社會友，嘯傲林泉，詩酒自娛。能詩善文，解律工畫，雍容恬雅，英穎絕倫。與伯兄胆、仲兄鐸時稱「彭城三鳳」。

張道淵，字明淵，號蘧庵，爲竹坡胞弟。生於康熙十一年九月二十日，卒於乾隆七年二月初七日，享年七十一歲。淡泊處世，不樂仕進，有乃父遺風。喜收字書古器，七十手不釋卷。性情孝友，以禮讓率族，深得族人愛戴。詩文情眞辭切，皆可觀。

張璐，道淵第三子，候選州同。醇謹練達，謙恭好學，勇於任事。

（四）

彭城張氏的家譜，至乾隆四十二年，先後經過四次纂修。

張垣殉難睢陽之際，自覺於國無愧，卻於族不安。原因就是他早有修譜之意，因為國事倥傯，無暇顧及，如今長辭人間，好多話都不能交待下來。《張氏族譜》（以下簡稱《族譜》，非特別標明俱指乾隆四十二年刊本）劉明侯順治四年舊序：「無何國難，竟以身殉。（垣）坦然語左右曰：……惟族譜未就，終當有繼之者，吾於斯世何有哉。」《族譜》八世家孫張炯雍正十一年序：「聞先代自浙紹分來，世遠難稽。明季譜失，近世祖亦莫可考。先王父孝愨公（敢按即張彥琦）嘗謂余之五世祖別駕公，猶能自合川公（敢按即一世祖張棋）而上追憶數代，音容想像，可屈指而歷數之。別駕公捐館後，無復有能知之者。故別駕公於睢陽殉難之頃，獨念家譜未修為遺憾焉。」所以後來的修譜者，便公推張棋為其始祖。

父親的遺志，張胆耿耿記憶，未敢忘懷。劉明侯序：「其所為譜，一仿巨族名家，細舉而記悉，炳炳麟麟，為足侈矣。乃以竟其尊人未竟之志，……伯亮以戎馬之暇，紹厥父志，……」順治四年，張胆任浙閩總督張存仁標下中軍副將，正在閩北會戰，「戎馬之暇」，請劉明侯為家譜作了這篇序。其實，當時張胆只是為家譜作了一番規劃，並未具體著手。因為《族譜》所收張胆舊譜之作，多係順治四年以後事，又《族譜》山陰張疊康熙元年序：「疊是以譜其圖，携歸會稽以備考。」此時張胆已經解組歸田八年，家譜方才編繪出一個譜系圖。但似乎當時已經擬好了體例，下面還要證明，《族譜》體例上一個很大的特點是邊修邊刊。《族譜·贈言》引陸志熙《奉贈總戎伯量張公序》，不避玄燁的

諱，陸序在《贈言》類編頁爲九、十兩頁，說明本篇以前本類各篇，俱修定於順治年間。查各篇所敘確均爲康熙以前事。康熙元年以前，張胆修譜所作的事大體如此。張胆出身行伍，不慣文墨，康熙初年，季弟翊年已弱冠，儒雅多才，鄉居不仕，兄弟二人遂共襄譜事。《族譜》張道淵康熙六十年前序：「迨至康熙初年間，伯父伯量公解組家居，時始與先大人共議修輯。……既列總圖，復立各傳，宗支明畫，祖德彰聞。」張炯序：「康熙初年，高祖驃騎公同其嫡弟司城公（敢按即張翊）共爲增修。」

《族譜》金之俊康熙八年舊序：「一日，瀰墅和尚以贈公（敢按張胆）序言，並公族譜見示。」則康熙八年張氏家譜已經修成。這是彭城張氏家譜的第一次纂修。但《族譜·傳述》錄張胆《自傳》，記有康熙十九年事，說明這次修譜的善後工作拖了好長的時間。

《族譜·凡例》：「余（敢按道淵）家藏先大人手迹宗支舊圖一紙，自合川公以上某公某氏列及三世，惜其諱號闕然，其中有諱桂者，係合川公胞兄。何事譜中不載？想必相傳失眞，考求無據。」據此，張翊的確具體參加了修譜一事，而且非常謹愼。今存譜中哪些出自他的手筆，已不易辨析。但有一點可以指明，張翊沒有在族譜上投入過多的精力。在張氏家族中，無論詩思才氣，還是學力器識，張翊都堪稱翹楚。由他來承修家譜，可謂游刃有餘。但這一次的家譜修得並不理想，甚或有目無文，是個半成品。《族譜》雍正十一年張道淵後序：「余自十數齡時捧觀舊譜，見其條目空存，早已立心纂述，以竟先人未竟之事。」張炯序：「（舊譜）條目歷歷明刊，而事實則茫茫未載。」張道淵在《凡例》最後一則中並介紹了舊譜即第一次所修譜的大略：「舊譜目錄十則，首序文，次恩綸，三總圖，四分圖，五備考，六藏

稿，七壽文，八挽章，九贈言，十紀略。其後四則徒有目而未刊，恩綸乃散見於備考諸條，亦未專梓。」

道淵確實說到做到了，但也前後經歷了十五、六年時間。康熙五十七年至康熙六十年，是他第一次修譜，也就是張氏家譜的第二次修纂。但這次未能竣工。道淵後序：「族譜之修，幾經讎校，曾於戊戌、己亥間，遍歷通族，詳分支派，遵照舊譜條目，滙選恩綸、傳志、藏稿、贈言、壽挽諸章，裒集成帙。正在發刊，忽以他務糾纏，奔走於吳中、白下之途，曾一歲而三往返焉。……只得誓為輟工，止將錄成之宗支圖、族名錄等等，附以家法十七則，訂輯成書，分給族人使用，……餘則庋之高閣，以待來茲。」張炯序：「卒丑歲，譜已垂成，復為他事所誤，庋之高閣者又十餘年。」這次修譜，雖然未能一舉畢事，修譜的素材，道淵卻是準備得很為充分，並且得到從兄道源、從侄大宗彥琦的協助。道淵前序：「此譜傳守至今五十餘年，世日益遠，族日益繁，後進子孫，悉未增入。以至重字重名，彼此之稱呼莫辨；孰兄孰弟，尊卑之次序無分。況支分派衍，異井喬遷，不無散逸，漸以成疏。余兄履長(敢按即道源)患之，嘗欲增修，以繼先人之志。於時倥傯王事，無暇講求，因自永平官署遙致一函，囑余襄事。余愧不敏，然分不容辭。聞命之日，凜凜於懷。於是握槧懷鉛，循支依派，逐戶諮詢，盡人究察。如某諱某行某字某號居某處生某日卒某時葬某地職某銜官某方妻某氏妾某人子某出女某歸，以及孫曾云礽，一一細記。通族遍歷，越歲始周。其間名字雷同者改之，嫡庶混淆者辨之。聯合譜之次序，排長幼以攸分。至於事功不泯，文行堪傳者，則另為立傳。其恩綸、藏稿、壽挽諸章，悉選入集。恪遵舊譜程式，殫精竭慮，閱數載而譜成。」張炯序：「先王父與余曾叔祖明洲約共增修，……先王父上承大宗之重

任，修譜之責愈重，修譜之念愈急，……憶余髫時曾記曾叔祖與先王父時共商修，西窗折聖，嘗至夜分，尚矗矗而未倦也。」這次修譜的結果便是今傳康熙六十年刊本《張氏族譜》。顯然，這是一個半成品。

十幾年後，道淵第二次修譜，即張氏家譜第三次編纂，才基本完成了這項工程。道淵後序：「歲月蹉跎，遲至壬子秋七月，墓祭之期，通族子姓，長幼尊卑，咸集泰山祖塋。因起建立宗祠之議，……於是歲十月穀旦，奉安先人主位於祠。……食餕之餘，人人欣暢，僉謂余曰：建祠、修譜，吾族兩大事。今祠已建，譜安容緩。余曰：唯唯。……余謝絕人事，入祠揵關，敬謹增修。舊條目中逐目增益新條，舊條目外按條另標新目。更立宗訓、族規、家法，……又恐遲或他誤，前轍可鑒也，乃即鳩工於祠，隨手付梓。編次方完，而梓人報竣。茲舉也，起於癸丑四月之朔，成於九月之望。」張璐序：「雍正壬子建祠後，先大人復受合族之請，膺修譜之責。於癸丑春，率胞兄玉五公（敢按即張瑭），潛心編輯。凡譜所應有，無不纖悉俱備。較舊譜之條目僅存，直覺無遺憾。其善因能述，為何如耶！」今存《張氏族譜》，絕大部分就是這次修纂的成果。下文還要講到，這次修譜修得相當成功。《族譜》徐州牧石杰雍正十一年序：「觀其發凡起例，井井有條，書法之直，不容假借。」實非過譽之詞。

乾隆四十二年，張璐紹繼乃父遺緒，第四次增訂族譜。本文所述，即為此次重訂新刊本。張璐序稱：「迄今四十餘年，代日益遠，人日益多，使不重加訂正，詳為增入，將遠者或不免於湮，多者或不免於紊。璐罪奚辭焉。獨念璐既無力，且愧不文深。賴吾族中宦游者解俸助梓，典核者悉心裏事，始克勒有成書。用是敬序數言，以志第四次之纂修年月。」

修一部家譜，自順治四年起議，至乾隆四十二年終刊，凡歷時一百三十年。修譜之匪易，於此可見一斑。張氏家譜四次修纂，俱由張翃父子祖孫主持。張翃一支雖未宦達光宗，亦可謂著述志祖。彭城張氏的詳情得以傳留至今，主要是道淵父子的功績。

（五）

這部《張氏族譜》，具有以下幾個特點：

首先，關於張竹坡的材料極為豐富。當然，全譜都是了解張竹坡家世的資料。但其中直接有關竹坡生平的，就有：《族名錄》中一篇一百七十五字的竹坡小傳，《傳述》中張道淵撰寫的一篇九百九十七字的《仲兄竹坡傳》，《藏稿》中張竹坡的《十一草》全文，《雜著藏稿》中張竹坡的一篇七百七十字的政論散文《治道》和一篇三百六十八字的記敘散文《烏思記》，以及其他一些篇章中所提到的寫竹坡生平行誼有關的文字。根據這些資料，可以說，張竹坡的家世和生平，今天已經基本揭曉。這一特色，後來的《彭城張氏族譜》和《清毅先生譜稿》都因為種種原因(主要是張竹坡評點《金瓶梅》這部所謂「淫詞小說」的原因)，而未能繼承下來。前者不收藏稿，並篡改了《仲兄竹坡傳》；後者雖收藏稿，卻刪除了《仲兄竹坡傳》。

其次，它與其他一些家譜不同，沒有那些瑣屑的宗祠、祭田、祖塋、家產的記載，而將主要篇幅放在族名、傳述、藏稿、志銘、贈言各項。這就使這部族譜首先在纂修體例上，高出其他家譜一籌。它的主要纂修者張翃、張道淵父子均具有較高的文學修養，他們的詩文在當時就取譽於名流。張氏族人又幾乎人俱能詩，他們的交游不是社會賢達就是高士逸人。因此，吟其詩詞藏稿，觀其傳述雜著，無異於是一種藝術享受。這部家譜的文學性

很強，甚至可以說是一部文學總集。張氏族人的詩詞散文，不但
給《全清詩》、《全清詞》、《全清文》增加了新的內容，其中
的不少篇章，即放進清初名作之列，亦當之無愧。

再次，它具有豐富的社會內容。譜中所記年代，起自明嘉靖
初年，迄於清乾隆四十年，首尾二百五十餘年，其間經過明清易
代的變遷，諸如李自成起義、史可法節制江北四鎮、南明王朝覆
滅、鄭成功抗清、三藩之亂等，均有不同側面和程度的反映。譜
中所記張氏族人近千名，有將近一半的人有功名，文臣武將，宦
游足迹遍布今華北、西北、西南、中原、華東各地。伴隨著他們
的文治武功，各地的政治經濟面貌，以及風土人情，都有所載
錄。爲譜作序，爲族人作傳、贈言和撰寫墓誌銘者數十百名，或
係當朝宰輔，或係文學巨擘，對了解他們的著述交游，也有不少
幫助。他如河患、天災、官制、禮法、當時文壇風尚、少數民族
習俗等等，也都有所涉及。因此，這部族譜可以給研究明末清初
政治史、思想史、經濟史、軍事史、文化史等，提供新的參考資
料。

另外，這部族譜裏的資料信實可徵。這樣說不僅因爲它的編
刊年代較早，更主要的是修譜者秉筆直書，據實錄輯，編纂態度
十分嚴肅。雖然傳述、贈言中照例有一些溢美之詞，但並不爲尊
者諱，爲族人諱，如指出張胆、張翊所修舊譜「有目無文」，注
明族人張道行「人品不端……拐賣二弟」等。查無實據者，則寧
缺不亂，如《族名錄》中有一些人的姓名、生卒、去向不明，徑
空白不刻。康乾時期，深文周納，文網甚密，《藏稿》居然收錄
了一些具有強烈黍離之情的詩詞，尤爲難得。如張翊《泗水懷古
和石蘊玉韻》：「豐沛雄圖望眼消，空餘泗上水迢迢。詩歌舊迹
碑猶在，湯沐遺恩事已遙。白鷺閑依荒草渡，錦禽爭過斷楊橋。

山川無限興亡意，月色風聲正寂寥。」故國之思，溢於言辭。

當然，族譜中也有一些封建性的糟粕，如頌揚皇恩聖德，提倡忠孝貞操等。但總起來說它們占的比重很小，有些明顯只是表面文章，瑕不掩瑜。

（六）

將該譜散頁合訂成六冊的時間在光緒六年，其封面簽條上面有墨筆注云：「光緒六年合訂。」並在每冊封面右上角注明本冊的目次。但裝訂時與譜前目次不盡一致。譜中少數篇章有朱墨兩色的眉批、夾注、圈點和總評，《霖田張公墓誌銘》更經過墨筆刪改，《雜著藏稿》前五頁天頭，並抄補了張胆的一篇《重修奎樓碑文》。封面墨筆字迹，與筆者另外發現的光緒十六年十世張介輯抄本《曙三張公志》字迹同一，因知合訂人即張介。介字石夫，係道瑞（張胆第二子）來孫，道光八年生，廩膳生員，山東衍聖公委署司樂廳。

茲將各冊細目附列如次：

〔禮冊〕

雍正十一年徐州牧石杰序

康熙六十年五世孫張道淵序

雍正十一年五世孫張道淵後序

雍正十一年八世冢孫張炯序

乾隆四十二年六世孫張璐序

張氏族譜目次

順治四年山左劉明俠舊序

康熙元年山陰張曇舊序

康熙八年息齋老人金之俊舊序

張氏家譜凡例

譜說

族規（按族譜目次，宗訓在前，族規在後，今倒置）

宗訓

家法

譜系

族名錄（按族譜目次爲「名錄」）

〔樂冊〕

族名錄（續）

〔射冊〕

誥命（按族譜目次爲「恩綸」）

勅諭（按族譜目次爲「敕命」）

崇祀（按族譜目次，鄉飲在前，次徵聘，次崇祀，今倒置）

鄉飲

徵聘

鄉諡

傳述

　　張胆《舊譜家傳》

　　張胆《自述》

　　《別駕曙三公小傳》

　　《別駕曙三公殉難小傳》

　　《驃騎伯量公小傳》

　　《驃騎伯量公傳》

〔御冊〕

　傳述（續）

　　呂維揚《炯垣張公傳》

　　　　拾泰《珍垣張公傳》

　　　　苗大全《稑垣張公傳》

　　　　丁鵬振《拱垣張公傳》

　　　　王熙《驃騎將軍張公傳》

　　　　范周《總戎伯量張公傳》

　　　　張道淵《奉政公家傳》

　　　　胡銓《司城張公傳》

　　　　王鳳輝《鑒遠張公傳》

　　　　司馬夢詳《青玉張公傳》

　　　　張道淵《仲兄竹坡傳》

　　　　莊柱《邑侯張公傳》

　　　　周鉞《孝靖先生傳》

　　　　莊楷《別駕張公傳》

　　　　秦勇均《岈山張公傳》

　　　　張道淵《聖侄家傳》

　　　　張道淵《珍侄家傳》

　　　　吳云標《雪樵張君傳》

　　壼德

　　　　閫儀

　　　　節孝

　　　　孝媛

　　　　閨秀

　　志銘

　　　　成克鞏《睢陽別駕張二公元配劉夫人合葬墓志銘》

　　　　張玉書《伯量張公墓志銘》

　　　　羅濬《子藩張公墓志銘》

馮溥《拙存張公墓志》

孔毓圻《履貞張公墓志銘》

莊楷《云谿張公墓志》

余文儀《霖田張君墓志銘》

孫倪城《逸園張公墓志銘》

行述

〔書冊〕

藏稿（按族譜目次此爲大類名，下分奏疏、雜著、詩、詞
　　四小類，正文則合詩詞爲藏稿，另將奏疏、雜著獨立
　　爲大類）

曙三公《夷猶草》

鶴亭公《晏如草堂集》

雪客公《山水友》、《惜春草》

拙存公《宦游草》

云谿公《玉燕堂詩集》

竹坡公《十一草》

逸園公《山居編年》、《適意吟》、《鷗閑舫草》、《章
　　江隨筆》、《凌虹閣詞集》

倫至公《學古堂詩集》

佩�公《情寄草》

蒼崖公《樹滋堂詩集》

雪樵公《青照軒詩草》

閨秀青婉氏《嫻猗草》

奏疏

雜著藏稿（按族譜目次爲「雜著」）

伯量公《兵憲袁公傳》、《羅山人小傳》

　　　　雪客公《山水友約言》、《惜春草小引》

　　　　竹坡公《治道》、《鳥思記》

　　　　逸園公《醉流亭賦》、《雲龍山賦》、《華岳記游》

　　　　默亭公《祭隴州城隍驅虎文》、《祭隴州山神驅虎文》、
　　　　　《祈晴文》

　　　贈言（按族譜目次，本大類下分荐疏、荐語、碑文、雜文、
　　　　　詩、詞、聯、額八小類，正文實無小類名）

　　　　俞琬綸《夷猶草序》

　　　　張忠勤公奏捷疏（二道）

　　　　陸志熙《奉贈總戎伯量張公序》

　　　　許虬《恭贈伯量張公序》

　　　　張玉書《徐州新遷文廟碑記》

　　　　張玉書《重建荊山口石橋碑記》

　　　　崇祀鄉賢徵詩啓

　　　　陸琬《山水友詩序》

　　　　徐鴻《山水友詩序》

　　　　趙之鎮《惜春草序》

　　　　郝惟訥《奉賀履貞張君高捷榮膺侍衛序》

　　　　葛繼孔《張秋山畫記》

　　　　彭廷訓《重修南昌府學記》

　　　　陳履中《樹滋堂詩序》

　　　　沙永祺《張孝媛徵詩小啓》

　　〔數冊〕

　　　贈言（續）

　　　　詩

　　　　詞

聯　額
　　　　箋　文　詩
　　壽　文　章　文　詩
　　挽　　　　詩　聯
　　　　　　　　額

（載《文獻》1985年第3期）

未見著錄之中國小說提要

新編虞賓傳

　　北京圖書館藏書。十一卷十一回，四冊。嘉慶辛酉抄本，楷書，甚秀。小型本，無板框、絲欄，惟版心注卷次、葉次。半葉十一行，行二十四字。首嘉慶辛酉古吳協君氏序，次目錄，次正文。每回後均有評語，頗可觀。評語末或署「寓情」，或鈐「寓情」陰文方印，或不署。題：寓情翁撰。撰者、評者、抄者、序者疑爲一人。「其人少負不羈，長循規轍，弱冠補弟子員，再試再躓，末後得邀一命，奔走甘中。聞鞍馬驅馳之外，閑衙冷落之餘，未嘗不執卷呻唔，沾沾自喜。凡遇一山一水，流連吟咏，多得佳句。」（序中語）殘本。卷八中有語「誰知事不湊巧，及至明日瑤琴回家，虞生告辭已去。此話直至十七回內再敘明白」云云，知本書至少當有十七卷。又卷十評語中說：「蓋作者已將演至一半，雖前數篇步步關照，而後文尙多事迹，恐閱者溯流忘本，欲將前後一束。」則本書總量似二十餘卷。

　　書演虞賓中魁多妻事。略謂：明景泰間吳江虞賓，字堯甥，年方十四，家景清貧，父亡後隨母艱難度日。賓博學多才，未幾，三奪案首，領案入庠。時新任撫台楊時可，少年鼎甲，歷任清要，立意選拔幾名奇才異能之士，乃懸榜面試生童，擇優充入內課，捐俸獎學。賓再捷案元，一時名動郡城。

　　蘇州有鄉宦吳氏，兄弟二人俱連登科甲。兄淳在任身故，其

女月娥、子麟傳隨母吳夫人回籍；弟溥官至內閣學士兼禮部侍郎，正統間因王振專權，致仕賦閑，與嫂氏別院鄉居。溥慕賓名，聘爲西席。其女月英與月娥年均及笄，羨賓才名，後復覿面於書齋玉蘭軒，遂彼此繫情。

　　旋賓拾得銀紅綉花手帕一幅，乃題仰慕之詩，托英婢碧霄帶回。英即和詩一首，另以鵝黃綉花手帕送還。會娥婢翠雲代主尋帕，賓方知誤還，再題佳句，轉以英帕付之。娥接帕覽詩，誤以爲表記，遂與婢謀與賓私合。旋溥五旬大壽，眾親與賀，賓周旋客間，風流倜儻。賓、娥、英三人以目流連，爲英之表妹王雙鳳覺察。雙鳳觀賓儒雅俊秀，亦欲插身其間，以了終身。

　　時也先犯邊，英宗親征，兵敗土木堡。其弟郕王立，改元景泰。溥因奉旨起用，英將隨父北行，告娥致意賓，誓欲相從。不久秋闈，賓中亞元。賓、娥經翠雲撮合，相會園中桃花亭，各盟誓言，私訂終身。

　　春闈將舉，賓赴京應試。楊撫台其時公干維揚，賓趨舟謁請作伐。時可執斧，賓母登門下聘，月娥婚事遂定。賓至京，溥邀住其西廂，度其必中，請胡光祿作冰人，月英婚事亦定。不料此科因爲副總裁、刑部侍郎魏堯臣徇私，侍讀學士張杯亭爭憤，賓落第不中。賓將南歸，英詣西廂送別，囑以娥事，務同嫁不負。賓行至山東遇盜，頗爲女俠古瑤琴所青顧。後賓得老丈施體仁救助始返。

　　賓還鄉後，東床還做西席，向娥訴告始末，兩家定親既互不相知，姊妹連襟，遂爲默許。誰知雙鳳自見賓後，漸害相思，不可自持，乃與婢牡丹相商，以來吳府散悶爲名，尋俟時機。雙鳳後在月娥贊助之下，亦得與賓設誓定盟。

　　山西太谷縣富商金光，往來蘇杭販運綢緞，爲山東響馬搶

劫。（以下闕如）

作者措詞富贍，應對裕如。其評語屢贊《西廂》、《琵琶》、《牡丹亭》，亦頗有會心。自以其作勝過《平山冷燕》、《玉嬌梨》。然終未脫才子佳人常套，沾沾自喜於一夫多妻，用筆稍涉猥褻，格調不高。

荔鏡傳

北京圖書館藏書。二卷，二冊。封面書題新增磨鏡奇逢集，右一行頂格刻：道光丁未春鐫，左一行下署：藏板；一卷首行書題二刻泉潮荔鏡奇逢，二卷首行書題新刊泉潮□□奇逢傳，書鼻荔鏡傳。小型本，單邊。半葉八行，行十六字。天頭另刻一小欄，有評語。字體俗陋，白字累牘，紙墨俱劣，撫之污指，漶漫幾不可識。首敘，不署撰者、年月；次郵亭玩致，乃於明（起東）之題詞；次插圖七幅，殆如兒畫；次正文，不分回，有小標題，標題長短不一，設詞俚鄙。文中每間以詩詞，平庸可笑。

略言溫陵陳必卿，父嘗為潮陽令，以必卿與潮城富室女王碧琚締姻。父後致仕歸籍，因路遙道阻，悔之。旋必卿送兄眷赴廣，途經潮城，適值上元，因賞月與碧琚偶會，一見傾心。必卿去後，潮有林玳者，乃安撫之子，慕碧琚美色，遣媒求婚。碧琚父畏玳權勢，許之，而碧琚堅不適玳。未幾，必卿返潮，經碧琚樓下，匆促間碧琚拋荔與之。必卿感其意，乃留潮。必卿無由接近碧琚，聞碧琚家有寶鏡，乃飾為鏡工，佯將其打碎，求贖為奴。二人因得相近，由愛慕而至情深。旋經碧琚婢益春相助，二人得效鸞鳳。後必卿、碧琚情迹漸露，林家催婚甚急。玳復訟於官，必卿、碧琚私逃被執。必卿發配崖州，碧琚則閉戶不嫁。旋必卿之兄升任河東巡撫，必卿遂得釋，並迎碧琚以歸焉。

仙卜奇緣

　　首都圖書館藏書。八卷，四十回，六冊。初名《大刀得勝傳》。清吳毓恕撰。光緒丁酉上海書局石印本。封面籤條書題繪圖仙卜奇緣，內封、目錄與各卷首行書題俱繪圖仙卜奇緣全傳。小型本，四周雙邊，白口，單魚尾。半葉十三行，行三十二字。首自序，次目錄，次書中人物圖十二幅，次插圖四十幅（每回一幅），次正文。

　　書演寒士屈師魯得仙助娶妻、登科、封侯事。略謂萬曆年間成都府人屈師魯，自幼喪父，家道艱難，於古廟中租室訓蒙。峨嵋山金珠洞得道眞人夏六奇前來成都度化有根基之人，租廟與師魯鄰居。眞人談命精微，器量寬大，師魯心悅誠服，拜之爲師。四川巡撫吳守義有守有爲，嚴而不刻，吏民悅服。膝下只有一女蕙心，容貌俊麗，聰明無比，年已及笄，因吳公算得女婿有封侯之命，尚未際遇，故未許字。

　　眞人爲師魯代籌，僞造八字，讓其當街出神，誤闖吳公儀仗。吳公因問其八字，試其詩才，見八字相合，寫作俱佳，遂定招坦之意。吳公夫婦以告蕙心，蕙心恐其立品不高，建言再試三對。師魯才思敏捷，對仗工穩，吳公愈悅。時師魯大比登科，才子佳人即時完婚。明春，眞人暫返仙洞，師魯則動身赴京會試。果春闈聯捷，身入詞館。

　　皇親鄭國泰，昔與吳公同省爲官，貪贓害民，爲吳公揭參，後其女選入宮庭，升至貴妃，此番補授吏部尙書同知樞密院事。吳公聞報，棄官返里避居。

　　時西夏回人稱兵，開國公常繼先奉旨救邊，三路進兵，兩番用計，將勝。國泰妒賢進讒，詔責元戎。繼先聞詔氣死，眾兵變

心，關城被圍，欽差、國泰長子天龍棄逃。後繼先托夢朝廷，方大明眞相，金殿除奸，另舉賢能。師魯奉命專征，軍中喜得仙書，吞服靈藥，頓生神力，揮舞大刀，勇擒回王，入闕朝天，功封通侯。後榮歸故里，省親祭祖，漸入仙源。

忽吳公病卒，後繼無人。吳夫人遣僕自蘇、揚一帶買回四名美女，令其勾引公弟吳二，借種產子，繼嗣承祧。中一人華秋容者，尤爲秀雅風流，聽夫人苦衷，偕同三女，甚爲用心。吳二之妻頗妒，眞人相助，令其中風，不省人事。因得兩子兩女，吳夫人遂將家產三分：一與嗣子、嗣女及其生母，一與吳二，一與師魯夫婦。後嗣子萃科官居極品，萃珍亦官至太守，秋容誥封一品太夫人，吳夫人、屈夫人俱高壽無疾云。

序有言：「其意蓋以命中注定，不可強求，爲警世之金針。復以忠孝廉節，能奪命爲券，令人感發善心，力求爲端人正士。」此即全部宗旨。本書行文流暢，雅俗共賞，間有詩、對，亦頗工整。

閨門秘術

北京圖書館藏書。四卷，五十回，四冊。光緒丁未滬上書局石印本。封面書題繪圖閨門秘術劍仙傳，內封、目錄、書鼻與卷一首行書題俱繡像閨門秘術，卷二至四首行書題閨門秘術。小型小字本，四周花邊，白口，單魚尾。半葉十八行，行四十二字。首光緒辛丑甬上月湖漁隱序，次目錄，次書中人物圖八幅，次正文。序中稱：「於是滬上書局主人有鑒於此，因作閨門秘術小說一部。」則序者殆作者暨書賈歟？然晚清書肆動輒改頭換面，更易書名，以舊充新，此書名實不符，或亦此技。筆者識聞有限，志此以俟知者。

書演華兆璧、兆琨、李大椿等孝義、淹蹇、登科、除惡、娶妻事。略謂山西大同府人華童，因安祿山造反，携妻王氏暨子兆璧、兆琨，女春姑、秋姑舉家逃至湯家鎮。有當地生員湯德元者，輕財任義。童爲謀生計，借其室設帳課徒。

未幾，賊敗，恢復科舉。德元逕代兆璧、兆琨報名，復擔保寒士李大椿應考。三人俱高取入泮。縣令夏國華秉正愛才，欲以女瑤雲妻兆琨。童不欲攀貴，以子年幼謝之。國華轉請太守萬鈞執柯，童只得應允。於是府縣饋贈銀物，衆人亦相趨恭維。

巨盜三眼虎聞之，夜竊華府。童驚恐倒地，不日長逝。兆璧乃接任館職度日。國華得訊，贈資千金。其子均祥，極爲勢利。會吏部天官葉槐之子開泰欲續弦，篾騙王活嘴說項，均祥貪利附勢，強自主張，以妹許之。瑤雲誓死不從。國華聞之大怒，毒打均祥，堅拒葉府婚姻。葉槐官報私憤，奏劾萬、夏狼狽爲奸，聖旨著令革職。萬鈞回籍，國華一氣病亡。

繼任大同知縣洪鵬程，出於葉槐門下，到任後即與開泰沆瀣一氣。均祥因父失職身亡，本有悔心，經洪挑撥，故態復萌。鵬程設計令監內大盜誣兆璧、兆琨同謀，嚴刑逼供，將二人收監。復將德元拘捕，令禁卒李春謀斃。春曾受童大恩，讓德元假死蒙騙鵬程。德元出獄，隱名暫居他處。開泰遂請鵬程作媒，均祥並以華、湯兩家案情騙母，母無主見，許之。

迎娶之日，瑤雲、慶喜女扮男裝出逃。不期主僕誤上賊船，被水盜捆綁拋入水中，爲白漁村漁翁白長年夫婦救回。白漁村乃九門提督賽龍圖包清義故籍，長年兒、媳俱在包府爲僕。瑤雲既現女身，乃訴實情，爲清義之女接入府中居住。

時將秋闈，湯夫人出資助大椿應試，中爲解元。明年春闈，主考官即清義，大椿聯捷會元。榜眼、探花亦大椿桑梓。三鼎甲

俱出大同，一時傳爲佳話。會有御史劾槐縱子爲惡，廷詢三鼎甲如實，即遣清義欽差查辦。大椿請假省親，奉旨以副欽差同行。

案情核准，奏請將葉槐革職，開泰充三千里遇赦不援，王活嘴斬監侯，鵬程與新任大同府劉用賓革職，均祥發往軍營效力，國華開復原官，兆璧、兆琨釋放，賞銀矜恤。德元亦有出頭之日，以長女與兆璧爲妻，次女與大椿爲妻。忽山東龍泉山強人吳雄豹反，欽命清義掛帥征剿，清義奏留大椿協辦機宜。

是年，正科鄉試。兆璧、兆琨俱中。俊、杰嘔氣，偷應武舉，亦中。明年春闈，兆璧中狀元，兆琨中探花，俊中武狀元，杰中武進士。且文科三鼎甲並武狀元又悉爲大同府人，傳爲奇談。適清義軍情告急，欽令俊、杰、兆璧、兆琨星夜馳援。衆人會齊，一鼓作氣，平定反叛，凱旋回朝，皆有封賞。清義復將己女許與大椿，王氏亦將春姑、秋姑許與俊、杰。遂奉旨集體完婚，皆大歡喜焉。

本書極鼓孝義，硬湊圓滿，以安祿山肇始，以賽龍圖作結，荒誕不經。然於官僚鄉宦之橫行不法，則頗多揭露。

新中國之偉人

首都圖書館藏書。十回，一冊。題：蒼園撰。每回首行書題社會小說新中國之偉人，書鼻繪圖新中國之偉人。四周雙邊或花邊，白口，版心注回次、葉次、月日、報名。半葉行數與每行字數不等。板框上通葉橫刻：大清光緒三十四年×月×日第×號，時事報圖畫雜組。本書當爲《時事報》散葉集訂。每日一葉，右半葉爲圖一幅，圖上題字即本回回目，左半葉爲正文。第二葉起首行書題下標一「續」字，末行注「未完」，或「第×回完明日續登第×回」。數日一回，凡未畢者次日照標回目。計自光緒三

十四年二月初二日至三月十七日，即自第八〇至一百二十四號，都四十五葉。全文二萬餘言。此部缺二月十七日、二十九日、三月二日、十一日四葉。

書演「教育救國」事。略謂江蘇省松江府上海縣百子村農家子姚思審，無錢讀書，因慨於世間富貴不均，便到上海找尋生意，以求出路。思審在上海隨木匠杜撰學藝，不覺十餘年過去，一日，忽接家信，母親亡故，便將父接至上海，賃室居住，辭了師傅，自己營業。後遇一學堂教習，講說印度亡國，中國衰弱，強調「總要人人都受了教育，有了知識，才可以不受外人壓制，不做外人的奴隸。」思審乃思以存款舉辦學堂，略盡國民義務。於是思審登報啟示，買地建房，聘教招生，居然辦起了一座普通中學堂和一個附屬小學。開學之日，思審發表教育救國演說，為一叫化人聽到，前來相訪。此人姓武名訓，山東堂邑縣人，幼孤，不得進學，討飯為生，乞錢辦了兩個小學堂，叫做武訓義學。思審遂引為同類，結為兄弟，贈送路儀。接著思審說服父親，又回籍辦了三個初等小學堂。因乏師資，寫信給武訓求援，武訓乃寄百元贊襄。思審返滬，立意創辦師範傳習所，培養師資。有秀才包長和、史德成、卜成仁等，藉伙食不好，尋釁鬧事。思審勸之不聽，將其開除，並發表演說，要求學生專心求學。包、史又於思審講演之際，聚眾鬧事，為上海縣拘捕。思審為整頓學校，提高教學，成立教育研究會。忽報武訓病亡，思審大有黃壤埋公蒼天孤我之感。卜成仁被開除後，到東洋留學，學了半年法政速成科，換成一副洋鬼子裝束回國。後史德成瘐死獄中，包長和做了車夫，卜成仁在洋行當了西崽。思審則學校越辦越好，並娶妻生子，尚決心增辦實業學堂云。

書末曰：「列位要明白這書的宗旨，是單單為姚君代表，和

那武兒的附傳……這本小說，是一篇有頭無尾的文字，說不出個所以然的道理，只有兩眶眼淚，一副心肝，列位盡可以當作信史看。」本書純用白話，樸質無華，倒也娓娓動聽。然姚思審辦學前後，判若兩人，起訖無因，純係圖解。

又本書末葉尾行云：明日續登《偶像奇聞》。則該報所載小說，非此一部也。

按蒼園即張春帆，別署：倉園、仙源蒼園、項蒼園、漱六山房，江蘇常州人，其所作小說，今知尚有以下十種：《黑獄》二十四回，光緒二十二年點石齋石印本；《九尾龜》一百九十二回，光緒三十二年至宣統二年點石齋石印本；《夢平鬼奴記》十四回，光緒三十二年震東學社石印本；《新果報錄》十六回，光緒三十二年申昌書局刊本；《家庭現形記》，光緒三十三年文振學社刊本；《未來世界》，光緒三十三年月月小說社本；《揚州夢》十回，光緒三十四年集成圖書公司刊本；《工界偉人》十回，宣統元年時事新報刊本；《宦海》二十回，宣統元年環球社刊本；《駿游記》十回，宣統二年集成圖書公司刊本。另知其所譯小說有《情海波瀾記》，英培根著，光緒三十四年集成圖書公司刊本。

蘆花棒喝記

首都圖書館藏書。十八章，一冊。題：蔣景緘著。每章首行書題家庭小說蘆花棒喝記，書鼻繪圖蘆花棒喝記。四周花邊，白口，單魚尾，版心下右刻：×月×日，左刻：輿論時事報（八月二十一日後刻：時事報），三十三葉前版心並注章次、葉次。半葉行數與每行字數不等。板框右通長豎刻：大清宣統二年×月×日輿論時事報圖畫。本書當為《輿論時事報》散葉集訂。每日一葉，右半葉為圖一幅，左半葉為正文。第二葉起首行書題下標一

「續」字，末行注「未完」，或「第×章已完明日續登第×章」。數日一章，凡未畢者次日照標章目（惟八月十七日、十八日未標）。計自宣統七月九日至十月十八日。文言，全文約三萬言。

略言浙江諸生易孟宗，設館於泰州，博升斗以為家計。其妻鄒婉如賢，夫婦愛情甚篤。已而婉如病亡，遺女三，甚幼。孟宗友葉新仁勸其續弦撫孤，乃娶張念婉為繼室。念婉見孟宗思婉如不舍，妒，百般取鬧，逼孟宗出走，而虐待其女。後念婉幻游覺悟，自陳往咎，憐夫愛女，意態全變，孟宗亦復得室家之樂云。

本書文字生澀，佶屈聱牙，意旨平庸，不識時務，居然連載於清季，也算一件怪事。

又其末葉末行云：已完，明日登《盜窟記》。則該報所載小說，亦非此一部也。

按蔣景緘，浙江人，另著有《軍人魂》小說，宣統元年揚子江白話叢報本，未完；《俠女魂》雜劇，有《揚子江小說》本，八出，譜清季秋瑾、胡仿蘭等八俠女事，宣統元年漢口印。又有翻譯小說六種：《金翦葉》，光緒三十四年小說林社刊本；《碧血巾》，宣統元年時事報館刊本；《黑寶星》，宣統元年輿論時事報畫報本；《盜窟記》，輿論時事報畫報本；《費娥劍》，輿論時事報畫報本；《啼猩淚》，時事報畫報本。蔣妻亦能文，曾為《俠女魂》作序，對八位俠女史實，多有介紹。

也是西游記

中央戲劇學院圖書館藏書。二卷，二十回，二冊。題：鐵沙奚冕周起發，青浦陸士諤編述。上海改良新小說社民國三年初版石印本。按其第八回回末云：「也是西游記八回，奚冕周先生遺著也。筆飛墨舞，飄飄欲仙，如謔駕下，奚敢續貂。第主人譎諫，

旨在醒迷，涉筆詼諧，豈徒罵世。既有意激揚，吾又何妨游戲。魂而有靈，默爲呵者歟！己酉十月青浦陸士諤識。」此己酉爲宣統元年，則此書作於清季。封面無字，後人毛筆手寫書名，上冊並墨繪一男一女全身側面行路圖，蓋即小行者所變美女與李香白也。新聞紙，平裝。四周花邊，白口，單魚尾。上卷正文三十四葉，下卷三十七葉。半葉十六行，行三十四字。約八萬言。首目錄，次書中人物圖六幅，次正文。

書演小唐僧、小行者、小八戒、小沙僧師徒重行西游取經事。略謂正本西游記中，孫行者曾鑽入羅刹女腹中，竟因此陰陽交融，三百六十五年零三個月後，羅刹女生下一子，酷肖悟空。牛魔王雖堅信其妻，仍惑不可解，往問南海觀音菩薩。菩薩知此子來歷，不便明言，只以當今西方生理學觀點解釋。牛魔王竟悟，取其名爲第二孫行者，視爲親生，盡授生平本事。

小行者降生之時，金光上射，驚動玉帝，深恐再有大鬧天宮之事。西天佛祖便建議召開一次諸天大會議，討論降伏之法。會上決定旃檀尊者再度下凡取經，藉此收用新猴。

旃檀尊者投胎至蜻蜓州烏刹卡川口地方一家姓陳的中國商人家裏，自幼好佛，人稱小唐僧。十六七歲上，父母雙亡，出家於西京本願寺，法名一偈。因看到人間疾苦，鬱悶不樂，後經法主點化，初解苦樂變幻之理。菩薩前來，勸動小唐僧西游傳教。

菩薩另命小行者前往上海尋師，並授以無線電話器法寶一部。又將當年沙僧項下常掛的九個骷髏，拼成人形，以楊柳水洒而成人，取名小沙僧，讓他會同高老莊的小八戒，一起到上海尋找師父、師兄。

小唐僧到了上海，爲小行者認出。師徒二人因到佛界餘村園聽林步蘭的改良灘簧，小唐僧爲兩名自稱是巡捕的人帶走，一去

不回。小行者到處尋師不遇，登報懸賞也無下落，便用無線電話
器與乃兄善財童子通話，知師父在劫難免，又知小八戒，小沙僧
已到上海，便上街尋找，在易安居遇見兩位師弟。

小八戒、小沙僧不諳世務，在上海見到一些不可思議的事
物，出了不少洋相。三人爲尋救師父，計議變成上海最受歡迎之
人，便宜行事。於是小行者變作女郎，小八戒變成買辦，小沙僧
變爲留學生，以上海出品協會爲聯合總機關，分頭行動。

小八戒頓時身價百倍，先在夜花園聽正論報主筆白滔光吹
牛，又在白陪同下認識了明記洋行軍械帳房買辦程竹卿、莫必
舉，同游無錫燈船。小行者則碰到李香白、王再服求婚，覺得好
笑，答應與他們文明結婚。便在珊家園買到一座三幢兩廂的房子，
使用毫毛布置裝飾得十分豪華，號稱孫公館。李香白按期前來，
很快與小行者在滬北徐園舉行文明結婚儀式。是夜，小行者現出
原形，李香白唬死。

菩薩來至上海，教授給小行者聯合器、運動籓、方針，小八
戒聯合環、霹靂、手後盾，小沙僧聯合管、勢力圈、文明袋每人
三件法寶，又教給三人聯合咒、催醒術，並給一紙畫軸，指示小
唐僧受困地點。

三人駕神光按圖尋至香海，分別與櫻粟眞人、陳高、冷龍接
戰。小行者連破櫻粟眞人烟桿子、烟缸、烟斗三件法寶，櫻粟佯
敗，布下烏烟陣。小行者與二位師弟迷失，小八戒爲烟花迷住。
小行者跳出烏烟陣，用電話與菩薩聯繫，尊命先用催醒術救出兩
位師弟，便一同前去南海落伽山參加賽珍會。

在賽珍會上，三人參觀了美術、動物、農業、武備、機器諸
館。菩薩再次講解方針、聯合器的用法。三人返回妖魔界，執定
方針，以聯合機聯合眾神的法力，打破酒、財、色、氣四魔，救

出小唐僧。師徒四人遂向南洋、天竺闡揚教理而去。

《西游記》的續書，本已不少。晚清「擬舊小說」風行，又添出一些續作。本書雖作於此風末流，實爲此類「擬舊小說」的壓卷之作。即在《西游記》的全部續書之中，也超乎《續西游記》、《後西游記》之上，似可與《西游補》相頡頏。本書設事雋永，行文幽默，針砭時事，激揚人物，無不可觀。《西游記》之精華，原不在取經。若此書者，借僧徒之衣鉢，化當今之世務，可謂得其眞旨矣。惟人物形象，不夠豐富生動，情節結構，也覺單薄局促。然在謿陋粗糙的晚清小說之中，本書算得是一部佼佼者，應當引起治小說史者的重視。

按陸士諤著述甚富，其所著小說，另外尚有十八種。對此，筆者擬另文專論，此處不贅。

帶印奇冤郭公傳

首都圖書館藏書。六卷，五十二回，六冊。題：也是道人手輯。也是道人，又名亦禪子，書中有繡像一幅，其像贊曰：「仕宦場中隱士，文藝傳中豪傑，借問君是何許人，直筆繼麟經絕。」據凡例和第四十八回正文，本書撰於安慶府獄中。撰者「性爽直，與公合」，慷慨好義，博雅多文，「憤公清官被害」，因輯此書。（引文俱見第四十八回）又序自稱：「惟道人交公最早，知公最深」，殆作者即郭公歟？上海書局民國元年石印本。封面簽條書題新輯繡像帶印奇冤郭公傳，內封、目錄與每回首行書題俱同，書鼻繪圖帶印奇冤。四周雙邊，白口，單魚尾。半葉十六行，行三十六字。首也是道人敘文，次凡例，次像贊，次目錄，次書中人物圖三十五幅，次正文（每回卷首有插圖一葉兩幅，圖上題詞即回目上下句），次亦禪子後序，次附稟多件，次詩文小

序。印刷頗精。

略言山西太原府榆次縣張慶村人郭令公，秉性剛方，光緒十五年會試，首選一等，以知縣簽分安徽試用。先後署靈璧、青陽縣事，平獄多起，甚得民望。旋爲人挾嫌參害，撤職回省。後改署東流縣，復以母憂去職。起服後再署太平府當塗縣事，造福於民，開罪於官，爲知府汪八萬藉端陷害，奏參拘羈。郭公不服，帶印進京，奏成控案，奉旨著省提訊。會徐錫麟刺殺皖撫恩銘，馮大蔡護院，朱幔驚調補臬司，二人均八萬同鄉，竟將公違旨收禁。公妻王夫人與當塗縣邑紳曹遜之，赴京呈控，大鬧都察院，持其批示返省，滿以爲當可提訊一堂，水落石出。不期皖省不睬，公仍沉陷獄中。後馮撫瘋癱，豬家寶繼任，貪橫無恥，變本加厲，公案遂不得申。直至武昌辛亥革命，皖省大亂，公始出獄，避難當塗，然已羈縻五年矣。後公棄卻紅塵，雲游名山，以了餘年云。

其凡例第一則曰：「是編爲安徽官場現形記代表，所敘事實皆有案宗可稽，與各種平空結撰或移步換形諸小說不同。」據此可知本書用意。其結構，「有一事而敘數回者，有數事而並一回者，其或長或短，悉依案之繁簡爲斷」（凡例），亦類《官場現形記》。

按此部陳汝衡先生《說苑珍聞》有提要，可參閱。

吳三桂演義

中央戲劇學院圖書館藏書。四卷，四十回，四冊。上海華明書局石印本。本書似撰於民國初年。封面書題吳三桂，左上角刻：歷史小說，右下角署：上海華明書局印行，底繪一老乾腊梅；內封、目錄、卷二至卷四首行書題吳三桂演義，卷一首行書題歷

史小說吳三桂演義。小型本，單邊，白口，單魚尾。半葉十八行，行四十二字。首自序，不具署；次凡例，次目錄，次書中人物圖六幅，次正文。

略言吳三桂本貫山東高郵，因先祖販馬爲業，寄籍遼東。父襄，生有勇力，受知於鎮東將軍李成梁，以功保升千總，復升副將。崇禎即位，拔襄提督京營。大宗伯董其昌典錄武科，襄荐三桂，取爲首名。時毛文龍爲平遼總兵官，其昌荐三桂於其麾下，爲驍將。文龍性情強悍。廷臣交相訾議，帝乃起用袁崇煥，授以上方寶劍，督師遼東。

崇煥計斬文龍，吳三桂等五將懼而投建州。東防因而盡撤，煥不敢隱，奏報朝廷。帝乃致書建州索將。三桂回，升任總戎，出鎮寧遠，請旨陛見。時有歌伎陳圓圓者，昔三桂掛魁之日，曾識一面，彼此傾心，今爲國丈田畹妾，以三桂此時國家倚爲柱石，藩府賴爲安危爲由，慫畹獻己與三桂。其昌責令三桂退回，圓圓以死相拒。襄乃令圓圓留京，而遣三桂赴鎮。

遼東諸將爭相派人到京謀參崇煥，群臣亦以遼東近起邊患，交章劾之。洪承疇、董其昌出保不允。帝即以承疇督師薊遼，兼任總督，而將煥逮京斬首。朝政腐敗，天下大亂，秦晉兩河一帶，民衆紛起。陝西省延安府米脂縣人李闖，遂串聯邑人牛金星、李岩起義。

未幾，自成攻陷北京，擄得圓圓，崇禎殺妻兒自縊，洪承疇、祖大壽降清。三桂爲爭圓圓，借清兵入關。自成既敗，建州九王多爾袞進京攝政，恐三桂有變，封爲平西王。時福王繼位南京，亦派大員左懋第等入京犒贈。三桂彷徨再三，決計降清。清兵定鼎中原，多爾袞猜忌三桂，令開藩雲南。圓圓以三桂降清，決心修行，不欲同行。三桂許以到滇後另闢幽室別居，始行。

　　時張獻忠亦歿，孫可望繼統餘衆。適永曆皇即位於肇城，可望附之。永曆所委大小臣工朋比爲奸，雖有瞿式耜、陳子壯撐持，終不勝敵，遷都桂林。三桂進軍雲南，永曆奔逃緬甸。三桂兵趨緬境，迫緬酋交出永曆，縊之。自此三桂坐鎮滇中，日益驕橫。

　　忽順治駕崩，三桂奔喪，欲乘機窺測朝廷虛實。康熙繼位，令三桂只在城外設祭哭靈，並晉封爲親王，世襲罔替，三桂知清廷疑己懼己，乃有稱帝之意。圓圓復欲修道，三桂闢野建園，奢華更甚。有烈女楊娥者，武俠也。欲刺三桂，謀以色蠱。開肆當壚，世人嘆爲絕色。驚動三桂，欲納之。未果，娥病亡。無賴李成竊衣見娥絕命書，中心感動，欲繼其志，卻僅將三桂護衛保住射死。旋圓圓亦歿，死前遺書三桂，勸其終老林下，死裏求生。

　　三桂一面沉湎酒色，行韜晦之計，一面招兵買馬，陰謀起事。朝廷撤藩不成，遣使令三桂移鎮關東。三桂延俄時日，激怒將士，復著明服，祭奠永曆。遂留婿郭壯圖守雲南，自擁大兵，行至衡陽，斬撫臣王之信首級祭旗，並執使臣，布告四方，決意反正。

　　旋三桂以康熙十二年爲大周利用元年，建號稱尊，厚封諸將，分兵川陝、閩廣三路，大舉進攻。平南王尙之信、靖南王耿精忠等頓起響應。康熙聞報，意欲親征，廷臣諫阻，乃調兵遣將，阻三桂北上。

　　交戰既久，各有勝負。三桂此時年逾六旬，稱帝自娛，日思酒色，沉迷放棄，不欲進取。尋病卒，得年六十九歲。諸將擁太孫世蕃繼位，改號洪化，撤軍回黔。自此銳氣盡失，每況愈下。康熙二十年三月，清兵三路，合逼而進，勢如破竹。十月，雲南城中食盡，周遂滅。

序有云：「余近十年來喜從事於說部，尤喜從事於歷史說部……勿論遺臭流芳，皆足以動後人之觀感也。」又凡例有云：「是書以明裔存亡爲要素，吳氏以背明而亡國，其後自帝，亦以背明而自亡。」作者用意、傾向如此。「是書所取材，以聖武記得明季稗史爲底本，而以諸家雜說輔佐之。」（凡例）其行文簡潔明快，頗得三國演義筆法。

（載《曲海說山錄》，文化藝術出版社，1996.12一版）

《中國通俗小說書目》版本輯補

孫楷第先生的《中國通俗小說書目》，著錄了宋元以迄晚清的八百餘種語體小說，介紹了它們的名稱、別題、卷數、回數、存佚、版本和作者、孤本、珍本並記其行款及藏所，有的且兼錄筆記、瑣聞、序跋，可說是我國小說版本系統研究的開山之作與集大成之作。正如孫先生自己在《重印日本東京所見小說書目提要序》中所說：「《中國通俗小說書目》是包括現存和已佚未見書的專門書目，在這部書裏，可以知道宋、元、明、清四朝有多少作家，有多少不同色類的作品。」雖然該書在體例編排上不無可議之處，也並非已將中國古代通俗小說搜羅淨盡，但自一九三三年北平圖書館鉛印以來，迭經一九五七年作家出版社再印增訂，以至一九八二年人民文學出版社重排補正，半個世紀中間，「有了此書，學者們的摸索尋途之苦，當可減少到最低度了。」（鄭振鐸《中國通俗小說書目序》）

中國小說的研究，經過筆記雜談的萌芽、序跋評點的發展、單篇專論的深入如此長期的醞釀準備，直到本世紀二十年代前後，才開創了一個嶄新的局面。胡適寫《水滸傳》、《紅樓夢》、《西游記》、《三國志演義》等小說的考證，算得上是篳路藍縷；魯迅著《中國小說史略》，更奠定了中國小說史研究方向的基礎。但是中國小說之多，何啻千萬，尚有大多數的作品極待挖掘整理。毋寧說孫先生的書目，是使中國小說研究更上一層樓的先聲。事實上，繼孫先生之後，國內外的專家學者，已經做了和正

在做著大量的極富建樹的工作。

　　筆者近年來亦接觸到一些古代通俗小說。今僅將符合孫先生書目編例，又從未見著錄的版本，仍按孫先生原書次序，輯列成篇，以爲增補，供孫先生和同行參考。

　　1.孫先生書目(以下簡稱孫目)卷二明清講史部春秋戰國段，《走馬春秋》條。首都圖書館入藏一部宣統元年上海茂記書莊石印本，六卷五十四回。封面書題「繪圖說唱走馬春秋全傳」，目錄書題「繪圖走馬春秋全傳」，書鼻同。每半葉自成板框，單邊。有圖。

　　2.孫目卷二明清講史部三國段，《三國英雄志傳》條。北京圖書館入藏一部寶華樓刊本，六卷二百四十則，封面書題「綉像三國志傳」，右一行頂格刻「毛聲山先生原本」，左一行下署「寶華樓藏板」；目錄書題「新刻三國志」，書鼻「三國志」，正文首行書題「新刻按鑒演義京本三國英雄志傳」。單邊，白口，單魚尾，版心注卷次、葉次。半葉十五行，行三十二字，紙墨俱劣。首玉屏山人《三國志小引》，次目錄，次書中人物圖二十四幅（分上下兩欄，下圖上贊），次正文。正文首葉次行署「晉平陽陳壽志傳，元東原羅貫志演義」。

　　3.孫目卷二明清講史部隋唐段，《別本說唐後傳》條。孫先生說：「《薛家府傳》曾見坊間有單行本。」然孫先生未將《薛家府傳》單獨立目，也未詳記其版本。柳存仁先生著錄英國博物院藏道光戊戌福文堂刊本，標題《薛仁貴征東全傳（說唐薛家府傳）》，見《倫敦所見中國小說書目提要》。首都圖書館入藏一部三和堂刊本，亦六卷四十二回，封面書題「綉像薛仁貴征東全傳」，右一行上端刻「圈點無誤」，下端刻「三和堂藏板」；目錄書題「說唐薛家府傳」。單邊，白口，單魚尾。首目錄，次書

中人物圖，次正文，無序跋。又首圖藏有光緒元年羊城古經閣刊本，六卷四十二回。封面書題同前部，右一行頂格刻「光緒元年新鐫」，左一行上端刻「圈點無訛」，下端刻「羊城古經閣藏板」；書鼻「征東傳」，目錄與每卷首行書題「說唐薛家府傳」。小型本，單邊，白口，單魚尾，版心注卷次、葉次。半葉十二行，行二十七字。首書中人物圖十幅，次目錄，次正文。題「姑蘇如蓮居士編次」，紙墨俱劣，模糊一片。

4.孫目卷二明清講史部隋唐段，《異說征西演義全傳》條。孫先生詳錄的似為寶華樓刊本，其乾隆刊本，未確指。北京圖書館入藏一部乾隆十九年鴻寶堂刊本，四十卷四十回。書題與撰者題署俱同孫目。半葉十行，行二十字。首乾隆十八年恂莊主人序，次題詞，次圖，次目錄，次正文。

5.孫目卷二明清講史部隋唐段，《征西說唐三傳》條。首都圖書館入藏一部光緒癸巳上海古香閣石印本，十卷九十回。封面書題「繡像說唐征西全傳」，目錄書題「石印說唐征西全傳」，書鼻「繡像征西全傳」。每卷首行書題「說唐征西全傳」。小型本，單邊，白口，單魚尾，版心注卷次、回次、葉次、閣名。半葉十五行，行三十四字。首目錄，次書中人物圖十二葉二十四幅，次正文。無序跋，不署撰人。鄭振鐸《中國小說提要》（收入作者的《中國文學研究》上冊）著錄有《說唐征西傳》，卻是六卷九十回。鄭先生未記版本。柳存仁《倫敦所見中國小說書目提要》著錄一部《仁貴征西說唐三傳》，嘉慶十二年福文堂刊本，亦十卷九十回，且每卷分回與本部同。

6.孫目卷二明清講史部隋唐段，《忠孝勇烈奇女傳》條。北京圖書館入藏一部光緒丙申上海文宜書局石印本，四卷三十二回。封面簽條書題「繡像木蘭奇女傳」，目錄書題同，內封書

題亦同，惟下署「瀛園舊主」。每卷首行書題「繡像木蘭奇女全傳」。小型本，四周雙邊，白口，單魚尾，版心注卷次、葉次、半葉十四行、行三十二字。首序，題「修慶氏謹撰，虛白氏敬書」，乃道生堂本原序，然改署「光緒二十一年八月上浣」，蓋書賈以舊充新之意也。又道生堂本有道光七年淦川周滙淙跋，孫目未言及。據此跋，知該書當時即又名《木蘭奇女傳》。

7.孫目卷二明清講史部宋段，《後宋慈雲走國全傳》條。首都圖書館入藏一部宣統三年上海華英書局石印本，八卷三十五回。書題「繪圖南宋慈雲太子走國全傳」。小型本，四周花邊，白口，首作者自敘，未署名，次目錄，次正文。

8.孫目卷二明清講史部明段，《續英烈傳》條。北京圖書館入藏一部，似即孫目所稱舊刊大字本，然孫先生著錄不全，茲補述如次。五卷三十四回。內封書題「繡像雲合奇踪後傳」，右一行頂格刻「稽山徐文長編」，左一行下署「本衙藏板」；目錄、書鼻與每卷首行書題俱「續英烈傳」。單邊，白口，單魚尾，版心注卷次、回次、葉次。半葉九行，行二十一字。紙墨俱劣。首秦淮墨客序，次書中人物圖十六幅，次目錄，次正文。卷一次行下署「空谷老人編次」。

9.孫目卷二明清講史部明段，《前明正德白牡丹傳》條。首都圖書館入藏一部光緒辛丑上海書局石印本，八卷四十六回。封面書題「繪圖白牡丹傳」，目錄書題「新編前明正德白牡丹傳」。小型本，四周雙邊，白口，單魚尾。首光緒辛卯柱石氏序，次目錄，次正文，有圖。題「武榮翁山洪柱石琮編次」。與博古堂本所題有別，恐係衍字。

10.孫目卷二明清講史部明段，《檮杌閑評全傳》條。引《小說小話》云：坊間翻刻，易其名曰《明珠緣》。中央戲劇學院圖

書館入藏一部光緒甲午上海書局石印本，六卷五十回，書題即
《繪圖明珠緣》。袖珍本，每半葉自成板框，四周花邊。小字，
半葉十六行，行三十五字。首總論，歷數宦官亂政之事，引入明
季；次目錄；次書中人物圖十幅；次正文。每卷卷首集中插圖，
一回一幅。圖上題字即回目。

11.孫目卷二明清講史部清段，《俗本聖朝鼎盛萬年清》條。
北京圖書館入藏一部木刻本，兩集，八卷，十三回，四冊。小型
本，單邊，白口，單魚尾。半葉十行，行二十字、二十一字不等。
二集板框略大於初集。前二冊四卷七回，蓋即為初集。封面書題
「綉像萬年清奇才新傳」，右一行刻「內附方世玉打擂台」。後
二冊四卷六回，其封面書題「續刻萬年清二集新傳」，右一行刻
「內附石蓮寺遇春救駕」，目錄書題「接續萬年清二集」。從本
書屢續屢印來看，此本似較廣州本為晚。北圖另藏有一部木刻本，
五集，十八卷，二十七回，八冊。小型本，單邊，白口，單魚尾。
半葉十一行，行二十二字。初集二冊四卷七回，全同前部（惟目
錄誤刻為一卷）。第七回末云：「下載故事後刻再續。」似初作
原擬兩集也。二集二冊四卷六回，亦同前部（惟目錄總訂在第一
卷首）。卷八末云：「二集終。」即以此兩集與前部比較，其紙
墨、字體、刀法等俱同，則書肆、刻工當屬同一。三集二冊四卷
五回，其目錄亦總訂在第一卷首，目錄無集次、卷次，亦無第十
八回回目。第五冊卷首訂有第四集目錄，當係裝訂錯頁所致。正
文有第十八回，十八回末云：「三集終。」四集一冊四卷五回。
版心注集次，僅此集所有。五集一冊二卷四回。目錄書題「續說
萬年清五集新傳」，書鼻「續說萬年清」。前四集書鼻無字。凡
此種種，體例款式極不統一，似乃百衲拼盤。首都圖書館入藏一
部上海鍊石齋書局石印本，八集七十六回。封面簽條書題「繪圖

萬年青全集」；內封書題同，下署「李節齋題」；目錄書題「聖
朝鼎盛全集」；書鼻「繡像萬年青全集」；每集首行書題「聖朝
鼎盛」。四周雙邊，白口，單魚尾，版心注集次、回次、葉次、
局名。半葉二十四行，行五十字。首目錄，前二集每集十三回，
總份量與前錄北圖所藏五集二十七回者相當；三集十二回，四集
六回，後四集每集八回。次書中人物圖十幅。次正文。此部印
行時間自應在光緒二十二年之後。孫先生所謂「四集以下未見」
者，即此部後四集三十二回也。

12.孫目卷三明清小說部甲自著總集類，《拍案驚奇》條。中
國藝術研究院戲曲研究所資料室入藏一部乾隆四十九年聚錦堂刊
本，三十六卷，十二冊。半葉十二行，行二十五字。孫先生所錄
各本行款均與本部不同，可知此既非覆尚友堂本，又非覆消閑居
本。然柳存仁《倫敦所見中國小說書目提要》著錄英國博物院藏
萬元樓刊本，行款與本部同。這部國內《拍案驚奇》新本的發見，
對研究其版本與流傳，具有重要意義。

13.孫目卷四明清小說部乙烟粉之才子佳人類，《畫圖緣》條。
北京圖書館入藏一部光緒甲午上海書局石印本，春夏秋冬四卷，
十六回。書題「繪圖花田金玉緣」。小型本，四周雙邊，版心注
卷次、回次、葉次。半葉十三行，行二十八字。首臨湖浪迹子序，
次目錄，次書中人物圖八幅，次正文，每卷首有圖二幅，圖上題字
即該卷中兩回回目。按柳存仁《倫敦所見中國小說書目提要》著
錄一部正祖會賢堂刊本《畫圖緣》，別題《花天荷傳》，實肇本
部書名改題之端。首都圖書館另藏一部光緒甲辰上海書局石印
本，四卷十六回。內封書題「花田金玉緣」，書鼻同，目錄與每
卷首行書題「繪圖花田金玉緣」。小型本，單邊，白口，單魚尾，
版心注卷次、回次、葉次。半葉十八行，行四十字。首序，次圖，

次目，俱同北圖所藏。

14.孫目卷四明清小說部乙烟粉之才子佳人類，《玉樓春》條。首都圖書館入藏一部恒謙堂刊本，二十四回。封面書題「玉樓春」，右一行頂格刻「晚翠樓批評」，左一行下署「恒謙堂藏板」；目錄書題「晚翠堂評點玉樓春」，下署「龍丘白雲道人編輯，潁水無緣居士點評」；書鼻「玉樓春」。單邊，白口，單魚尾。

15.孫目卷四明清小說部乙烟粉之才子佳人類，《夢中緣》條。首都圖書館入藏一部三義堂刊本，十五回。封面書題「新刻夢中緣」，右一行頂格刻「無棣李子乾先生著」，左一行下署「三義堂梓」。小型本，四周雙邊，白口，單魚尾。半葉九行，行二十字。首序，同崇德堂本；次目錄，次正文。據序，書乃李氏晚年之作。

16.孫目卷四明清小說部乙烟粉之才子佳人類，《水石緣》條。首都圖書館入藏一部同治九年禪山翰寶樓刊本，三十段。單邊，白口，單魚尾。半葉九行，行二十一字。封面題「隴西芳譜氏編」，目錄書題次兩行署「稽山李春榮芳普氏編輯，雲間慕空子鑒定」。首自序，同經綸堂本；次作者後序，署「甲寅螯叟芳普再筆」；次目錄；次正文。前序中云：「書成，秘之行笥，懼貽笑大方。適以薄官滇南，寅好覦見，強付之梓」。因知乾隆甲午本書初刊，其刊刻地點疑即滇南，未知即孫目著錄之經綸堂本否？另黃霖，韓同文《中國歷代小說論著選》收有一篇何昌森乾隆甲午序，何氏係春榮同學，序非偽托，當為原刊本所有。

17.孫目卷四明清小說部乙烟粉之才子佳人類，《駐春園小史》條。首都圖書館入藏一部光緒甲午群玉山房石印本，琴棋書畫四卷，二十四回。封面簽條書題「全圖十才子綠雲緣」；內封書題「十」前多一「第」字，下署「群玉山房發兌」；目錄書題同內

封；正文卷一首行書題「第十才子綠雲緣」，卷二至卷四俱「繪
圖第十才子綠雲緣」。袖珍本，四周雙邊，白口，單魚尾，版心
注卷次、回次、葉次。半葉十二行，行二十六字。題「吳航野客
編次，水箸散人評閱，深柳堂主人校正」。首光緒甲午半耕主人
序，序文即癸卯本乾隆壬寅水箸散人原序，惟已作節錄，並易落
款；次目錄；次節中人物圖二葉四幅；次開宗明義；次正文，第
一、六、十八回各有插圖一葉二幅，圖上題詞即回目，每回後有
評語，首圖又有一部宣統庚戌上海鑄記書局石印本，亦四卷二十
四回。封面簽條書題「綉像第十才子書駐春園」，內封書題「綉
像駐春園十才子書」，目錄與每卷首行書題「綉像第十才子駐春
園」，書鼻「綉像十才子」。小型本，四周雙邊，白口，單魚尾，
版心注卷次、葉次。半葉十七行，行三十七字。首庚戌仲冬無我
生序，序文即癸卯本卷首之開宗明義，然首尾略有變動，並加落
款；次目錄；次書中人物圖六幅；次正文，每回後評語同前部。
另孫目著錄之大連圖書館藏乾隆癸卯刊本，版本說明見該館參考
部編《明清小說序跋選》。此本北京圖書館也入藏一部，與大連
本並不全同，因亦詳記如下：封面書題「駐春園小史」，右一行
刻「水箸散人評點」，左一行下署「萬卷樓（梓）行」，上端橫
刻「乾隆癸卯年鐫」六字一行；目錄與每卷首行書題「駐春園小
史」，書鼻「駐春園」。小型本，單邊，白口，單魚尾，版心注
卷次、葉次，半葉八行，行十六字。首乾隆壬寅水箸散人序；次
目錄，卷一缺「一」字；次開宗明義；次正文，每回前有詞一首
引入，回後有總評，評語頗可觀。題「吳航野客編次，水箸散人
評閱」。

　　18.孫目卷四明清小說部乙烟粉之才子佳人類，《聽月樓》條。
首都圖書館入藏一部嘉慶乙亥（二十年）積秀堂刊本（按該部封

面右一行刻「乙亥年春鐫」。此乙亥年當即嘉慶二十年，則較孫
目所錄同文堂本早四年。未知即原刊本否），二十回。封面、書
鼻與正文首行書題「聽月樓」，目錄書題「新刻聽月樓」。文武
邊，白口，單魚尾，版心注回次、葉次，半葉八行，行十八字。
首序，與同文堂本同；次目錄，次正文。另孫目「首嘉慶壬申
（二十四年）無名氏序」，查壬申爲嘉慶十七年，誤。

　　19.孫目卷四明清小說部乙烟粉之英雄兒女類，《群英傑》條。
首都圖書館入藏一部民國元年上海廣益書局石印本，二卷三十四
回。封面書題「繡像群英傑全傳」，上端橫刻「後宋奇書」四字
一行；目錄書題「新鋟異談奇聞群英傑全傳」，書鼻「繡像群英
傑全傳」。小型本，單邊，白口，單魚尾，首目錄，上卷十六回，
下卷十八回；次正文，無序跋。

　　20.孫目卷四明清小說部乙烟粉之英雄兒女類，《雲鍾雁三鬧
太平莊全傳》條。首都圖書館入藏一部光緒丁酉文宜書局石印本，二
集五十四回。封面書題「繡像雲鍾雁三俠傳」，目錄書題「繪圖
大明奇俠傳」。小型本，四周雙邊，白口，單魚尾。首光緒二十
年似梅山人序，謂「向有鈔錄舊本」；次目錄。計初集二十五回，
續集二十九回。

　　21.孫目卷四明清小說部乙烟粉之英雄兒女類，《蓮子瓶演義
傳》條。北京圖書館入藏一部光緒丙午上海書局石印本，四卷二
十三回。書題「繪圖銀瓶梅」。袖珍本，四周花邊，白口，版心
注卷次、回次、葉次。半葉十二行，行二十四字。首目錄，次書
中人物圖六幅，次正文。每卷前有插圖一葉兩幅。

　　22.孫目卷五明清小說部乙靈怪類，《新平妖傳》條。北京圖
書館入藏一部文聚堂刊本，十八卷四十回。封面書題「繡像平妖
全傳」，書鼻「平妖全傳」，目錄書題「映旭齋增訂北宋三遂平

妖全傳」。單邊，白口，單魚尾。半葉十四行，行二十八字。首
楚黃張無咎敘，同嘉會堂刊本；次目錄，次圖，次正文。

23.孫目卷五明清小說部乙靈怪類，《西遊補》條。首都圖書
館入藏一部宣統元年海左書局石印本，十六回。書題「改良新西
遊記」。單邊，白口。首目錄，次圖，次正文。

24.孫目卷五明清小說部乙靈怪類，《韓湘子全傳》條。首都
圖書館入藏一部光緒乙未上海十萬卷樓石印本，四卷三十回。書
題「繡像韓湘子全傳」。小型本，四周雙邊，白口，單魚尾。首
天啓癸亥烟霞外史序，次目錄，次正文。

25.孫目卷五明清小說部乙靈怪類，《濟顛大師醉菩提全傳》
條。「光緒庚申北京二酉堂重刊本」云云，「庚申」應爲「庚辰」
之誤。此前當增補：康熙辛丑刻本，北京圖書館入藏，二十回。
封面書題「新鐫濟顛大師醉菩提全傳」，內封書題「醉菩提傳」，
書鼻「濟顛全傳」。半葉九行，行二十字。題「天花藏主人編次」。
又「北京聚珍堂本題《濟公傳》」云，書題與下條條目同，過簡，
易誤。該版本首都圖書館入藏，二十回，一函。僅函封書題「濟
公傳」。內封書題「醉菩提」，書鼻同，目錄書題「濟顛大師醉
菩提全傳」，每回首行書題同。四周雙邊，白口，單魚尾，版心
注回次、葉次、堂名。半葉十行，行二十二字。題「西湖墨浪子
偶拈，光緒庚辰印行」。首目錄，次正文，無序跋。又「光緒甲
午石印本題《皆大歡喜》」之前當增補：光緒壬辰珍藝局石印本，
書題「繪圖皆大歡喜」，首都圖書館入藏，四卷二十回，小型本。
四周雙邊，白口，單魚尾，版心注卷次、回次、葉次。半葉十二
行，行二十五字。題「天花藏舉編次」。首敘，不具名，實即清
寶仁堂本桃花庵主人序，惟首尾略易數句；次目錄；次書中人物
圖五葉十幅；次插圖十葉二十幅，即每回一幅，圖上題字即回

目；次正文，回目全同聚珍堂本，正文頗有不同，訛奪之處甚多。

26.孫目卷五明清小說部乙靈怪類，《南海觀音全傳》條。北京圖書館入藏一部古經閣刊本，四卷二十六回。封面書題「南海觀音全傳」，右一行刻「普陀岩紫竹林中原本」，左下角署「雙門底古經閣藏板」；目錄書題「新刻觀世音菩薩出身香山修行」；正文書題卷一、二首行爲「新刻觀世音菩薩出身修行傳」，卷三爲「南海觀世音菩薩出身修行傳」，卷四爲「南海觀音菩薩傳」；書鼻「觀音傳」。小型本，單邊，白口，單魚尾，版心注卷次、葉次。半葉八行，行十六字。首書中人物圖三幅，次目錄，次正文。孫先生說：「北京圖書館藏四卷足本，係坊間重刊本。」不知所據爲何？本部回目六至八言，設詞古拙，但稱原本，不題撰者，似非大經堂本之重刊。

27.孫目卷五明清小說部乙靈怪類，《希夷夢》條。翠筠山房本，中央戲劇學院圖書館入藏一部。單邊，白口，單魚尾。半葉九行，行二十字。首《南遊兩經蜉蝣墓並獲希夷夢稿記》，次目錄，次書中人物圖十一葉十一幅，次正文，斷句，並加人名、地名等標識。另首都圖書館藏有一部光緒壬寅漱石軒校印本，四卷十一回。封面簽條書題「繡像海國春秋演義初集」；內封書題同，下署「張佩芝題簽」；目錄書題同封面；每卷首行書題「繡像海國春秋演義」。小型本，白口，單魚尾，版心注卷次、葉次。半葉十七行，行四十字。首記同翠筠山房本，下署「佩蘭氏涂」，次目錄，次書中人物圖十幅，次正文。首圖又有一部光緒甲辰上海書局石印本，四十卷，八冊。封面簽條書題「新輯海國春秋」，內封書題同，目錄與每冊首行書題「海國春秋」。小型本，四周雙邊，白口，單魚尾，版心注卷次，葉次。半葉十八行，行三十八字。首《南遊兩經蜉蝣墓並獲海國春秋稿記》，即翠筠山房本

原記，惟改題書名，次目錄，次書中人物圖十八幅，次正文。殘本，缺第二十二至二十五、三十四至三十七卷。第三十八卷忽改題爲第三十八回。壬寅本與甲辰本書名係坊賈更改無疑。

28.孫目卷五明清小說部乙靈怪類，《七眞祖師列仙傳》條。首都圖書館入藏一部光緒丙午廣東文在茲善書坊刊本，二卷二十九回。封面書題「七眞傳」內封與書鼻書題同，目錄與每卷首行書題「新刊七眞因果傳」。四周雙邊，白口，單魚尾。版心注卷次、回次、葉次。半葉九行，行二十五字。首光緒癸巳黃永亮序，次目錄，次正文。清黃永亮據舊本（當即馬彥祥藏本）改編。永亮字輝庵，山西龍門人。

29.孫目卷五明清小說部乙靈怪類，《陰陽鬥異說奇傳》條。首都圖書館入藏一部上海鑄記書局石印本，四卷十六回。封面書題「綉像桃花女鬥法」，書鼻「繪圖桃花女」，目錄書題「繪圖陰陽鬥異桃花女傳奇」。單邊，白口，單魚尾。首光緒甲午夢花主人序，次目錄，次正文。柳存仁《倫敦所見中國小說書目提要》疑孫目「奇傳」爲「傳奇」之誤，今據此本，正是。

30.孫目卷七明清小說部乙諷諭之諷刺類，《第九才子書斬鬼傳》條。首都圖書館入藏一部光緒癸巳上海書局石印本，四卷十回。書題「繪圖說鬼話」。小型本，每半葉自成板框，四周花邊，白口，版心注回次、葉次。半葉十三行，行二十八字。題「陽直樵雲山人編次」。首黃越序，次總目，次書中人物圖五葉十幅，次正文，每回插圖半葉一幅。封面書題爲四明懶僧篆，序亦其所書，「光緒壬辰呵凍書於海上之權宜軒」云。序即黃越康熙庚子原序，但將作序年月刪去，序首數句亦另爲文詞，序中凡「九才子書」字樣均易爲「說鬼話」三字。蓋書賈射利，改頭換面，冒充新書所爲也。首圖又藏一部上海鑄記書局石印本，四卷十回。

封面書題「繡像捉鬼傳九才子書」，目錄書題「繡像第九才子書捉鬼傳」。小型本，四周雙邊，白口，單魚尾。首目錄，次圖，次正文，無序跋。

31.孫目卷七明清小說部乙諷諭之勸誡類，《療妒緣》條。北京圖書館入藏一部日省軒刊本，八回。內封書題「鴛鴦會全傳」，右一行頂格刻「庚戌冬鐫」，左一行下署「日省軒藏板」；目錄與每回首行書題「鴛鴦會」。小型本，單邊，白口，單魚尾，版心注回次、葉次，半葉九行，行十八字。首靜恬主人序，次目錄，次正文。刀筆生硬，墨污迷離，極爲俚鄙。孫先生說：「後來坊刊本，易其名爲《鴛鴦會》。」則此本即爲「後來坊刊本」。而孫先生所說「首庚戌（無年號）靜恬主人序」，當爲此類刊本所有，非日本內閣文庫藏本所有也。

32.孫目卷七明清小說部乙諷諭之勸誡類，《常言道》條。首都圖書館藏有一部光緒癸巳上海文宜書局石印本，四卷十六回。封面簽條書題「繪圖富翁醒世傳」，內封與目錄書題同，每回首行書題「富翁傳」。小型本，四周花邊，版心注回次、葉次，半葉十三行，行三十字，題「落魄道人編」。首文宜書局書目廣告；次光緒癸巳扶琴士序，序即嘉慶甲戌本西土痴人原文，惟將原序落款刪去；次目錄；次書中人物圖十四幅，次插圖一回一幅，圖上題字即各回回目；次正文。

33.孫目卷七明清小說部乙諷諭之勸誡類，《增注金鐘傳》條。樂善堂本，首都圖書館入藏，板式、署題甚爲復雜。茲補錄如次：封面書題「增注金鐘傳」，右一行頂格刻「光緒丙申春鐫」，左一行下署「樂善堂藏板」；目錄書題「正明集」；正文書題卷一至七首行「金鐘傳」，卷八「正明集」；書鼻第一至五十六回、六十至六十四回爲「金鐘傳」，第五十七至五十九回爲「新刻金

鐘傳」（第五十七回一、二、七、八葉無字，三至六葉爲「三教
正明集」，「又二十一」葉爲「正明集」）。四周雙邊，白口，
單魚尾。版心注卷次、葉次，下署「樂善堂」（第五十七回第一、
五至二十一葉版心增注回次，第一至八葉版心下署「益生局」）。
半葉十行，行二十字。每葉天頭有一橫欄，遇有本朝當今字樣提
行頂格。第五十七至五十九回板框略大（第五十七回「又八」、
「又十五」、「又二十一」葉板框同第一至五十六、六十至六十
四回）。斷句，有雙行夾注、回末注解，撰者注者每卷題署不一，
其全者爲：正一字、克明子著，後學鬲津天香居士正定注解，津
門培一居士批，鬲津靜一、超凡居士錄，冰齋居士校。卷一末刻
「蟲縣張承慶捐銀十五兩」。卷八首增刻「清涼山絕塵子募刊，
校者增梁苑印月居士」。卷八末有正一子跋，清涼山絕塵子跋。
蓋配板成書也。

　　34.孫目卷七明清小說部乙諷諭之勸誡類，《花柳深情傳》條。
中央戲劇學院圖書館入藏一部光緒戊申上海書局石印本，四卷三
十二回。封面書題「繪圖花柳深情傳」，目錄，書鼻與每卷首行
書題「花柳深情傳」（卷二少一傳字）。小型本，四周雙邊，白
口，單魚尾，版心注卷次、葉次。半葉十七行，行三十五字，首
光緒丁酉作者自序，次目錄，次書中人物圖四幅，次正文。清詹
熙撰，熙字肖魯，號綠意軒主人，浙江衢州人。據序，知此書作
成於光緒乙未。

　　35.孫目卷九附錄二叢書目，《四遊全傳》條。中央戲劇學院
圖書館入藏一部上海錦章圖書局一九一五年石印本，八冊一函。
函封籤條書題「繡像八仙四遊記」。小型小字本，單邊，白口，
單魚尾，版心注卷次、葉次，半葉二十行，行四十四字。每種卷
首有書中人物圖四幅。余分錄如次。

　　東遊記，二卷五十六回二冊，封面簽條書題「綉像東遊記」，書鼻同，內封前半葉書題「綉像八仙四遊記」，後半葉書題同封面，目錄書題「綉像八仙東遊記」，正文每卷首行書題「綉像八仙出處東遊記」。題「蘭江吳元泰著，社友陸雲龍校」。

　　西遊記，四卷四十一回二冊，封面簽條書題「綉像西遊記」，書鼻與內封書題同，目錄書題「綉像西遊記傳」，每卷首行書題「新刻唐三藏出身全傳」。

　　南遊記，四卷十五回二冊，封面書題「綉像南遊記」，書鼻與內封書題同，目錄書題「綉像八仙南遊記」，正文每卷首行書題「南遊志傳」。

　　北遊記，四卷二十四回二冊，封面書題「綉像北遊記」，書鼻與內封書題同，目錄書題「綉像北方眞武師玄天上帝出身全傳」，正文每冊首行書題同，題「三台山人余象斗編」。

　　　　　　　　（載《重慶師院學報》1985年第2期）

晚清出版小說的欺世花招

　　魯迅先生曾經把清代的小說分成擬古、諷刺、人情、俠義四派。他認爲到了晚清，擬古派墜入因果談與勸善書，諷刺派一變而爲譴責小說，再變而爲謗書及黑幕小說，人情派墮落爲狹邪小說，俠義派則濫續惡擬，作品雖衆，而成就極衰。與小說創作上的衰竭相應，晚清出版小說中的改頭換面、冒名頂替，可謂花招屢變，洋相出盡，質量極劣。茲舉數例，以爲佐證。

　　《濟顛大師醉菩提全傳》，二十回，孫楷第《中國通俗小說書目》單獨立目，與十二卷本的《濟公傳》本非一書。北京聚珍堂光緒庚辰重刊，函封書題濟公傳，內封與書鼻書題醉菩提，目錄書題：濟顛大師醉菩提全傳，將兩書混同爲一。原書有序，亦爲聚珍堂刪去。好在濟顛大師就是濟公，一般讀者也還知曉，如不研究版本，尚可說得過去。珍藝局光緒壬辰石印，竟擅自易名爲《皆大歡喜》，封面簽條、內封與目錄書題統一，看似款式謹嚴，實是一個騙局。珍藝局本卷首有敘，不具名，實際是將寶仁堂刊本的桃花庵主人序移植於此，僅序首易數句、序末易數字。該本訛奪嚴重，開卷一首七律，用一先韻，頸聯韻腳誤「前」爲「中」，錯入一東韻。開頭還寫什麼「大唐高宗南渡」云云，簡直令人捧腹。

　　《斬鬼傳》，四卷十回，有莞爾堂本、同文堂本及抄本等，均見孫目。上海書局光緒癸巳石印，居然易名爲《說鬼話》。卷首序雖仍爲莞爾堂本黃越康熙庚子所作，然已將原序年月刪去，

另署：光緒壬辰四明懶僧呵凍書於海上之權宜軒。序首數句亦已面目全非。又序中凡原書名處，均易爲新名。其作弊用意明甚。

《常言道》，四卷十六回，有嘉慶甲戌刊本，見孫目。上海文宜書局光緒癸巳石印，易名爲《富翁醒世傳》，卷首序乃甲戌本西土痴人原序，然將其落款刪除，另署：光緒癸巳嘉平月扶琴士題於琴雅仙館。序中原書名，亦換作新名。

《希夷夢》，四十卷四十回，有嘉慶十四年刊本，翠筠山房本，均見孫目。漱石軒光緒壬寅重印，四卷十一回，易名爲《海國春秋演義初集》。上海書局光緒甲辰石印，四十卷，封面簽條與內封書題：新輯海國春秋，目錄書題：海國春秋。壬寅本與甲辰本卷首均有翠筠山房本原記，所不同處，壬寅本雖另題書名，記仍其舊，爲《南遊兩經蜉蝣墓並獲希夷夢稿記》，甲辰本則不但更易書名，記亦改稱《南遊兩經蜉蝣墓並獲海國春秋稿記》。眞是有過之無不及。

《紅樓園夢》，三十回，有紅薔閣刊本等，見孫目。上海書局光緒丁酉石印，增六如裔孫序。次年戊戌，該局重印，書名改題《金陵十二釵後傳》。首序，仍丁酉本原序，然序末改署：光緒戊戌年夏四月江左好遊客。光緒丁未，該局再印，序作原序，再次改署：聊寄子出於滬江。十年之間，如此三改，其膽之大，出人意料。

《蓮子瓶演義傳》，四卷二十三回，有同治十年瀛海賢刊本，見孫目。上海書局光緒丙午石印，書名改題《銀瓶梅》，瀛海賢本無名氏原序被刪。

《駐春園小史》，六卷二十四回，有乾隆癸卯刊本、戊申刊本，均見孫目。群玉山房光緒甲午石印，易名爲《第十才子綠雲緣》，編成琴棋書畫四卷，二十四回，序雖癸卯本水箸散人原序，

然已節錄，並將序中原書名改作新名，且改署為：光緒甲午半耕主人書。上海鑄記書局宣統庚戌石印，書題《第十才子駐春園》，來了個折衷。將水箸散人序刪去，另將癸卯本正文前面的一段「開宗明義」，略變首尾，用作新序，署：庚戌仲冬無我生序。書賈設騙，真是挖空心思。

《畫圖緣》，四卷十六回，有舊刊本、益智堂刊本、積經堂刊本，均見孫目。正視會賢堂刊本，見柳存仁《倫敦所見中國小說書目提要》。上海書局光緒甲午石印，易名為《花田金玉緣》。卷首新增臨湖浪迹子序竟云：「昨友由粵携來《花田金玉緣》一書」，則始作俑者，為廣東書肆。上海書局光緒甲辰重印，仍名《花田金玉緣》，惟版式略變，可謂「十年一貫制」。

《西遊補》，十六回，有崇禎刊本、空青室本，並有申報館、北新書局、水沫書屋排印本，均見孫目。海左書局宣統六年石印，易名為《改良新西遊記》，盡刪序與附錄，不署撰人。

以上九例，即可看出：從光緒六年至宣統二年，一些出版書商（以上海書局為最劣）印行小說，爭相玩弄手段，巧立名目，炫人視覺，圖售射利。腐朽沒落的社會，流毒所及，書籍也不能倖免。

（載學林出版社《出版史料》第5輯）

《聖朝鼎盛萬年清》版本考補

孫楷第先生《中國通俗小說書目》卷二明清講史部，著錄《俗本聖朝鼎盛萬年清》八集七十六回云：

> 存　曾見廣州坊刊本，僅四卷七回。書名《萬年清奇才新傳》。　光緒十九年至二十二年間，上海英商五彩公司及上海書局先後石印一二集及三四集，四集以下未見。　坊間石印本八卷，改題《乾隆巡幸江南記》。　此後續作尤多。
>
> 清無名氏撰。始作者為廣東人。上海書賈續成之。書演乾隆事，《小說史略》偶誤記作康熙。

該書存世版本頗多，今特增補考訂，就正於孫先生及讀者。

北京圖書館入藏一部木刻本，兩集，八卷，十三回，四冊。小型本，單邊，白口，單魚尾。半葉十行，行二十字、二十一字不等。前二冊四卷七回，蓋即為初集。封面書題「繡像萬年清奇才新傳」，右一行注：「內附方世玉打擂台」。不知作者、坊主與刊刻年月，或即孫目所謂廣州坊刊本。然孫先生著錄該本，僅四卷七回，此本卻有後二冊四卷六回。其封面書題「續刻萬年清二集新傳」，右一行注：「內附石蓮寺遇春救駕」，目錄書題：接續萬年清二集。從本書屢續屢印來看，此本似較廣州本為晚。然此本二集板框大於初集，疑二集與初集亦非一時所刻。

北圖另藏有一部木刻本，五集，十八卷，二十七回，八冊。小型本，單邊，白口，單魚尾。半葉十一行，行二十二字。初集

二冊四卷七回，全同前部（惟目錄誤刻爲一卷）。第七回末云：
「下載故事後刻再續。」則初作原擬兩集也。二集二冊四卷六
回，亦同前部(惟目錄總訂在卷一首)。卷次因此順序編至卷八，
卷八末云：二集終。其卷六首標：續第九回。蓋卷五未畢此回也。
據此，則本書似一卷殺青，便即發行者。即以此兩集與前部比
較，其紙墨、字體、用刀等俱同，則書肆、刻工當屬同一。三集
二冊四卷五回，其目錄亦總訂在卷一首，目錄無集次、卷次，亦
無第十八回回目。第五冊卷首卻訂有第四集目錄，當係裝訂錯簡
所致。第九卷首云：接續十三回。則二集卷八亦未畢此回。正文
有第十八回，在第六冊。十八回末云：三集終。四集一冊五卷五
回。開篇亦云：接續十八回。然三集十八回首尾完整，此殆坊賈
惑人之技乎？版心注集次，僅此集所有。如此，則四集終，卷次
編至十二，回次編至二十三矣。五集一冊二卷四回。目錄書題：
續說萬年清五集新傳，書鼻書題：續論萬年清。前四集書鼻無字。
凡此數種，全書體例款式極不統一。第二十七回末云：「於是聖
上與日清或遊或玩漸漸回京而去。」要即本書至此終結亦可也。

　　首都圖書館入藏一部石印本，四集，四十四回，十三冊，即
孫先生所謂「光緒十九年……一二集及三四集」者，茲分錄如
次：初集十三回四冊，封面已缺，目錄書題：聖朝鼎盛，每回首
行書題同。小型本，每半葉自成版框，四周花邊，白口，版心注
回次、葉次。半葉十三行，行三十字。首目錄，次「聖朝鼎盛」
圖一幅，次書中人物圖十七幅，次正文。此集包括前述木刻本之
初、二兩集。第十三回末云：要知後事，再觀二集。二集十三回
四冊，封面簽條書題：繪圖萬年清二集，內封書題：聖朝鼎盛，
目錄與正文每回首行書題同。版式除單邊，另增單魚尾外，餘俱
同初集。首目錄，次書中人物圖十二幅，次正文。光緒十九年上

海英商五彩公司石印。則初集亦當爲該公司所印也。此前二集共
二十六回，份量與前錄北圖所藏五集二十七回者相當，可知本書
分集編排，至此已經大變。然此四集回數統屬，與八集七十六回
本相同，見下。三集十二回二冊，封面簽條書題：繪圖聖朝鼎盛
萬年清三集，內封書題：繪圖萬年清三集，目錄與正文每回首行
書題同（個別回次首行不標書題）。版式全同二集。首目錄，次
書中人物圖十四幅，次正文。光緒甲午(二十年)上海書局石印。
以上三集不分卷次。四集四卷六回三冊，封面簽條書題：繪圖萬
年清四集，內封書題同，目錄書題：萬年清。小型本，四周雙邊，
大黑口，版心注卷次、葉次。半葉十二行，行二十六字。首目錄，
次書中人物圖十二幅，次正文。光緒丙申(二十二年)上海書局石
印。四集回次連續編排，凡四十四回。其第四十四回末云：「未
知果然鬧事否？且看五集分解。至於胡乾伏法，四十九個少林僧
征西藏，火燒少林寺等節目，全在五、六、七集之中」。則此時
五集尙未付梓，且僅計劃續至七集也。

　　首圖又有一部光緒十九年上海英商五彩公司石印本，十三
回，二冊。封面書題：繪圖聖朝鼎盛萬年清，內封書題：聖朝鼎
盛，目錄與每回首行書題同。版式除版框略大外，餘俱同前部初
集。首聖祖仁皇帝聖諭廣州，次敍（光緒十九年癸巳五月望秋生
書於海上之英商五彩公司之寓齋），次目錄，不分卷，次「聖朝
鼎盛」圖一幅，次書中人物圖三十九幅，次正文，每回插圖一葉
兩幅，圖上題字分別爲回目上下句。此部可補前部初集之不足。
並由此可知，當時印刷，又有以集單行者。

　　首圖另有一部上海煉石齋書局石印本，八集，七十六回，四
冊。封面簽條書題：繪圖萬年青全集，內封書題同，下署：李節
齋題，目錄書題：聖朝鼎盛全集，書鼻書題：繡像萬年清全集，

每集首行書題：聖朝鼎盛。四周雙邊，白口，單魚尾，版心注集次、回次、葉次、局名。半葉二十四行，行五十字。首目錄，前四集四十四回分配如前述，後四集每集八回，次書中人物圖十幅，次正文。此部印行時間自應在光緒二十二年之後。孫目所謂「四集以下未見」者，即此部後四集三十二回也。

　　綜上所錄各部，本書版本系統當爲：最先是廣州坊刊本，四卷七回，孫先生斷爲「始作者爲廣東人」，有敘中所謂「有友服賈東粵而歸者，袖出此書，欲付石印」云云可證。此本或即就《舊本鼎盛萬年清》改寫而成。其刊刻年代亦當在晚清，極有可能就是光緒十九年前不久的時間。稍後便續成原編二集，並合初集刊行，共八卷十三回，即本文所錄北圖藏首部。二集亦爲廣東人所作，因敘中所謂袖出之書，爲十三回也。廣東人所作，似到此爲止。此點有兩條證據：一是前引第七回卷末云「下截故事後刻再續」，初集七回既爲上截故事，二集六回自當爲下截故事，故事既全，原作即畢。二是敘中說：「展閱一過，校諸都中刊行之永慶升平相彷彿，而作者之竭誠頌揚，溢於言外。惟鐫板草率，語句錯雜。因硯有餘墨，乃……刪潤之，以臻美備。」二集以下，由「上海書賈續成之」明甚。嗣後三集，漸續漸刊，總得五集十八卷二十七回，便就是本文所錄北圖藏次部。如前所述，此五集首尾完整，足以成書，上海英商五彩公司因此重編集次，巧改款式，分作二集二十六回石印。其後書又有新續，便有上海書局接踵印行，復得二集十八回。此四集四十四回總合便是本文所錄首圖藏首部。與之同時，英商五彩公司又將新編初集十三回單行，即本文所錄首圖藏次部，或存其舊之意也。分集單獨印行者，尚有上海文宜書局。首圖藏《富翁醒世傳》（筆者按即孫目卷七之《常言道》），卷首附有一張「上海四馬路文宜書局代售

石印書籍」目錄，其首二種即爲：《繪圖萬年清初集》，洋六角；
《繪圖萬年清二集》，洋□□（筆者按缺字說明其時尙未定價出
版）。《富翁醒世傳》印於光緒十九年，則文宜書局本《萬年清
初集》最遲也當出版於是年。《富翁醒世傳》定價洋四角，則其
《萬年清初集》非新編十三回者無過此書之份量。本書至此，已
有七集計劃。最後竟續至八集七十六回，即本文所錄首圖藏又次
部也。煉石齋本書題凡清均改作青，然正文一仍其舊，其印行時
間，或已在清末民初。全書到此續完。

（載《明清小說研究》1988年第4期）

巴黎讀書錄

　　一九九五年十一至十二月，我應法國國立東方語言學院邀請，在巴黎爲該院中文系漢學博士生研究班講學，所開課程有《金瓶梅研究》、《兩漢文化研究》、《趙氏孤兒劇目研究》等。適逢全法大罷工，巴黎交通癱瘓，學校上課極不正常，乃得有暇讀書。因將法國國家圖書館、法蘭西學院漢學研究所圖書館以及巴黎部分漢學家個人所藏中國古籍，揀爲中國古代小說戲曲舊刊線裝者，多作著錄。回國前清理讀書筆記，小說部分竟得三十部之多。乃作梳理分類，並加考證，都爲一稿，用供參閱。

1.金瓶梅詞話

　　法蘭西學院漢學研究所圖書館藏書。北平古佚小說刊行會民國二十二年三月影印明萬曆丁巳本，封面書題：新刻金瓶梅詞話百回坿繪圖。線裝，二十二冊，首冊爲崇禎本金瓶梅圖百頁二百幅。小本，蓋影印縮小也。書末鈐印古佚小說刊行會會章。又朱色鉛印一行：本書限印一百零四部之　　部。空格處楷書墨塡：拾伍。

　　敬按此書孫楷第《中國通俗小說書目》著錄。余曾在徐州肖樹以先生處見文學古籍刊行社一九五七年據此書再次影印本，已放大如原本。今見此部第一冊圖第一頁第一圖鈐印兩枚，一陰文一陽文，陰文爲：人生到此，陽文爲：雙蓮花庵。又此部第一冊第一頁第一圖書縫左下楷書手寫：西門慶熱結十弟兄，蓋爲回目首句，而餘圖回目均爲木刻也。

2.第一奇書

巴黎國家圖書館藏書。木刻，線裝，四函，二十七冊。白口。每半頁十行，行二十二字。封面書題：第一奇書，右一欄上題：彭城張竹坡批評金瓶梅，左一欄下署：本衙藏板翻刻必究；正文書鼻書題：第一奇書；插圖書鼻書題：金瓶梅。首謝頤序，次雜錄，次讀法，次正文。

敢按圖每回二幅，隨訂回前，然第八回、七十五回、九十七回、九十八回、九十九回等僅一幅，圖即崇禎本圖也。

3.第一奇書

法蘭西學院漢學研究所圖書館藏書。木刻，線裝，四函，三十二冊。白口。每半頁十行，行二十二字。封面書題：第一奇書，右上題：彭城張竹坡批評金瓶梅，左下署：影松軒藏板；書鼻、目錄書題：第一奇書；大略書題：皋鶴堂批評第一奇書金瓶梅；讀法書題：批評第一奇書金瓶梅。首謝頤序，次大略，次讀法，次目錄，次正文，無圖。

敢按此部曾經重新裝裱。

4.醒世奇書正續合編

法蘭西學院漢學研究所圖書館藏書。木刻，線裝，小本，元亨利貞四函，二十三卷二十四冊(首冊未編卷)，一百回。白口。每半頁十一行，行二十五字。封面書題：廣升堂第一奇書；扉頁書題：醒世奇書正續合編，雙行，右五左三，右一欄上題：彭城張竹坡批評，左下雙行署：本衙藏板；書鼻、目錄書題：第一奇書；大略書題：皋鶴堂批評第一奇書金瓶梅；讀法書題：批評第一奇書金瓶梅。首謝頤序，非手寫體；次大略；次讀法；次目錄；次圖像；次正文。

敢按此一版本國內無藏，係金瓶梅版本中張評本的一本新版

本。其「讀法」雖錯裝，然完整無缺。其圖像凡二十幅，為西門
慶、吳月娘、應伯爵、花子虛、潘金蓮、李瓶兒、春梅、武大郎、
王婆、武松、鄆哥、孟玉樓、李嬌兒、孫雪娥、愛月兒、陳敬濟、
吳神仙、奶子如意兒、書童、普淨禪師之像判，每人一頁，前半
頁像，後半頁判，判詞或詩或聯或句，字體或隸或行或草。其書
題雖云「醒世奇書正續合編」，此本卻僅有正編而無續編。

5.續金瓶梅

　　法蘭西學院漢學研究所圖書館藏書。抄本，線裝，十二卷，
六十四回，分為元亨利貞四部，每部四卷十六回，裝訂為七冊，
內襯「江寧府志」、「皇明大政記」等書。正文每半頁九行，行
二十字，似據順治原刊抄者。題：紫陽道人編，湖上釣叟評。正
文書題：續金瓶梅後集，凡例書題同，莨隱道人序稱：續金瓶梅，
西湖釣叟序稱：續金瓶梅集，目錄書題：新編續金瓶梅後集。首
莨隱道人序，次南海愛日老人敘，次西湖釣叟序，次目錄，次凡
例。次太上感應篇陰陽無字解、署：魯諸邑丁躍亢參解，次正文。

　　敢按孫楷第《中國通俗小說書目》本條云：北京圖書館有舊
抄本。此亦舊抄本，而抄寫工極。其第七冊末頁末署：東海道人
覽過眞空一部。看字迹，此東海道人即為抄者。

6.續金瓶梅

　　巴黎國家圖書館藏書。木刻，線裝十二卷，六十四回，小本，
二冊。白口，單魚尾。每半頁十行，行二十四字。題：紫陽道人
編。正文、書鼻、凡例書題均為：續金瓶梅，目錄書題：新編續
金瓶梅。首烟露洞莨隱題於定香橋之「續金瓶梅集序」，次南海
愛日老人「續金瓶梅序」，次西湖釣叟書於東山雲居之「敘」，
次凡例，次太上感應篇陰陽無字解、署：魯諸邑丁躍亢參解，次
圖二十四幅、前圖後贊，次引用書目，次目錄，次正文。

　　敢按此即孫楷第《中國通俗小說書目》本條所謂「坊刊十行，行二十四字本，劣」者。此書該館藏有二部，另一部無封面，訂為一冊。

7.隔帘花影

　　巴黎國家圖書館藏書。木刻，線裝，四十八回，一冊。白口，單魚尾。每半頁十一行，行二十四字。封面書題：隔帘花影，右一欄上題：古本三世報，左一欄下署：本衙藏板；書鼻書題：隔帘花影；目錄書題：新鎸古本批評三世報隔帘花影；正文書題：新鎸古本批評繡像三世報隔帘花影。首四橋居士序，次目錄，次正文。

　　敢按書題雖標榜繡像云云，實則無像。

8.新評繡像紅樓夢全傳

　　法蘭西學院漢學研究所圖書館藏書。光緒丁丑翰苑樓藏板。木刻，線裝，小本。白口，單魚尾。烏絲欄，每半頁十行，行二十二字。書鼻書題：紅樓夢，正文同，署：洞庭王希廉雪香評。首道光壬辰紅樓夢批序，次程偉元原序，次像，次目錄，次正文。

9.增評補像全圖金玉緣

　　法蘭西學院漢學研究所圖書館藏書。原為吳靖元收藏。光緒巳丑上海同文書局印行。石印，線裝，二函，十六冊，一二〇回。白口，單魚尾。書鼻書題：圖注金玉緣。首重刊金玉緣序，署：光緒十四年小陽月望日華陽仙齋識；次太平閑人讀法；次護花主人批序；次護花主人摘誤；次護花主人總評；次明齋主人總評；次大某山民總評；次讀花主人論贊；次或問；次大觀園影事十二咏；次題詞；次音釋；次大觀園圖說；次目錄；次繡像；次正文。

　　敢按此書一粟《紅樓夢書錄》收錄，雖同為光緒十五年上海石印，似非此本。

10.繪像花月春秋傳

法蘭西學院漢學研究所圖書館藏書。石印，線裝，小本，十六卷，五十二回，一函，六冊。白口，單魚尾。題：眠鶴主人編次，栖霞主士評閱。扉頁書題：繪圖批評花月姻緣，目錄、正文書題：繪圖花月因緣。首咸豐戊午眠鶴主人序，次目錄，次圖二十四幅，次正文。

敢按此即花月痕，此題花月春秋傳云，係書賈竄改，乃售書謀利花招也。此「栖霞主士」當爲「栖霞居士」之排誤。

11.合刻天花藏才子書

巴黎國家圖書館藏書。木刻，線裝，四卷，各二十回總四十回，一冊。白口，單魚尾。上下兩欄，上欄玉嬌梨，下欄平山冷燕，每半頁九行，行上欄十三字、下欄十八字，字體上欄大下欄小。玉嬌梨題：荑秋散人編次。封面書題：合刻天花藏才子書，套紅，左一欄上刻四行小字，已漶漫不可識，左一欄下署：綠蔭堂藏板，板框上題：瀟灑文章；書鼻書題：合刻天花藏才子書；目錄書題：三才子玉嬌梨、四才子平山冷燕；正文書題：新刻天花藏批評玉嬌梨、新刻天花藏批評平山冷燕。首康熙丙寅天花藏主人合刻天花藏才子書序，次目錄，次正文。

敢按此書該館藏有二部。此版本未見著錄。《玉嬌梨》中「荑秋散人」他本多署爲「荑狄散人」。

12.玉嬌梨全傳

法蘭西學院漢學研究所圖書館藏書。木刻，線裝，四卷，二十回。小本，一函，四冊。白口，單魚尾。每半頁十一行，行二十一字。題：荻岸散人編次。封面書題：繡像第三才子書，右一行題：新訂玉嬌梨全傳，左下署：福文堂梓，板框上題：金聖嘆批評；目錄書題：天花藏批評玉嬌梨；正文書題：新刻天花藏批

評玉嬌梨；書鼻書題：第三才子。首目錄，次圖，次正文。

　　敢按本書此一版本未見著錄。

13.玉嬌梨

　　巴黎國家圖書館藏書。木刻，線裝，袖珍本，殘存第二、三兩回。白口。每半頁七行，行十六字。

　　敢按此係殘本，不知書坊年代。又正文有圈點、夾評。

14.玉嬌梨

　　巴黎國家圖書館藏書。木刻，線裝，一冊。白口，單魚尾。每半頁九行，行二十四字。題：荻秋散人編次。封面書題：玉嬌梨，右一欄題：重鐫繡像圈點秘本，左下署：金閶擁萬堂梓；目錄、書鼻書題：玉嬌梨；正文書題：新鐫批評繡像玉嬌梨小傳。首素政堂主人序，次目錄，次正文。

　　敢按此書該館藏有二部，一部完整，凡二十回，一部殘存第一、二兩回。本書此一版本未見著錄。又正文有圈點，無評，亦無圖。另全本者有朱筆圈點，並有個別文字改動。

15.兒女英雄傳

　　法蘭西學院漢學研究所圖書館藏書。銅字，線裝，一函，十二冊。白口，單魚尾。有圖，圖隨正文。上海蜚英館光緒戊子石印。封面書題：繪圖評點兒女英雄傳；目錄、正文書題：兒女英雄傳評話。題：還讀我書室主人評。

16.增像全圖三國演義

　　法蘭西學院漢學研究所圖書館藏書。線裝，一函，十二冊。白口，花框。廣陵味潛齋藏本，上海鴻文書局石印，有吳靖元藏書印。封面、書鼻、目錄書題：增像全圖三國演義；扉頁書題同，署：白鶴山樵題於海上；回前書題：第一才子書。目錄前題：聖嘆外書，茂苑毛宗崗序始氏評；聲山別集，吳門杭永年資能氏

定。首重刊三國志演義序，署：光緒十四年孟夏句吳飛雲館主書；次金聖嘆順治原序；次凡例、目錄、讀法、綉像、正文。

　　敢按此書孫楷第《中國通俗小說書目》著錄。此部十二冊，第一冊爲序、凡例、目錄、讀法、綉像，第二至十二冊爲正文，每回有圖二幅，每兩回隨訂書中。

17.大字足本綉像隋煬艷史

　　法國巴黎郭安博物館館長班文干藏書。線裝，一函，八冊。白口，單魚尾，烏絲欄。八卷，四十回。上海雲記書莊民國十四年鉛字印行。函套書題：大字足本隋煬艷史全傳，右上題：艷史小說全集，左下署：上海雲記書莊出版；書鼻書題：綉像隋煬艷史；目錄書題：風流天子隋煬帝艷史；正文書題：新鐫全像隋煬帝艷史；凡例書題：風流天子煬帝艷史。首湖上笠翁序，次凡例，次目錄，次綉像三頁六幅十九人，次正文。題：齊東野人編演，不經先生批評，乙丑歲秋九月上海小說書局改正刊印。

　　敢按十二月三日法籍華人、漢學家王家煜博士、羅鍾皖博士伉儷爲余舉行宴會，巴黎漢學界名流與宴多人，班文干先生即其中之一。班氏租居盧浮宮附近，距法國國家圖書館不遠，邀余移榻讀書，盛情雅意，高風厚誼。班先生年逾花甲，學有素養，尤其酷愛東方民俗，書物入藏甚豐。本書此一版本亦未見著錄。

18.說唐演傳

　　巴黎國家圖書館藏書。木刻，線裝，小本，三冊，十四卷六十八回。白口，單魚尾。每半頁十二行，行二十一字。封面書題：說唐演傳，右一欄上題：評點唐集全備，左下署：某堂藏板；書鼻書題：說唐全傳；目錄書題：新刻增異說唐全傳；正文書題：增異說唐秘本全傳。首駕湖漁叟序，次目錄，次正文。

　　敢按本書此一版本未見著錄。該館藏有二部，一爲振賢堂藏

板，一爲□堂（堂號挖去）藏板，除堂號外均同。其第一回回目
爲：春彝托孤寧夫人，李淵決殺張麗華，第六十八回回目爲：李
藥師丹救衆國公，唐太宗位居顯德殿。

19.說唐後傳

巴黎國家圖書館藏書。木刻，線裝，小本，四卷十五回。白
口，單魚尾。每半頁十二行，行二十一字。封面書題：後唐演義
全傳，右一欄題：說唐後傳，左下署：聚聖堂藏板；目錄書題：
新刻大唐後傳羅通掃北全本演義；正文書題：增異說唐秘本後
傳；書鼻說唐後傳；目錄後題：新鑑羅通掃北。首乾隆元年如蓮
居士序，次像五頁十幅，次目錄，次正文。

敢按本書此一版本未見著錄。其第一回回目爲：秦元帥興兵
定北，唐貞觀御駕親征；第十五回回目爲：違君命羅通削職，定
北番天子班師。

20.綉像反唐前後合集

巴黎國家圖書館藏書。木刻，線裝，小本，二冊，十卷一〇〇
回。白口，單魚尾。每半頁十行，行二十三字。封面書題：綉像
反唐前後合集，右一欄上題：鐵丘坟後續南唐，下題：乙卯秋新
鐫；左下署：振賢堂梓；目錄、正文書題：新刻異說反唐演傳；
書鼻書題：反唐演傳。首乾隆癸酉如蓮居士反唐演義序；次目
錄；次像十二頁十二幅，前像後贊；次正文。題：姑蘇如蓮居士
編次。

敢按本書此一版本未見著錄。癸酉爲乾隆十八年，乙卯爲乾
隆六十年。其第一回回目爲：西遼王安葬白虎山，狄仁傑拒色臨
青店；第一〇〇回回目爲：仇怨報新君御極，功名就薛府團圓。

21.殘唐五代全傳

巴黎國家圖書館藏書。木刻，線裝，小本，一冊，六卷六十

回。白口，單魚尾。每半頁十一行，行二十二字。封面書題：繡像殘唐五代全傳，右一欄上題：玉茗堂批評，下題：癸卯年新鐫，左下署：禪山會文堂梓；目錄、正文書題：玉茗堂批點殘唐五代史演義傳；書鼻書題：殘唐五代傳。首乾隆四十七年長洲周之標序，次目錄，次正文。題：貫中羅本編輯，若士湯顯祖批評。

敢按本書此一版本未見著錄。癸卯當爲乾隆四十八年。

22.續英烈傳

巴黎國家圖書館藏書。木刻，線裝，一冊，五卷三十四回。白口，單魚尾。每半頁九行，行二十一字。封面書題：繡像永樂定鼎全志，左下署：六宜堂梓；目錄、書鼻、正文書題均爲：續英烈傳。首秦淮墨客序，次目錄，次正文。題：空谷老人編次。

敢按本書此一版本未見著錄。

23.海瑞案傳

巴黎國家圖書館藏書。木刻，線裝，小本，六卷七十一回。白口，單魚尾。每半頁十行，行二十三字。封面書題：海瑞案傳，右一欄上題：晉人羲齋李春芳編次，左下署：石渠閣藏板；目錄書題：新刻全像海忠介公居官公案；目錄卷一書題：海忠介公全傳；正文書題：新繡全像海剛峰先生居官公案；書鼻書題：海瑞公案。首李春芳萬曆丙午新刻海剛峰先生居官公案傳序，次目錄，次正文。題：晉人羲齋李春芳編次，金陵萬卷樓虛舟生鐫。

敢按本書此一版本鄭振鐸《中國文學研究》著錄，實無像。

24.海瑞大紅袍全傳

巴黎國家圖書館藏書。木刻，線裝，小本，二冊，十卷六十回。白口，單魚尾，烏絲欄。每半頁九行，行十九字。封面書題：海瑞大紅袍全傳，右一欄題：嘉慶十八年新鐫，左下署：福文堂藏板；目錄書題：原本海公大紅袍全傳；正文書題：原本海公大

紅袍傳；書鼻書題：紅袍全傳。首目錄，次正文。題：晉人羲齋
李春芳編次，金陵萬卷樓虛舟生鐫。

敢按本書此一版本未見著錄。

25.海公大紅袍全傳

法蘭西學院漢學研究所圖書館藏書。木刻，線裝，小本，一
函，八冊，六十回。白口，單魚尾，烏絲欄。每半頁九行，行十
九字。封面書題：海公大紅袍全傳，右一行題：天花主人識，左
下署：聚星堂藏板；板框上刻：道光庚子新鐫；目錄書題：原本
海公大紅袍全傳；正文書題：原本海公大紅袍傳；題：晉人羲齋
李春芳編次，金陵萬卷樓虛舟生鐫。

敢按本書此一版本未見著錄。庚子為道光二十年。

26.全圖七十二朝人物演義

法蘭西學院漢學研究所圖書館藏書。線裝，小本，一函，八
冊。白口，單魚尾。上海十萬卷樓光緒丁酉石印。扉頁書題：四
書人物演義，右一行刻：李卓吾先生秘本，左一行刻：讀名家滙
評寫像，板框上刻：七十二朝；目錄、正文書題：七十二朝四書
人物演義；書鼻書題：七十二朝人物演義。首癯道人庚辰敘，次
空冷散人庚辰序，次磊道人庚辰敘，次目錄，次正文，圖隨正文。

27.東遊記

巴黎國家圖書館藏書。木刻，線裝，大本，三函，二十冊，
二十卷一○○回。白口，單魚尾。每半頁十行，行二十二字。封
面書題：續證道書，左下刻：雲林藏板，板框上刻：東遊記；目
錄書題：新編掃魅敦倫東遊記；正文書題：新編東遊記。首序，
署：己酉歲立夏前一日世裕堂主人題；次閱東遊；次目錄，次正
文。題：滎陽清溪道人著，華山九九老人述。

敢按此書有圈點，天頭稍有評語。

28.濟公全傳

法蘭西學院漢學研究所圖書館藏書。木刻，線裝，小本，一函，六冊，二十回。白口，單魚尾。每半頁十行，行二十二字。封面書題：繡像濟公全傳，左下刻：京都老二酉堂梓行，板框上刻：□辰年重刊；目錄、正文書題：濟顛大師醉菩提全傳；書鼻書題：濟公傳。首目錄，次圖，次正文。題：西湖墨浪子偶拈。

敢按此書圖爲朱色。

29.全相水滸傳

巴黎國家圖書館藏書。木刻，線裝，大本。下大黑口，雙魚尾，烏絲欄，框雙邊。每半頁十三行，行二十三字。上圖下文，圖文並精，圖大抵爲本面內容。卷二十書題：新刊京本全像插增田虎王慶忠義水滸傳；卷二十一書題：新刊京本全像插增田虎王慶忠義水滸全傳。

敢按此書係殘本，殘存第九十九回「高俅恩報柳世雄，王慶被陷配淮西」、第一〇〇回「王慶遇龔十五郎，滿林嫌黃達鬧場」、又第九十九回「王慶打死張太尉，夜走永州遇李傑」、又第一〇〇回「快活林王慶使槍棒，三娘子招王慶入贅」、第一〇一回「宋公明兵度呂梁關，公孫勝法取石祁城」（以上卷二十）；第一〇二回「李逵受困於駱谷，宋江智取洮陽城」（以上卷二十一）。孫楷第《中國通俗小說書目》著錄謂：殘存第二十卷全卷及第二十一卷之半。此說不確。鄭振鐸謂全書當二十四卷一百二十回左右，則每卷應爲五回，第二十卷應爲第九十六至一〇〇回。今第二十卷雖不知何因爲九十九至一〇一回，然有二個九十九回、一〇〇回，仍有五回之數。但第二十卷僅存第一〇二回，不可謂「之半」。另此第一〇二回殘缺不全。

30.繡像第五才子書

法蘭西學院漢學研究所圖書館藏書。線裝，小本，二函，十二冊。白口，單魚尾。每半頁十一行，行二十七字。金玉樓藏板。

31.評注圖像五才子書

法蘭西學院漢學研究所圖書館藏書。線裝，一函，八冊，七十五卷七十回。正文、書鼻書題：評注圖像水滸傳。標明：聖嘆外書。首王望如先生評注圖像水滸傳總論，次像，次序，次宋史綱、宋史目，次讀法，次正文。光緒丙戌上海同文書局石印。

敢按此書有像十四頁二十八人，裝訂在卷一前，而每回有圖二幅，隨訂在回前。

32.水滸後傳

法蘭西學院漢學研究所圖書館藏書。木刻，線裝，小本，十卷四十九回。白口，單魚尾。每半頁十行，行二十三字。封面書題：後五才全傳，右一行刻：施耐庵先生批評，左下刻：本衙藏板；書鼻書題：第五才子書；目錄書題：新增繡像水滸後傳；正文書題：新增第五才子書水滸全傳。首賞心居士乾隆壬子敘，次目錄，次正文。

敢按此書本版本未見著錄。其正文第一回刻爲第七十一回，又題：聖嘆外書。

33.水滸後傳

法蘭西學院漢學研究所圖書館藏書。線裝，小本，一函，十冊。白口，單魚尾。每半頁十一行，行二十七字。申報館光緒三年木刻。

敢按此書本版本未見著錄。

34.禪真逸史

巴黎國家圖書館藏書。木刻，線裝，小本，八卷四十回。乾坎艮震巽離坤兌八集。白口，單魚尾。每半頁十行，行二十四字。

封面書題：禪眞逸史，右一欄上刻：通俗演義，左一欄下刻：明新堂藏板；目錄、正文書題：新繡出像批評通俗奇俠禪眞逸史。首凡例八條，署：古吳爽閣主人履先甫識，次總目；次圖九頁九幅，前圖後贊；次正文。卷一題：清心道人編次，心心仙侶評訂，卷二題：清溪道人編次，筆花居士評訂；卷三題：清溪道人編次，兩湖漁叟評訂；卷四題：清溪道人編次，烟波釣徒評訂；卷五題：清溪道人編次，空谷先生評較；卷六題：清溪道人編次，雕龍詞客評較；卷七題：清溪道人編次，繡虎文魔評較；卷八題：清溪道人編次，夢覺狂夫評較。

35.禪眞逸史

巴黎國家圖書館藏書。木刻，線裝，大本，一冊，乾巽兩集，十卷四十回。白口，烏絲欄。每半頁九行，行二十二字。封面書題：禪眞逸史，右一行上刻：批評通俗演義，左一欄三行小字爲書肆廣告，下署：本衙爽閣藏板；正文、目錄書題：新繡批評出像通俗奇俠禪眞逸史。首讀禪眞逸史，署：唐太史令傳奕撰；次諸允修奇俠禪眞逸史序；次徐良輔題奇俠禪眞逸史；次凡例八條，署：古杭爽閣主人履先甫識，次總目；次正文。題：清溪道人編次，心心仙侶評訂。

敢按此書有圈點，天頭稍有評語。

36.禪眞後史

巴黎國家圖書館藏書。木刻，線裝，小本，五十三回，一冊。白口，單魚尾。每半頁十行，行二十四字。封面書題：禪眞後史，右一欄上刻：通俗演義，左一欄下刻：同人堂藏板；目錄、書鼻書題：禪眞後史。正文書題：新鐫批評出像通俗奇俠禪眞后史。首崇禎己巳翠娛閣主人序，次目錄，次源流，次圖二十頁四十幅，次正文。題：清溪道人編次，沖和居士評校。

敢按此書本版本未見著錄。

37.漢宋奇書

巴黎國家圖書館藏書。木刻，線裝，小本，六冊，二十卷。下小黑口（少數書頁無），上單魚尾，上下兩欄，上欄水滸，約占三分之一，下欄三國，約占三分之二。每半頁十二行，行三十字。封面書題：綉像漢宋奇書，右一欄上題：金聖嘆先生批點，左下署：芸香堂藏板，框上刻：三國水滸全傳；序書鼻書題：英雄譜，正文書鼻書題：漢宋奇書；目錄書題：上忠義水滸傳總目，下古本三國志總目；正文書題：上忠義水滸傳，下四大奇書第一種。首英雄譜弁言，署：熊飛赤玉甫書於雄飛館；次凡例；次總目(水滸一一五回，三國一二〇回)，次三國讀法；次英雄譜像，四十頁八十幅，水滸、三國各半；次正文。題：水滸爲東原羅貫中編輯，金陵興賢堂梓行；三國爲聖嘆外書，茂苑毛宗崗序始氏評。

敢按此書本版本未見著錄。此書正文部分版縫下刻：留眞堂，圖像部分版縫下刻：大酉堂，目錄部分亦有少許留眞堂字樣。

（載《文教資料》1997年第2期）

關於明清小説研究的幾個問題
（提綱）

1. 明清是中國小說發展的成熟繁榮轉折演進時期，是中國小說史的主體時期。因此，此次明清小說研討會，應當對中國小說史研究起到重要推進作用。

　(1)神話傳說，史傳文學，六朝志怪、志人，唐宋傳奇、話本，到明清各體皆備、光耀燦爛（短篇：文言《聊齋》等；白話《三言》等；長篇：《三國》、《水滸》、《西遊》、《紅樓》等）。

　(2)中國小說史中幾個主要的變化趨向，如由短篇向長篇發展、由文言向白話發展、由集體加工向個人創作轉變、題材內容由神向人轉移等，在明清時期表現得也都最爲明顯。

　(3)國內召開的中國小說研究會議，專題的（紅會、金會、水會等）多，綜合的少（江蘇的明清小說研究會年會、春風的明末清初小說座談會等）；國內成立的文學研究團體，小說只有專題的(紅學會、金學會等)，不像戲曲有中國戲曲學會、中國古代戲曲學會等，反映了通史研究的不足。

2. 迄今還沒有一部令國內外中國小說研究者滿意的《中國小說史》問世。必須對中國小說既作微觀研究，又作宏觀研究。

　(1)《中國小說史略》及其後的近十種中國小說史著作，雖然其筆路藍縷之功不可沒，但均有待豐富發展，甚或改軌轉向。

　(2)中國小說史著作的通病在於成了若干名著研究的結果，好像

一條鐵路線只有車站沒有路軌，又像一串項鍊只有屈指可數
的幾顆大珠子而沒有中小珠子配置其間。

(3)要對中國小說進行整體全貌研究。《中國通俗小說總目提要》
收1157種，研究成果較多的只有幾十部，研究到的也不過
一、二百種，近千種小說尚無人問津。

(4)要對中國小說進行背景綜合研究。單部小說的文化背景、社
會背景研究成績尚好，整部小說史的背景綜合研究幾乎沒有
開展。

(5)要對中國小說進行軌迹規律研究。中國小說的萌發、雛型、
成立、繁榮、發展、定型，以及分類、走向、演變、趨勢，
並及中國小說理論等，究竟如何，爲何如此，尚缺乏統一公
認的把握。

(6)近年中國小說研究成績斐然，不但專題研究日益深入，而且
資料收集日見繁富，《古本小說叢刊》、《明末清初小說選
刊》、《中國小說百科全書》、《中國通俗小說總目提要》
等相繼或即將問世，這都是一部新的中國小說史的助產師。

3.人情世態小說既是中國小說的主流，又是中國小說的走向，中
國小說史裏需要用力最多而目前成果甚少的，便是對人情世態
小說的研究。

(1)中國小說約可分作歷史演義（《三國》以及列朝列代演義和
專題甚或當代演義等）、神奇怪異（《水滸》、《西遊》、
《封神》、《鏡花緣》等）、人情世態（《金瓶梅》、《紅
樓夢》、《儒林外史》等）三大類。

(2)人情世態小說數量最多（約占中國小說總數五分之三）、成
就最大（《紅樓夢》等）、最具今人鑒賞意義（當今小說百
分之九十以上都可歸屬人情世態小說一類）。

(3)從某種意義上說，一部中國小說史，便是從歷史演義小說、神奇怪異小說向人情世態小說演進的歷史。

4.言情小說又是人情世態小說的基本部類。言情小說《紅樓夢》是中國小說成就最大者。言情小說出現愛情與色情兩極分化。

(1)從《金瓶梅》到《紅樓夢》，是言情小說的鼎盛時期，也是中國小說的黃金時期。

(2)言情小說在產生《紅樓夢》這一中國小說代表作的同時，出現愛情與色情兩極分化。言情小說最典型地代表了中國文化中精華與糟粕的混存。

(3)詩歌、散文、戲曲都沒有如此分明的兩極分化現象。這很能說明小說這一文體的特殊文學地位與社會地位。很多小說作者不留真名，也能證明這一結論。

(4)歷史演義小說與神奇怪異小說也沒有如此分明的兩極分化現象。這很能證明人情世態小說特別是言情小說的特殊性。正是對這種特殊性的研究，可以引發人們對中國小說史的深入思考。

注：一九九〇年二月一日至五日，海峽兩岸明清小說金陵研討會召開，吳敢為主持人之一，並以此文作大會發言。

《趙氏孤兒》故事的發展與流傳

　　元紀君祥《趙氏孤兒》雜劇是一部震撼人心的大悲劇，也是最早被介紹到歐洲並產生了巨大影響的中國古典劇目。像許多優秀的古典劇目一樣，它是根據一個源遠流長的歷史故事改編的。本文便介紹「趙氏孤兒」這一著名的歷史故事產生、發展和流傳的過程，以及它在國內外所產生的巨大影響。

一、趙氏孤兒故事的形成

　　趙氏孤兒故事是一件史實。但是史籍載錄不一，必須加以分析。最早透露這一故事信息的是儒家經典《春秋》中兩則簡短的記錄：「秋九月乙丑，晉趙盾弒其君夷皋。」（宣公二年）「晉殺其大夫趙同、趙括。」（成公八年）將這一報復性凶殺的線索揭示明白的是《左傳》。原來，晉靈公夷皋在嗣位的時候，與上卿趙盾因廢立問題就結下了宿怨：

　　八月乙亥，晉襄公辛。靈公少，晉人以難故，欲立長君。
　　趙盾曰：「立公子雍。好善而長，先君愛之，且近于秦，
　　秦舊好也。置善則固，事長則順，立愛則孝，結舊則安。
　　爲難故，故欲立長君，有此四德者，難必抒矣。」……使
　　先蔑、士會如秦，逆公子雍。（文公六年）
　　穆嬴日抱太子以啼于朝，曰：「先君何罪？其嗣亦何罪？
　　捨適嗣不立而求外君，將焉寘此？」出朝，則抱以適趙氏，
　　頓首于宣子曰：「先君奉此子也而屬諸子，曰：『此子也

才，吾受子之賜；不才，吾唯子之怨。』今君雖終，言猶
在耳，而棄之，若何？」宣子與諸大夫皆患穆嬴，且畏逼，
乃背先蔑而立靈公，以御秦師。（文公七年）

靈公長大以後，貪侈殘暴，玩世不恭：

晉靈公不君，厚斂以凋墻，從台上彈人而觀其辟丸也。宰
夫胹熊蹯不熟，殺之，寘諸畚，使婦人載以過朝。（宣公
二年）

國君如此荒淫，國力自然下降，於是趙盾極力諫諍，激怒了靈公，
便爆發了一場君臣之間激烈的格殺：

宣子驟諫，公患之，使鉏麑賊之。晨往，寢門闢矣，盛服
將朝，尚早，坐而假寐。鉏麑退，嘆而言曰：「不忘恭敬，
民之主也。賊民之主，不忠。棄君之命，不信。有一于此，
不如死也。」觸槐而死。

秋九月，晉侯飲趙盾酒，伏甲將攻之。其右提彌明知之，
趨登曰：「臣侍君宴，過三爵，非禮也。」遂扶以下，公
嗾夫獒焉。明搏而殺之。盾曰：「棄人用犬，雖猛何為。」
鬥且出，提彌明死之。（宣公二年）

這場鬥爭最後以靈公的失敗而告一段落：

乙丑，趙穿攻靈公于桃園。宣子未出山而復。太史書曰：
「趙盾弒其君。」以示于朝。宣子曰：「不然。」對曰：
「子為正卿，亡不越境，反不討賊，非子而誰？」……宣
子使趙穿逆公子黑臀于周而立之。（宣公二年）

這是故事的前半部分。故事的後半部分卻形勢逆轉。趙盾之子
趙朔的寡妻莊姬與其叔翁趙嬰私通，趙嬰便把他的另兩個兄弟趙
同、趙括流放到齊地。趁著家族內訌、勢力削弱的時機：

晉趙莊姬為趙嬰之亡故，譖之于晉侯曰：「原、屏將為亂，

欒、郤爲徵。」六月，晉討趙同、趙括。（成公八年）
晉景公雖然殺了趙同、趙括，故事並沒有至此結束，發人深思的
是趙朔子趙武因隨母避亂於景公宮中，幸免於這場族滅，後來因
爲韓厥的進諫，恢復了名譽，並官至上卿。這樣，《左傳》便將
《春秋》中那兩則記載的前因後果較爲完滿地填充聯繫了起來，
成爲趙氏孤兒故事的雛形。而且故事的前半部有了比較曲折的情
節，給後世的加工改造留下了極大的餘地。另外，《國語》、
《公羊傳》、《穀梁傳》、《呂覽》、《說苑》、《新序》❶等
書也記載有趙氏孤兒故事，與《左傳》所載大同小異。

　　如果說先秦時期搭構了趙氏孤兒故事的基本骨架的話，則司
馬遷的《史記》便十分成功地完成了這一偉大的雕塑。《史記》
中涉及趙氏孤兒故事的篇章有《趙世家》、《晉世家》、《韓世
家》等。在《晉世家》裡，因爲要側重敘述晉國的歷史，故於趙
氏孤兒故事的前半部分(即晉國君主與趙氏的矛盾直至族滅趙氏)
較詳，除去合靈輒和提彌明（《史記》作示眯明）爲一人外，餘
均同《左傳》。而於故事的後半部分，則主要在《趙世家》中敘
述，它一翻《左傳》舊案，故事大有增刪：

　　晉景公之三年，大夫屠岸賈欲誅趙氏。……屠岸賈者，始
　　有寵于靈公，及至于景公而賈爲司寇，將作難，乃治靈公
　　之賊以致趙盾，遍告諸將曰：「盾雖不知，猶爲賊首。以
　　臣弒君，子孫在朝，何以懲罪？請誅之。」韓厥曰：「靈
　　公遇賊，趙盾在外，吾先君以爲無罪，故不誅。今諸君將
　　誅其後，是非先君之意而今妄誅。妄誅謂之亂。臣有大事
　　而君不聞，是無君也。」屠岸賈不聽。韓厥告趙朔趣亡，
　　朔不肯，曰：「子必不絕趙祀，朔死不恨。」韓厥許諾，
　　稱疾不出。賈不請而擅與諸將攻趙氏于下宮，殺趙朔、趙

同、趙括、趙嬰齊，皆滅其族。

趙朔妻成公姊，有遺腹，走公宮匿。趙朔客曰公孫杵臼，杵臼謂友人程嬰曰：「胡不死？」程嬰曰：「朔之婦有遺腹，若幸而男，吾奉之；即女也，吾徐死耳。」居無何，而朔婦免身，生男。屠岸賈聞之，索于宮中。夫人置兒絝中，祝曰：「趙宗滅乎，若號；即不滅，若無聲。」及索，兒竟無聲。已脫，程嬰謂公孫杵臼曰：「今一索不得，後必且復索之，奈何？」公孫杵臼曰：「立孤與死孰難？」程嬰曰：「死易，立孤難耳。」公孫杵臼曰：「趙氏先君遇子厚，子強爲其難者，吾爲其易者，請先死。」乃二人謀取他人嬰兒負之，衣以文葆，匿山中。程嬰出，謬謂諸將軍曰：「嬰不肖，不能立趙孤。誰能與我千金，吾告趙氏孫處。」諸將皆喜，許之，發師隨程嬰攻公孫杵臼。杵臼謬曰：「小人哉程嬰！昔下宮之難不能死，與我謀匿趙氏孤兒，今又賣我。縱不能立，而忍賣之乎！」抱兒呼曰：「天乎天乎！趙氏孤兒何罪？請活之，獨殺杵臼可也。」諸將不許，遂殺杵臼與孤兒。諸將以爲趙氏孤兒良已死，皆喜。然趙氏眞孤乃反在，程嬰卒與俱匿山中。

居十五年，晉景公疾，卜之，大業之後不遂者爲祟。景公問韓厥，厥知趙孤在，乃曰：「大業之後在晉絕祀者，其趙氏乎？……今吾君獨滅趙宗，國人哀之，故見龜策。唯君圖之。」景公問：「趙尚有後子孫乎？」韓厥具以實告。……趙孤名曰武。……于是召趙武、程嬰遍拜諸將，遂反與程嬰、趙武攻屠岸賈，滅其族。復與趙武田邑如故。

及趙武冠，爲成人，程嬰乃辭諸大夫，謂趙武曰：「昔下宮之難，皆能死。我非不能死，我思立趙氏之後。今趙武

既立，爲成人，復故位，我將下報趙宣孟與公孫杵臼。」
……遂自殺。趙武服齊衰三年，爲之祭邑，春秋詞之，世
世勿絕。

這裡，出現了三個新的內容：一是奸臣屠岸賈，是他興風作浪，
不請君命而擅脅諸將族滅趙氏，搜索趙氏孤兒，殺公孫杵臼，把
剛剛平靜下來的晉國，又攪起軒然大波，在君臣矛盾之外，新加
進忠奸的鬥爭。二是將趙朔妻更淫爲貞，從而改變了趙氏被滅的
直接原因與矛盾衝突的對象。三是公孫杵臼、程嬰的殉孤立孤，
將忠奸鬥爭的意義具體明確爲正義與邪惡的較量，使這一故事愈
加曲折複雜。

由於這三個新內容的出現，把趙氏孤兒故事，從起因、陣線、
代表人物、發展過程，直到結局，全來了一番徹底的改造，使其
具有了進步的主題、曲折的情節、尖銳的矛盾衝突，同時還較爲
生動地塑造了程嬰、公孫杵臼、韓厥、屠岸賈等人物形象。如果
將《晉世家》、《趙世家》、《韓世家》等篇中的有關記載聯繫
起來，則膾炙人口的趙氏孤兒故事，在《史記》裡便已基本形成
了。而且，其中包孕潛含的戲劇性因素，成了以後中國戲曲和小
說改編創作的契機。因此，不妨說，趙氏孤兒故事能夠發展與流
傳，是與司馬遷的成功改造分不開的。

二、故事的官方播揚與民間流傳

自《史記》而後，趙氏孤兒作爲一個激盪人心的歷史故事，
便廣爲傳揚。漢代武梁祠石刻中，就出現了這一故事的造像。以
後歷代史書、筆記等，則屢有記錄❷。在趙宋王朝，因爲拉了孤
兒趙武作趙家的宗祖，故事中救孤的主要人物程嬰、公孫杵臼、
韓厥便得到官方格外突出的褒揚，故事的意義也有了擴大，日愈

為家喻戶曉，婦孺皆知。據《擁正山西通志》卷一百六十四載：「宋建隆初，詔恤前代功臣烈士。於是晉程嬰、公孫杵臼置守冢三戶。元豐四年，邵武承議郎吳處厚上言：『臣嘗讀《史記》，考趙氏廢興本末，當屠岸賈之難，程嬰、公孫杵臼盡死以全趙孤。宋有天下，二人忠義未見褒表，宜訪其墓域，特為建祠。』帝覽其疏矍然，時鄆王疾亟，即以處厚為將作丞，訪得兩墓於絳，封侯立廟，嬰封成信侯，杵臼封忠智侯，立祠墓側，載之祠典。……元符三年，臣僚言：『按《史記》，韓厥之功，不在程嬰、杵臼之下，請于祚德廟設位從祀。』從之。崇寧三年，詔封厥義成侯。」南宋初年，又在臨安為三人建廟祭祀（見《宋會要輯稿》第十九冊「禮二〇」），以後並累加封號，由侯而公，最後「程嬰封忠濟王，杵臼封忠祐王，韓厥封忠利王。」（見《夢梁錄》卷十四《中節祠》），這一故事，也被詩人詞客廣為徵用。辛棄疾的一首《六州歌頭》歌頌韓侂冑道：「君不見：韓獻子，晉將軍，趙孤存；千秋傳忠獻，兩定策，紀元勛。孫又子，方談笑，整乾坤。直使長江如帶，依前是□趙須韓」。（《稼軒詞編年箋注》卷六），當元兵破臨安，參政家鉉翁等五人號祈請使，奉表北庭。餘四人非庸即佞，惟家錚錚。文天祥因詩頌之曰：「廷爭堂堂負直聲，飄零沙漠若為情，程嬰存趙真公志，賴有忠良壯此行。」（《指南錄·使北》），天祥被俘北行，路經無錫，想起十八年前携弟廷對，曾由此過，「感今撫昔，悲不自勝」，乃賦詩歌之曰：「二十年前曾去路，三千里外作行人。英雄未死心為碎，父老相逢鼻欲辛。夜讀程嬰存趙事，一回惆悵一沾巾。」（《指南錄·皮錫》），元代南宋遺民劉壎恐宋亡之際死節之臣名行不傳，遂作《補史十忠詩》，其第九首咏張世傑中有句云「間關障海濱，萬死存趙孤」（《元詩記事》卷六）。羅有開《唐義

士傳》稱頌貨家貸金冒險轉葬宋陵遺骨的唐珏曰：「趙氏昔者家已破，程嬰、公孫杵臼強育其眞孤；今者國已亡，唐君珏潛匱藏其眞骨。兩雄力當，無能優劣。」（《南村輟耕錄》卷四）。

　　趙氏孤兒故事在民間更是有口皆碑。張守節《史記正義》：「今河東趙氏祠先人，猶別舒一座祭二士矣。」守節唐開元年間人，距趙武祭邑祠程嬰一千三百多年，眞是「世世勿絕」了。這類史迹幾遍布晉南晉北。據《雍正山西通志》，太平縣有趙宣子墓、趙大夫祠、韓獻子祠、程嬰墓並祠、杵臼墓並祠、祚德三侯廟、宋祚德三侯廟敕碑、公孫杵臼窖、韓厥旗架；曲沃縣有：趙文子食邑；忻州有程嬰祠、公孫杵臼祠、程嬰墓、公孫杵臼墓、韓厥墓、七烈士廟；定襄縣有藏孤台、七賢祠；絳州有：靈輒墓、靈輒廟、哺飢坂、祚德三侯廟、靈公台；永濟縣有程嬰公孫杵臼祠；太谷縣有韓厥廟；盂縣有趙王墓、靈輒墓、啓忠祠、藏山廟、藏孤洞等。與這些古迹並存著大量的民間傳說。至今汾城的汾陽村一帶還殘存著趙氏與屠氏永不結親的狃習。可以想見，這一故事在山西是何等的深入人心了。

　　豈止是在山西，趙氏孤兒是一個流布全國的大悲劇。單就近現代戲曲而言，京劇有《趙氏孤兒》、《鬧朝捕犬》、《搜孤救孤》（一名《八義圖》，又名《程嬰捨子》）、《興趙滅屠》（一名《屠趙記》），漢劇有《趙氏孤兒》、《搜孤救孤》、《八義圖》，蒲劇有《趙氏孤兒》、《八義圖》、《八義記》，秦腔、川劇有《趙氏孤兒》，《八義圖》，湘劇、桂劇、滇劇有《八義圖》，趙劇有《趙氏孤兒》；高腔戲有《救孤》，莆仙戲有《岸賈打》等劇目。據《五十年來北平戲劇史料》記載，清末民初演出《搜孫救孤》的皮黃科班，就有四喜、同慶、喜連成等十三個之多，而且一般都將其排在重要的戲碼上。許多著名的京劇表演

藝術家，都曾錄製過《搜孤救孤》的唱片，僅據大聲無線電公司
《大戲考》第十八版載，老生部就有譚富英、譚小培、金少山、
貫大元、夏山樓主、蘇少卿、陳大濩等的唱段。一九五八年，紀
念關漢卿戲劇創作七百周年同時，因為《趙氏孤兒》與《竇娥冤》
同為元曲中著名悲劇，國內曾一度出現《趙氏孤兒》熱，其中尤
以陝西省秦腔赴京演出團演出的馬健翎改編本《趙氏孤兒》最負
盛名。打倒「四人幫」以後，北京也曾出現四、五個劇團同時上
演《趙氏孤兒》的熱鬧情形。

　　官方播揚與民間流傳是相輔相成的。因為民間流傳的深廣，
官方的有意播揚才有其號召力；而官方的播揚，也使民間傳布更
為自覺和積極。正是在這樣的基礎上，趙氏孤兒題材終於為中國
古典戲曲和小說所採納，從而進入文學創作，並且因此故事達到
成熟的階段。

三、趙氏孤兒題材的戲曲和小說改編

　　以趙氏孤兒為題材的中國古典戲曲，有元代紀君祥的雜劇
《趙氏孤兒大報仇》、宋元戲文《趙氏孤兒報冤記》、元明南戲
《趙氏孤兒記》、明傳奇《八義記》與《接嬰記》、清傳奇《節
義譜》等。這些戲曲中，《趙氏孤兒》雜劇、《趙氏孤兒記》南
戲、《八義記》傳奇三種尚有傳本流傳至今。關於《趙氏孤兒》
雜劇的南戲改編和《八義記》的版本源流，本書後有專題論析，
這裡僅簡析趙氏孤兒題材的雜劇與傳奇改編。

　　首先，兩劇為突出忠奸鬥爭，改變了某些史實。如變景公時
任司寇的屠岸賈為靈公時與趙盾同朝的大臣，二人一文一武，不
相和睦；變靈公遣鉏麑、用神獒害趙盾為屠岸賈遣鉏用獒；變
趙朔妻娩身生子為公主入冷宮產子，並讓屠岸賈令韓厥等把守宮

門；變諸將發師攻杵臼爲屠岸賈圍太平庄搜孤；等等。又或爲搬
演之便，將前半部趙氏孤兒故事，全部變爲靈公朝的事迹。其
次，兩劇改變了劇中某些人物的身份。如變趙盾的護衛提彌明爲
靈公的殿臣，變趙朔的門客公孫杵臼爲退職中大夫等，這就突破
了家族冤報的局限，強調了救孫事業的正義性。第三，兩劇增飾
了許多富有戲劇性的情節。如醫人揭榜，入宮盜孤，公主付孤，
韓厥盤孤，屠岸賈搜孤，屠岸賈收孤兒爲義子，孤兒觀畫，程嬰
指說冤枉等，這都是很出「戲」的地方。這些細節，極爲細致地
表現了救孤、撫孤的艱巨性，強化了這一事業的正義性。第四，
劇本注意塑造人物。如程嬰與公孫杵臼共謀救孤，程嬰以己子驚
哥替換趙氏孤兒，屠岸賈命程嬰仗訊杵臼，杵臼觸階而死等情
節，雖然史無記載，卻將史實細密地聯接起來，使人物形象豐富
生動。

　　兩劇的改編也有一些不足。就雜劇而言，在第五折突然出現
了一個劇中從未出現過的人物魏絳來下「斷」，實在是畫蛇添足。
而傳奇，則由於其生旦團圓的程式，使它一定要保留趙朔（生）
與公主（旦）兩個主要人物不能死去，這就不僅大大地削弱了全
劇的悲劇氣氛，因而也就在很大的程度上削弱了主題思想的進步
性，而且還出現了替趙朔去死的周堅這個人物以及關於他的若干
戲，無論在思想上或是藝術上，都是極大的敗筆，與雜劇相比，
傳奇劇本的旨趣是遠爲遜色的。總之，雜劇、傳奇，尤其是《趙
氏孤兒》雜劇，在兩宋官方播揚的基礎上，在當時政治、風俗的
影響下，根據戲劇本身的要求，依循史傳，兼採傳說，並加增飾，
使趙氏孤兒故事的主題得到了深化，人物形象更加鮮明生動，情
節更爲精彩、富於戲劇性，從而也就更加膾炙人口。

　　大約在《趙氏孤兒》北劇南戲衢州撞府的前後，趙氏孤兒故

事也開始成爲中國古典歷史小說編寫的題材。在明嘉隆年間余邵魚撰輯的《列國志傳》的基礎上，馮夢龍、蔡元放編著了《東周列國志》，它自第47回「趙盾背秦立靈公」起，至第59回「誅岸賈趙氏復興」止，以相當大的篇幅改編了這個故事。《東周列國志》於故事的前半，選取《左傳》，間補以《公羊傳》、《國語》等；於故事的後半，選取《史記·趙世家》，間補以《左傳》等；而爲了使故事周密完整，突出君臣矛盾和忠奸鬥爭，主要作了以下幾點虛構：屠岸賈助靈公爲虐，參與故事的前半；趙盾與屠岸賈桃園爭辯，靈公與屠岸賈同遣鉏麑刺盾；趙朔起家丁接應趙盾，並同出走；趙穿以選美計遣開屠岸賈，復托以宿衛遣卒殺靈公，下宮之難乃景公、屠岸賈同謀；韓厥以調虎離山之計，從宮中盜出孤兒。部分虛構，如上述一、二兩項，可能是受了南戲《趙氏孤兒記》的啓發。

至此，趙氏孤兒故事經過戲曲和小說的雙重改造，已達到其古典形式的成熟階段。似乎是因爲並沒有專門描述這個故事的小說，一九五八年香港中華書局出版了王鞍根據《東周列國志》改寫的歷史通俗小說《趙氏孤兒記》。

四、趙氏孤兒戲曲的國外影響

紀君祥的《趙氏孤兒》雜劇(以下簡稱「紀劇」)是最早翻譯爲外文、流傳於歐洲的中國戲曲。現據國內研究成果簡略綜述如次❸。

法國耶穌會教士馬若瑟首先將紀劇譯成法文。其時，馬若瑟正在中國傳教，他的本意是想讓歐洲人從中國文學裡窺察中國文明，所以他譯好後，交同會教士第巴洛西帶回法國。當時特赫爾特正在編輯《中國志》，便將馬若瑟的譯作收入一七三五年出版的第三卷中。其實，馬若瑟譯本只是一個節譯本，只以原劇賓白

連綴成篇，曲詞則僅標以「他唱」而省略，但大體尚能保持原作的結構。一八三四年，巴黎法蘭西學院漢語教授斯坦尼斯拉・儒蓮重譯紀劇，這才有了一種完全的譯本。《中國志》的英譯本有兩種：一刊行於一七三六年，一刊行於一七三八年；德譯本刊行於一七四九年；俄譯本則刊行於一七七四年。之後，十九世紀初發表了戴維斯的紀劇英文重譯本，而遼・約爾旦一九一三年把紀劇重譯成德文。另外還有意大利文譯本。

　　《中國志》出版以後的五十年間，歐洲仿作或改作《趙氏孤兒》的劇本，竟有五部之多。第一部是英人威廉・哈察特的仿作《中國孤兒》，一七四一年出版於倫敦。該劇大致依據紀劇故事，改春秋為明末清初，易屠岸賈為高皇帝，韓厥為吳三桂，公孫杵臼為老子，孤兒為康熙，縮時間為一個月，孤兒始終為嬰。這篇仿作，實係作者奉獻給阿爾直爾公爵反對他的政敵、英國首相華爾波爾的政論，所以劇中添入了一個叫謝果的壞首相。一七四八年，意大利詩人梅它士達素的仿作、歌劇《中國英雄》接著問世。本劇情節大體亦依紀劇，地點放在北京，角色減為六個，英雄即孤兒，始終為一少壯男子。一七五四年，最重要的一部改作——法國思想家伏爾泰的五幕三十一場歌劇《中國孤兒》出版。該劇雖為紀劇所啟發，情節、角色卻已全非。第一幕：宋朝舊臣臧締為救前朝遺孤，把自己的嬰兒當作王子獻出，而命人帶真孤去高麗。第二幕：此事為其妻伊特梅知曉，不忍親生骨肉受戮，道出真情，要求領回。第三幕：伊特梅進宮求情，元世祖成吉思汗對她仰慕已久，乃許之，臧締久不交出真孤，成吉思汗欲收伊特梅為宮嬪。第四幕：成吉思汗向伊特梅求愛被拒，真孤迷路，處境危極；臧締勸妻改嫁，遭伊特梅斥責。第五幕：臧締全家與真孤將亡，成吉思汗允許伊特梅與臧締訣別，因偷聽對話，受文明

洗禮，於是赦免所有人犯。本劇在形式上採用新古典主義的悲劇
體裁，在思想內容上賦以法國十八世紀的啓蒙色彩，爲作者的哲
學與政治見解服務。伏爾泰雖批評紀劇違背三一律，不夠逼眞近
情，也大力贊嘆它的趣味與曉暢。他因而更爲仰慕中國文明，在
劇本名下特爲注明：「五幕孔子的倫理」。一七五五年十一月，
英國書商波爾文印行了不署譯者的《中國孤兒》的英譯本，同時，
《縉紳》雜誌選登了原文和譯文的精神，並附錄孤兒本事。英人
麥爾非批評伏爾泰未能盡用材料裡的情感，另於一七五九年改作
《中國孤兒》，變成吉思汗爲帖木兒汗，伊特梅爲曼旦尼，孤兒
爲丁男，並使與帖木兒汗決鬥俱亡。最後一部是德國歌德於一
七八一年八月爲娛悅他的摯友斯坦因夫人的改作未竟稿《哀爾頻
那》。

　　因爲紀劇譯本與改作眾多，在歐洲評傳甚廣。《中國志》將
近出版之時，曾將收有紀劇的消息預告讀者，正式發表時，特赫
爾特又爲紀劇加了一篇序言，解釋中國戲劇的特質。《中國志》
出版以後，英國文評家理查爾德·葛爾德在一篇論文的附錄《詩
歌的摹擬論》裡，舉紀劇爲例證，說了一些捧場的話。威廉·哈
察特《中國孤兒·獻書辭》中，認爲馬若瑟所譯紀劇「描寫人性
倒很到家，這些地方，有時是連歐洲戲劇中的名著，也趕不上
的。」梅它士達素《中國英雄》，以域外情調輔助歌劇，多次上
演，比較成功。伏爾泰《中國孤兒》畢稿即預演於作者居住的日
內瓦樂園村，一七五五年八月二十日，由法蘭西劇院正式上演於
巴黎，扮演伊特梅的是著名演員克來朗小姐，扮演成吉思汗的也
是藝術界的要人略侃，前後曾公演十六次，並在宮庭作過御前表
演，排場新奇，行頭華麗，極一時之盛。伏爾泰的劇本並於一
七五五年十一月重印於倫敦，同年即有人寫了一本戲劇考證的書

《趙氏孤兒之眞實歷史與中國戲劇發凡》，是年十二月的《每月評論》還發表了評介伏爾泰劇作的文章。伏爾泰的《中國孤兒》在十八世紀的俄國也常用法語或俄語上演，直至一七九五年還演出於聖彼得堡劇院。一九四○年，張若谷將伏爾泰劇作譯成中文，將原作歌劇改譯爲話劇劇本。麥爾非《中國孤兒》一七五九年四月二十一日初演於倫敦對錄裡，男主角由著名的大衛·加力克扮演。初演之夜，著名作家高爾斯密即在座叫好，後又撰文捧場。後六十年間，該劇屢次在英國演出，又在美國上演多次。麥爾非劇本的初、二版也均在一七五九年刊行售罄，可謂風行一時。德國詩人席勒也曾予紀劇以很高的評價。直至不久前，曾與荀慧生先生合作過多年的化妝師馬玉秋，還爲英國留學生利大英化妝成《趙氏孤兒》中的魏絳，劇照刊登在《北京戲劇報》一九八一年第二十三期，可見趙氏孤兒戲曲的國外影響是如何深遠了。

　　通過以上對趙氏孤兒故事發展與流傳的分析，可以看出：

　　一、中國歷史故事源遠流長，具有可塑性的、關係國脈人生的史實，在民間流傳過程中，不斷發展豐富，最後爲官方正史或文人野乘所汲取改造，且因此得以更爲廣泛久遠的傳播，直至結構完整、情節曲折、針線細密之時，才算是富有文學性的故事，並大致定型下來。

　　二、這種發展過程中的歷史故事，多半成爲戲曲和小說改編的題材，於是產生歷史劇和歷史小說。由於戲劇排場和小說結構的要求，一般說來，歷史小說，特別是歷史劇，不得不在史實基礎上，根據民間傳說，選取最切人情物理的成份加以虛構，有時竟對故事的某一部分加以根本的改造。

　　三、歷史故事，以及由此創作的戲曲和小說，必須表現中華民族的傳統美德，才能經久傳誦，而淋漓盡致地描摹出這種美德

中那種與重大歷史事件相關聯的常人難言之情與難行之舉的，便
成了名篇卓著。

（載《曲苑》第2輯，江蘇古籍出版社1986五版）

【註　釋】

❶見《國語》卷十一晉語五襄公；《公羊傳》卷十五宣公、卷十七成公；
　《穀梁傳》卷十二宣公、卷十三成公；《呂覽》卷十五「報更」；《說
　苑》卷六「復恩」、卷十四「至公」；《新序》卷七「節士」。

❷如《博物志》、《後漢書》、《史記集解》、《水經注》、《北堂書鈔》、
　《初學記》、《史記索隱》、《史記正義》、《後漢書注》、《史通》、
　《太平御覽》、《容齋隨筆》、《象山全集》、《困學記聞》、《宋史》、
　《七修類稿》、《史記志疑》等。

❸見陳受頤《十八世紀歐洲文學裡的「趙氏孤兒」》，載《嶺南學報》一
　卷一期；范存忠《「趙氏孤兒」在啓蒙時期的英國》，載《文學研究》
　一九五七年第三期；徐知免《「趙氏孤兒」在法國》，載《江蘇戲劇》
　一九八〇年第十二期；鄒援《伏爾泰與「趙氏孤兒」》，載《新民晚報》
　一九六一年五月十八日；潘吉星《元曲「趙氏孤兒」在歐洲的傳播》，
　載《光明日報》一九六二年五月二十日；林琳《「趙氏孤兒」在歐洲》，
　載《羊城晚報》一九六三年七月十日；張若谷《中國孤兒·譯者跋》。

《趙氏孤兒》雜劇主題商榷

關於紀君祥《趙氏孤兒》雜劇的主題，不少研究者提出「愛國主義」說，認爲這本雜劇以強烈的復仇思想，號召人民起來抗爭，旨在推翻異族統治，恢復趙宋故國。❶這一說法在五、六十年代頗爲盛行，至今未經認眞檢討，很有商榷的必要。

誠然，《趙氏孤兒》雜劇寫的是冤冤相報的歷史悲劇題材。全劇五折一楔子，❷劇首楔子趙氏全族遭讒被斬，惟有一個遺腹子幸免於難；其後四折便圍繞孤兒能否成立這一中心次第展開，先後設計了盜孤盤孤、搜孤救孤、殺孤殉孤、畫孤誨孤四場重頭戲；最末一折爲孤兒報冤。劇中用筆最多的，是主人公程嬰形象的塑造。在全劇中，作者雖然未給程嬰安排一句唱詞，但動用了一切賓白手段，著意描繪程嬰救孤的艱難和刻畫救孤中程嬰的成長過程。關目設置與結構編排，也無一不是爲多層次地表現程嬰等人的高尚品德服務。綜觀全劇重點在於敷演搜孤救孤的過程，而通過這個過程中情節的跌宕頓挫，披露搜孤一方的奸詐殘暴，贊頌救孤一方的捨生取義，揭示正義必將戰勝邪惡的眞理。顯然，劇中看不出什麼民族的意識。如果因爲劇本寫了立孤報冤的故事，並且因爲這個被立的孤兒姓「趙」，因爲劇本中有一句「憑著趙家枝葉千年勇、晉室山河百二雄」唱詞，便說紀劇具有民族鬥爭的時代精神，實在是望文生義，令人難以苟同的。

趙宋王朝確曾對程嬰、公孫杵臼、韓厥一再加封，由侯而王，步步升級，但其用意卻並不是一律的。趙匡胤於公元九六〇

年奪取後周政權以後，立即下詔保護前代帝王陵寢和忠臣烈士的丘壟，隨後即詔祭程嬰、杵臼，其用意不外乎一般性地表彰忠孝節義。屆宋神宗時，北遼西夏邊患日急，乃晉封程嬰、杵臼爲侯，才有了欲借忠烈的英靈爲保佑社稷神祇的意思。逮中原淪陷，南宋王朝對程嬰、杵臼、韓厥屢加超封，方眞正是號召愛國英雄們像程嬰、杵臼、韓厥那樣，保全趙氏，恢復故土。可見，同一個趙氏孤兒故事，在不同的時局形勢下，是具有著不盡相同的象徵的。

其實，趙氏孤兒故事本身具有著不以時勢爲轉移的基本的固定的含義，這就是爲正義之業赴湯蹈火、捨生忘死的中華民族傳統美德。正因爲如此，才能自戰國時起，經代不衰，傳頌至今。以山西故事遺迹爲例，據《雍正山西通志》：金南陽進士何師常爲忻州公孫杵臼祠作有《公孫厚士祠記》；元至治三年盂縣藏山廟重修，建碑，後三十年，達魯花赤塔失帖本兒復修，呂思誠撰記；元王惲有詩咏贊絳州靈輒祠，明永樂間重修之；明嘉靖二年僉事李濂在沂州建七烈士廟，祀趙盾、韓厥、程嬰、公孫杵臼、鉏麑、靈輒、提彌明七人；清康熙五十八年山水暴作，盂縣藏山廟幾圮，邑人重修，王海撰記。既然歷代官私均予褒揚，而且金、元、清三代以異族入主中原，並不見忌，便不能認爲故事本身具有興漢復國的含義。所以一旦脫離了宋朝和元代南宋遺民所處的歷史環境，故事就又恢復了它的本意。認識《趙氏孤兒》雜劇也應如此。

紀君祥是由金入元的雜劇作家，他的列祖列宗做了一百多年金朝臣民，他的正統觀念，即使不以蒙元爲體，也是以完顏爲宗的。很難設想他創作《趙氏孤兒》的指導思想，是爲了激發人們爲恢復趙宋王朝而鬥爭。倘若一定要說紀君祥在雜劇中另有寓意

的話，也只能是對金王朝的黍離之思。

　　紀君祥的《松陰記》雜劇逸曲〔鵲踏枝〕有句云：「有學的是小吾曹，無意的逞英豪。出來的惡紫奪朱，一個個折桂攀高。動不動拏人做錯，甚的是晏平仲善與人交。」說明作者是留心世態人情，譴責邪惡，期許忠義的。可以想見，紀君祥所以選擇趙氏孤兒這個題材，完全是爲他要表達的這類思想服務的。所以他採取了《史記》而不是《左傳》關於趙氏孤兒故事的記載。因爲只有《史記》才塑造了屠岸賈這樣一個反面人物典型，和程嬰、杵臼這樣一些仗義勇爲的正面人物形象，這正反兩類人物圍繞著趙氏孤兒的曲折嚴重的鬥爭，方顯示出正義與邪惡的較量，昭表出與重大歷史事件相關的那種常人難言之情與難行之舉，揭示出關係國脈人生的中華民族的傳統美德。「愛國主義」說既不符合雜劇作品的實際，也不符合作者思想的實際。

　　歌頌民族的美德，是歷代各體文學常見的主題之一。毋寧說這既是一種優良的傳統，又是文藝創作的基本規律。當然，美德的表現必須寓寄於各式各樣的題材，但並非只有與時事關聯才值得稱譽。《趙氏孤兒》雜劇之「列之於世界大悲劇中，亦無愧色」（王國維《宋元戲曲考》），靠的是它卓異的藝術格局、滂沛的氣勢、濃烈的悲劇氣氛與英雄群像的塑造，決非因爲他表現了滅元復宋的「時代精神」。這對於學術研究與戲劇創作都是頗足深思的。

　　後來，《趙氏孤兒》雜劇迭經改編，有南戲《趙氏孤兒記》、傳奇《八義記》、花部《八義圖》等，塞進忠奸鬥爭的情節，渲染封建忠孝節義觀念，已非復雜劇舊觀。昆曲《八義記》與地方戲《八義圖》是有清一代的流行劇目之一，他們並沒有在滿清的統治下，蓄意表達排滿立漢的主題。這一點也以反證說明紀劇主

題「愛國主義」說的不能成立。

因此，《趙氏孤兒》雜劇的主題應當是：歌頌忠烈義勇、忍辱負重的高貴品德，顯示正義必勝、邪惡必敗的歷史規律。當然，雜劇演出的效果，可能喚起元代北人南人各自圖謀故國的感情，只是這又當別論了。

（載《藝術百家》1987年第三期）

【註 譯】

❶如周貽白《中國戲曲發展史綱要》、阿英《元人雜劇史》（載《劇本》1954年第 4-6、8-10 期）、陳中凡《紀君祥的〈趙氏孤兒〉雜劇》（載《南京大學學報》1956年第四期）等。

❷這裡指的是臧晉叔《元曲選》本和孟稱舜《酹江集》本，臧本與孟本大致相同，只是前者更爲整齊劃一。《趙氏孤兒》流傳版本尙有《元刊古今雜劇三十種》本，元刊本四折一楔子，並且有曲無白。

論《趙氏孤兒》雜劇中
程嬰形象的塑造

　　紀君祥《趙氏孤兒》雜劇的曲詞蒼硬遒勁，向有「雪裡梅花」（《太和正音譜》）之譽，自不待言；實在該劇的科白更能體現作家的藝術個性。無論是《史記》中趙氏孤兒故事的本貌，還是兩宋時期對故事中主要人物的嘉獎，以及紀劇實際創作效果，程嬰都是最主要的角色。但劇中程嬰由外角扮演，全劇無一句唱詞。除了他角唱曲的敘述襯托之外，程嬰的形象全是由人物的言語行動來塑造的。

　　劇首楔子裡面，趙盾闔族遭讒被斬，趙盾之子、駙馬趙朔死前托孤，拉開了這一著名古典悲劇的序幕。趙氏的這個唯一的遺腹後胤能否成人報冤呢？這是使觀衆絕然不能釋懷的懸念。其後戲劇便圍繞搜孤救孤這一中心次第推演，而救孤一方的主要代表人物程嬰的形象，也便隨著一層一層地刻畫雕塑而豐滿起來。

　　第一折公主產子以後，爲奸臣屠岸賈探知，令下將軍韓厥守門，「張掛榜文」，（引文據《元曲選》本，下同）嚴加拘搜。正是在這種黑雲壓城、孤兒凶多吉少的嚴重關頭，「〔外扮程嬰背藥箱上〕」。程嬰爲什麽要背藥箱？這不僅他「原是個草澤醫人」，而是他「每日傳茶送飯」，詳知內外之情，心中已有了救孤之策。但他對救孤的成功，並無把握。所以當公主求他掩藏孤兒時，他回答道：「我怎麽掩藏他出去！」然當此之時，救孤之人，捨他其誰？公主下跪，「臨危托故人」，他已責無旁貸，仍

對公主能否經得起拘訊不全放心；且僅靠「向在駙馬府門下，蒙他十分優待」，是不能使他決心獨擔救孤重任的。公主付孤自縊，他方義無反顧，「不敢久停久住，打開這藥箱，將小舍人放在裡面」，卻仍然是提心吊膽的。故他再度出場，「〔做慌走上〕」。這表情顯然爲韓厥覺察，一通盤問，兩放兩追，從韓厥的話「我著你去呵，似弩箭離弦；叫你回來呵，便似氈上拖毛」裡，知道處此生死攸關之際，程嬰因爲對孤兒高度負責，心情便高度緊張。且他初當重任，尙不老練。韓厥揭箱，眞相全露，緊忙中他只能「〔做慌跪伏科〕」。這只是急中生智，他並沒有張惶失措，立即「數說了一場」，感動韓厥，抽身離去。但他「〔抱箱兒走出又回跪〕」，如此兩次，稍稍鬆緩了一下的劇情又緊張起來。原來他怕韓厥喬做人情，「報與屠岸賈知道，別差將軍趕來拿住我程嬰，這個孤兒萬無活理」。程嬰的認眞細心僅此一言兩行便覺躍然案頭場上。之後韓厥縱孤自刎，立孤報冤的事業又增加了一條人命血債，程嬰肩上的擔子更增了幾分。

　　孤兒雖然被盜出府門，危險並沒有解除。第二折，屠岸賈詐傳君命，欲殺全國與孤兒同庚的小廝。這一下眞是天羅地網，插翅難逃！程嬰無奈携孤到太平庄找退職的趙盾同僚公孫杵臼商議救策。他向杵臼述說盜孤的經過，看到杵臼義憤塡膺，熱情滿懷，深以同志爲慰，毅然「甘將自己親生子，偷換他家趙氏孤。」這時的程嬰儘管「可惜遺累公孫老大夫」，畢竟是決心橫下，赴湯蹈火，在所不惜了。

　　於是第三折程嬰出首，屠岸賈雖然一時相信，究竟存有懷疑，所以審訊杵臼之時，便命程嬰行杖。這一著很出程嬰意料之外，事迫眉睫，不暇多慮，便無奈應一聲「小人行杖便了」，只揀取細杖，實不忍心親杖摯友。爲屠岸賈道破以後，竟復取大

棍，意覺杵臼必死，不欲老人皮肉之苦。又爲屠岸賈道破，方不得已選取中等棍子。這一場戲長開突合，張弛有致，作家沒有放過任何一個可以表現人物的細節，巧立關目，構設戲局。

　　第四折，二十年後，程嬰自覺「六十五歲，倘或有些好歹呵，著誰人說與孤兒知道，替他趙氏報仇」，便「晝夜無眠」，「畫成一個手卷」。孤兒只知「這壁廂爹爹是程嬰，那壁廂爹爹可是屠岸賈」，孤兒在屠府長大，又在「屠岸賈跟前習武」，要想說明就裡，必須因勢利導，循循善誘。他悶坐書房，「垂淚不止」，孤兒前來問安，他冷冷地說一句「著他過來」，淡淡地回一聲「你吃飯去」，便使孤兒感到「每日見我心中歡喜，今日見我來，心中可甚煩惱……不知主著何意」，不能不問，問則答道：「我便與你說呵，也與你父親母親做不的主」，懸了一個大大的悶葫蘆。孤兒富貴公子，血氣方剛，哪裡受得了這番「蹊倖」？程嬰看到孤兒已經入穀，便「〔做遺手卷虛下〕」。當他聽到孤兒觀畫中的感嘆：「這一家兒若與我關親呵，我可也不殺了賊臣不是丈夫，我可便敢與他做主」，便利用語機，轉到場上，說「我已聽多時了也」，「你要我說這椿故事，倒也和你關親哩」。他和孤兒一問一答，先以第三者的語氣將故事述說一遍。孤兒急於徹曉，聽「這個穿紅的那廝好狠」，問道：「他叫甚麼名氏？」程嬰一時不便道出屠岸賈，含糊答道：「我忘了他姓名也」。只將鉏麑、靈輒、提彌明、趙盾、趙朔、公主、韓厥、公孫杵臼一一道出。當說到自己名諱的時候，孤兒已經大半明白，問道：「這壁廂爹爹，你敢就是他麼？」程嬰這時再虛晃一槍，說：「天下有多少同名同姓的人，他另是一個程嬰。」當他將故事述說完畢，估量孤兒之心已被徹底打動，再也按捺不住，緊接上幾句激將的話：「這趙氏孤兒見才長成二十歲，不能與父母報仇，說兀的做

甚?!」便將眞相合盤托出：「如今那穿紅的正是奸臣屠岸賈，趙
盾是你公公，趙朔是你父親，公主是你母親……我是存孤棄子老
程嬰，兀的趙氏孤兒便是你！」說畫這一折寫得繪影繪聲，曲白
俱妙，無怪孟稱舜於此大加贊賞，說：「文字到好處，便山歌曲
白與高文典冊同一機局，試看此段敘述，緩急輕重，多少處，便
解作文法則」，「是世間絕大文章，勿以小曲視之」，「可作一
篇史記讀」（孟稱舜《酹江集》本《趙氏孤兒》第四折評語）。

從上面的分析可以看出，顯然紀君祥自知這齣戲前後歷時幾
十年，劇情曲折複雜，僅以曲詞鋪述故事、抒發感情、描繪人物
是不敷需要的。因此他充分發揮了科白的作用。而唱工既已由韓
厥、公孫杵臼、孤兒三人分擔，賓白便主要留給了程嬰（還有屠
岸賈）。無論韻白中的詩云、詞云，還是散白中的獨白、對白、
分白、重白、帶白、插白、旁白，紀君祥均有大量使用，並且很
注意賓白的行動性，又把賓白和科介、曲詞有機地結合在一起，
曲白相生，動靜有序，珠聯璧合，把程嬰捨己爲人、忍辱負重的
品質，和深謀遠慮、認眞細致的性格，刻劃得入木三分。這在元
人雜劇中是首屈一指的。

（載《戲劇學習》1984年第一期）

論紀君祥《趙氏孤兒》
雜劇的南戲改編

　　著名的《趙氏孤兒》故事經過《左傳》、《國語》等載錄，
到司馬遷的《史記》，業已基本形成。最早把《趙氏孤兒》題材
創作爲戲曲的是元初的紀君祥。他的被譽爲元人四大悲劇之一的
《趙氏孤兒》雜劇，奠定了這一源遠流長、傳唱不衰的傳統劇目
的厚實的基礎。紀劇之後，出現了這一劇目的衆多的戲曲改編
本。本文擬專論《趙氏孤兒》雜劇的南戲改編。

　　大約與紀君祥創作《趙氏孤兒》雜劇的同時，宋元無名氏曾
以同一題材創作了戲文《趙氏孤兒報冤記》。

　　最早提到這本戲文的是《永樂大典戲文三種》之一的《宦門
子弟錯立身》。據錢南揚先生考見，《錯立身》出於宋人之手，
作於「金亡之後，宋亡之前這段時間之內」（《永樂大典戲文三
種校注·前言》）。依此，則《趙氏孤兒報冤記》最遲也當作於
宋元間，所以徐渭《南詞敘錄》稱爲「宋元舊篇」。《錯立身》
第五出〔排歌〕到〔鵲踏枝〕四支曲共舉宋金元戲文二十九本，
因爲曲體的限制，半數以上均未用其劇名全稱。但《永樂大典》
既稱爲《趙氏孤兒報冤記》，今依《永樂大典戲文三種》例，當
把它定爲此劇全稱❶。《遠山堂曲品》著錄《八義記》時說：「傳
趙武事者有《報冤記》……」，可爲一證。

　　沈璟《南九宮譜》卷四〔正宮·刷子序〕：

　　書生負心：叔文玩月，謀害蘭英；張葉身榮，將貧女頓忘

初恩。無情：李勉把韓妻鞭死；王魁負倡女亡身。嘆古今，
歡喜冤家，繼著鶯燕爭春。

君聽：前朝太師，東窗事犯，謀害忠臣；趙氏孤兒，恩仇
是岸賈公孫。風情：賈充宅偷香韓壽；寧王府磨勒通神。
嘆古今，牆頭馬上，繼著月夜聞箏。

〔刷子序〕散曲標題既云「集古傳奇名」，所錄當即此本戲文。
而散曲中所集十劇，提示的均其綱領。所謂「恩仇是岸賈公孫」，
也必當爲《趙氏孤兒報冤記》的主要情節。這一點，李開先《詞
謔》裏的一則資料也可證明：

顏容，字可觀，鎮江丹徒人⋯⋯嘗與眾扮演《趙氏孤兒》
戲文，容爲公孫杵臼，見聽者無戚容，歸即左手抔鬚，右
手打其兩頰盡赤，取一穿衣鏡，抱一木雕孤兒，說一番，
唱一番，哭一番，其孤苦感愴，眞有可憐之色，難已之情。
異日復爲此戲，千百人哭皆失聲。歸，又至鏡前，含笑深
揖曰：「顏容，眞可觀矣！」

所謂「《趙氏孤兒》戲文」，即係指《趙氏孤兒報冤記》。（世
德堂刊本《趙氏孤兒記》無此情節，詳後）引文中杵臼一色，前
「聽者無戚容」，後「千百人哭皆失聲」，成敗牽動全局，一定
是主要人物。又今傳世德堂刊本《趙氏孤兒記》第四〇齣「北邙
會獵」最後，有四句下場詩：「毒不毒屠相岸賈，忠不忠觸槐鉏
猊，義逢義公孫杵臼，冤報冤趙氏孤兒」，這四句詩與本出內容
毫不相干，應是誤錄在內的《趙氏孤兒報冤記》的題目，所以
《趙氏孤兒記》第一出副末的下場詩，也是這四句。依《永樂大
典戲文三種校注》例，這四句應在全劇之首，作爲總一故事的綱
要。據此，宋元舊篇《趙氏孤兒報冤記》是一本敷演以公孫杵臼
和屠岸賈爲主要對立面，旁溢以鉏猊等人，圍繞趙氏孤兒而鬥爭

的戲文。

除此之外，《北詞廣正譜·附南戲北詞正謬》錄有「南趙氏孤兒」的一曲〔正宮·混江龍〕：

> 遊人如蟻，迎頭撲面鬧如飛。這都是富豪家子弟，簇擁著寶馬香車，難道倩人扶上馬，一任的愛月夜眠遲。樓頭住鼓，畫角停吹，金吾不禁，來往爭馳，都道是五穀豐和歲稔無邊事，皆則是那皇朝有道與民同樂太平時。

原注云：「末句單句開琵琶雙句之漸」。《琵琶記》作於元末，李玉所署「南趙氏孤兒」當然要更早一些，且世德堂刊本並無此曲，或即《趙氏孤兒報冤記》的佚曲。此外不復可見。原本既不可得，其與紀劇和世德堂刊本的關係也就不能確知。只不過約略推測它與紀劇較爲接近而與世德堂刊本相去甚遠罷了❷。有一點倒是值得一提，宋元南戲有此舊篇，正與兩宋對趙氏孤兒故事的播揚有關。如果說紀劇全力表現忍辱負重的程嬰，而戲文則著意塑造剛烈不屈的公孫杵臼，這正是金地已經淪陷，而南宋尚在抗戰的時代精神的一個曲折的反映。

那麼，今傳世德堂刊本《趙氏孤兒記》是一本什麼樣的本子？

是劇直至第二十二齣，公孫杵臼方才出場，只是自報家門；第二十四齣他再度登台，也不過是個陪襯角色；第三十一齣才稍見杵臼形象；到第三十三齣「公孫死難」，便匆匆下台。況且短短四齣戲，還不全爲公孫杵臼而設，這顯與前文所錄李開先的記載和〔刷子序〕的提要異趣。又四齣中無論哪一齣，都沒有杵臼手抱孤兒「說一番，唱一番，哭一番」的關目。顯然，世德堂刊本並不是「宋元舊篇」的那個本子。

明末清初鈕少雅、徐于室在他們合撰的《滙纂〈元譜〉南曲九宮正始》的「臆論·精選」中說：「詞曲始於大元，茲選俱集

天曆至正間諸名人所著傳奇數套，原文古調以為章程，故寧質毋
文，間有不足，則取明初者一二以補之。」其所著錄的《趙氏孤
兒記》，雖未注明輯自《元譜》，但入選曲數占全部入選二百種
戲的第五位，份量如此，不可歸入「間有不足，則取明初者一二」
之中，而顯然應是天曆至正間的作品。所以《九宮正始》於「趙
氏孤兒」名下注謂「元傳奇」。呂天成《曲品》：「孤兒，事佳，
搬演亦可。但其詞太質，每欲如殺狗校正之，而棘於手，姑存其
古色而已。即以趙武為岸賈子，正是戲局。」天成萬曆間人，既
云「舊傳奇」，又與《殺狗記》並稱，且其詞古質，所著錄的當
就是這個天曆至正間的《趙氏孤兒》。《九宮正始》選有天曆至
正本《趙氏孤兒》五十三曲，其中合於世德堂刊本者三十八曲，
同於《六十種曲》本《八義記》者十曲，兩本均非者五曲。而合
於世德堂刊本的三十八曲，分布於世德堂刊本的二十六齣之中，
包括朔收周堅、趙盾勸農、翳桑救輒、張維諷諫、遣鉏行刺、鉏
猊觸槐、趙府占夢、犬撲宣子、靈輒負盾、趙氏族滅、報產孤兒、
盜孤盤孤、搜孤救孤、山神點化、陰陵思憶、趙朔返都、陰陵聚
會、幽魂索命、指說冤枉、孤兒報冤等主要情節。因此，天曆至
正本雖已散佚，其面貌據世德堂刊本尚大致可窺。但天曆至正本
《趙氏孤兒》後來又經過明初人的改竄，這只要看一看世德堂刊
本的體例便可明了。世德堂刊本分卷分齣，標出齣目，題目移到
家門的最後，成為副末的下場詩，這些都是明改本的常例。

　　南戲《趙氏孤兒記》與紀劇所敷演的故事既屬同一題材，其
基本情節相同，原是可能之事；然世德堂刊本因襲紀劇關目之處
頗多，遍及全劇，而且這些關目都是紀君祥首創，並非史實固有
的。晉靈公劇中不出場，一也。趙盾、屠岸賈文武不和（南戲第
7、13齣，以下僅注齣序），二也。屠岸賈遣鉏用獒（14、15、

16、18），三也。靈輒巧遇盾危（19），四也。杵臼棄職歸農
（22），五也。嬰投杵臼（22），六也。程嬰盜孤(28)，七也。
韓厥「本爲忠良門下客，今爲奸佞牙爪人」，守門盤孤，三番兩
次縱孤復索，最後自刎明志(28)，八也。程嬰以己子代孤（28、
30、31、33），九也。屠岸賈欲殺全國同庚兒（29），十也。程
嬰、杵臼共謀，以歲數不以難易分責，甚至計謀已定，程嬰尙疑
杵臼攀指（31），十一也。程嬰首孤，杵臼死節，乃至杵臼受刑
一時語漏（32、33），十二也。屠岸賈認孤兒爲義子（33），十
三也。孤兒報仇之時靈公已亡（37），十四也。孤兒觀畫，程嬰
指說冤枉，甚或嬰示煩惱之容以引孤兒問詢（43），十五也。孤
兒親手擒殺屠岸賈報冤（44），十六也。等等。且南戲的不少賓
白由紀劇演化而來，就是一些曲詞，也顯帶母胎的痕迹。如紀劇
第二折杵臼唱〔牧羊關〕：

> 這孩兒未生時絕了親戚，懷著時滅了祖宗，便長成也則是
> 少吉多凶。他父親斬首在雲陽，他娘呵囚在禁中。那裏是
> 有血腥的白衣相，則是個無恩念的黑頭蟲。你道他是個報
> 父母的眞男子，我道來則是個妨爺娘的小孽種。

南戲第三十一齣，杵臼分唱〔紅衲襖〕：

> 他生時年月凶……未離娘懷，且把親爹送；才離娘懷，娘
> 囚冷宮；公公不見容，家私一旦空，他是亡國敗家小業種。

兩曲極爲接近。又杵臼受刑，昏迷中差點供出程嬰的一段唱詞，
兩劇也很爲相似。

　　極爲明顯，天曆至正本《趙氏孤兒》是元無名氏改編紀劇而
又兼蒙戲文《趙氏孤兒報冤記》影響的南戲；今傳世德堂刊本
《趙氏孤兒記》就是天曆至正本的明初整理本。❸

　　南戲《趙氏孤兒記》是怎樣改編紀劇的呢？首先，鋪演整個

故事。趙氏孤兒故事以靈公嗣位，長成不君，趙盾極諫，君臣不
和，趙盾被逼出逃，其弟趙穿弒君爲前半部；以趙氏族滅，趙朔
托孤，程嬰、杵臼救孤，孤兒成立，韓厥復孤，屠岸賈滅門爲後
半部。南戲四十四齣，其與紀劇一楔五折對應關係爲：以第2-23
齣對楔子，以第25-28齣對第一折，以第22、24、29-31齣對第二
折，以第32-35齣對第三折，以第36-43齣對第四折，以第44齣對
第五折。紀劇以短短一個楔子介紹故事前半部，點明背景，揭示
頭緒，引爆氣氛，拉開序幕；而以整整五折戲搬演故事後半部，
設計了韓厥盤孤自刎、杵臼殉孤盡義、程嬰誨孤說畫三場重頭
戲，著力製造波瀾，束緊劇情，塑造英雄，縫合全劇。南戲則平
分場次，紀劇一個楔子，南戲竟排演成二十二齣，將紀劇楔子中
屠岸賈口中的一些情節，如文武不和、遣鉏用獒、鉏猊觸槐、提
彌明擊犬、翳桑救輒、靈輒負盾等均形之於場上。由此可知兩劇
的趣旨大不相同。紀劇是選材精慎，主腦清晰，刻劃人物，表現
主題；《趙氏孤兒記》則平均勞逸，順序演進，窮盡情節，表達
思想。

　　其次，遵循南戲慣例。南戲通常以生、旦爲主要角色，家門
一過，即以生角沖場，然後次第介紹人物，演進劇情，最後以生、
旦合場大團圓謝幕。《趙氏孤兒記》也是走的這條路子。第2齣
生扮趙朔自報家門。第5齣旦扮德安公主，偕趙朔宴賞元宵。第
11、17、21齣生、旦同登舞台，穿插劇情。其後趙氏族滅，生出
逃(第22、27、35、37、39齣)，旦囚宮(第23、28、34、38齣)，
分成兩條獨立線索。直至第41齣生旦團圓，復合於一。接著第43
齣孤兒歸宗，第44齣「孤兒報冤」，「當時打開鸞鳳侶，幸然今
日重相會，花再發，琴再理，月再輝」(〔鵝鴨滿渡船〕)。紀劇
只在楔子末尾，讓趙朔向公主托孤，旋即自殺；在第一折開首，

讓公主向程嬰轉托孤兒，亦隨後自縊。《趙氏孤兒記》卻爲了生旦悲歡離合的常套，用了十幾個齣次。

再次，參考歷史事實。紀君祥作劇已對史實多所改造。然南戲自有格局，於是就另以一些場次新編史實。《趙氏孤兒記》第8齣「趙盾勸農」，由《左傳·宣二年》「宣子田於首山」一句增排。又同年「宰夫胹熊蹯不熟，殺之，置諸畚，使婦人載以過朝。趙盾、士季見其手」一段，是講「晉靈公不君」，《趙氏孤兒記》變而爲「今日屠相鈞旨」，由御廚截割馱漢人手，演之於場上，是爲第12齣。又趙盾爲惡犬追逐，被靈輒負去（第19齣），五個月後遣靈輒下山探取消息，得知闔族遭斬，傷絕亡故（第26齣），即據《史記》所謂「盾以得亡，未出境」一語點染。

在紀劇基礎上改編的這本南劇，關目迭出，排場屢變，是有著自己的特色的。第一，保留了紀劇的基本情節。趙氏族滅，趙朔托孤，程嬰、杵臼共謀，程嬰首孤，杵臼死難，程嬰撫孤，孤兒報冤，這是紀劇故事的基本主幹，也是《史記》趙氏孤兒故事的主要內容，南戲全盤繼承了下來，所以程嬰和屠岸賈同爲兩劇貫串始終的主要人物。第二，排場穿插，復線並進，情節曲折，結構完整。第6齣以前戲劇在趙府單線演進，第7-20齣，以趙、屠爲忠奸的雙方，場次相同，變爲雙線。其中第13齣、第15齣、第19-20齣兩線三度交合，忠奸鬥爭逐步表面化和白熾化，便有第21齣趙氏的族滅，分出程嬰、杵臼這條救孤的第三線。三條線在第22齣交滙，表面看來，「奸雄得意」，似乎矛盾已經解決，實際不但程嬰、杵臼救孤的決心愈堅，即將付之於具體行動，而且趙盾、趙朔父子出逃，公主囚宮，復仇的火種並沒有熄滅。所以自第22齣起，劇情按照公主、趙朔、程嬰杵臼、屠岸賈、趙盾五條線索推演。這大致是趙孤故事的前半部，南戲析爲上卷。下

卷開篇，趙盾傷絕亡故(第26齣)，「朔遇靈輒」(第27齣)，故事縮為四條線索，由此直至終場，各線組合，逐步交滙，場面愈來愈大，劇情愈演愈烈。第28齣公主轉向程嬰托孤，而屠岸賈令韓厥守門，三線滙合，是救孤搜孤鬥爭正面展開的第一個回合。在這個回合裏，孤兒雖僥倖出宮，但作為在逃罪犯，正被屠岸賈加緊搜捕。第32、33齣程嬰屠岸賈兩線合一，為第二個回合。這次鬥爭，屠岸賈慘殺假孤，自以為取得了最後的勝利，實則眞孤找到了最安全的生長地，復仇的火苗正在屠府燃燒。所以有第44齣公主、趙朔、程嬰的「陰陵聚會」，第43齣孤兒和父母在屠府的相認，和末齣四線的合一，「孤兒報冤」。

盡管這本南戲的改編有如前述一些成功之處，但這次改編存在的問題卻是嚴重的。它改變了紀劇原作的主題，紀劇中那種對為正義事業忍辱負重、赴湯蹈火的英雄品質的歌頌，在這裏變成了對迂腐、抽象的封建道德規範的贊美和盲目的頌聖。第二齣報告趙盾、屠岸賈在禁、放花燈一事上的矛盾，原可揭示忠奸鬥爭的端緒，但那位「調合鼎鼐、變理陰陽」的正卿趙盾，禁燈的理由竟是：「燃燈遊戲，哄動街坊……聚朋挾友，酣鬥爭強，男女混雜，緇素列行，竭資破產，至於離亡，不測風火，引匿官坊」，活活一付道學先生面孔，無怪他高唱「聖主垂衣，國安民樂時治，文忠武烈，讒臣回避，果然民樂太平堯世」（第六齣〔女冠子〕），甚至勸農之時也不忘謳歌「論吾王德化，外邦肅靜，劍甲藏，偃武修文，則那更風調雨順。田豐稔，黎民齊賀太平風景」，（第八齣〔月上海棠〕）可見，本劇的宗旨，一開篇便定下了基調。尤其值得注意的是第三、四、五、六、二十一齣用了五齣篇幅所描繪的周堅的形象。他「只因為客本錢消折，逗留晉陽……白日無事，只好吃酒」，元宵佳節，「去橋下王婆酒店」，

誆騙酒吃。誰想遇到的是「出入趙府，托庇門墻，一不怕人賒，二不怕黨強」的官商，於是被當街扯住，先做了一番唱乞，又耍了一回強梁，仍不得脫身，終於被扭至趙府。因爲「年紀共身材」與趙朔廝像，遂被收留爲趙府門客。他覺得「這恩澤如何忘得」，便甘「願作執鞭墜鐙之使」。後來趙府夢兆「夢見一府人都不動，被周堅一擔擔了出門」。果然趙氏族滅之際，他替趙朔自刎，「捨死答恩主」。這樣編排，雖是一時解了戲劇的危機，使生角生存；但一個蒙懂醉漢，對廊廟的爭鬥全然不知，僅爲報答還債收容之恩，代主身死，這哪裏是什麼捨生取義的英雄，正是封建倫理教條的圖解。劇中程嬰的形象也是如此。第二齣他初登舞台，便「黎民樂，堯舜天，晉侯無讒佞，萬里安」的唱起來。其實他身爲趙府親信，隨趙盾侍朝，君臣矛盾，忠奸鬥爭，都了如指掌，尚如此一味粉飾太平，必爲其根本的思想局限。所以第九齣他委實把趙府的權勢炫耀了一番，並且告誡靈輒「但記得此時恩愛莫忘義」。直至第二十一齣趙門滅族，他受託孤之任，尚只知「程嬰心裏，辨赤心報恩」而已。待到韓厥自刎屠岸賈挨抄孤兒，情勢嚴重，事迫眉睫，他決定以子代孤，也還是「一則報主之恩，二則再不疑趙盾家有人，三則救得一國男女之命」。但程嬰畢竟已經意識到救孤意義的擴大，接下去才有計謀與首孤之舉。杵臼死節，救孤之業又添了一筆血債，他庇居屠府，也受到了更艱韌的磨煉。「這一家冤事在吾心下裏」，孤兒長大，他先使趙朔與公主相聚，又指說冤枉，使孤兒父子團圓，並設計誆屠岸賈，使孤兒報冤。這時的程嬰應該堅定地相信壯大起來的正義的力量，是完全可以戰勝罪惡的。但他相信的卻是善惡報應，認爲「屠賊祿盡勢敗」，「日子到也」。所以，這個趙氏孤兒故事中最主要的英雄在南戲中的形象，是帶有嚴重的封建教義的缺

陷的。其實劇本第一齣「傳末開場」即直言不諱地表明了這種宗旨。感嘆於「世情多孟浪」，而「按父子恩情，君臣忠直」，欲「休言打動衆官人，直甚感動公侯伯」，是一部類似《琵琶記》的有所爲之作。

南戲改編本之所以失去了它的藍本那樣的健康積極的主題，是有著深刻的社會政治原因的。蒙元入主中國，雖然帶著異族的習性，衝擊了盛極一時的兩宋道學，但他們不久即明白，欲要統治漢人，必須繼承中原本土的封建道統。元順帝朝官修的《宋史》，不僅創立《道學傳》，以「推崇程朱之學」（錢大昕《廿二史考異》卷八一），而且把道學作爲貫串全史的基本思想，當作判斷是非的標準。朱明創業，鑒於元末動亂之中封建思想的薄弱，不滿意元朝統治集團「其於父子、君臣、夫婦、長幼之序，瀆亂甚矣」的狀況，號召「立紀陳綱」（見《綱鑒合纂》），大力提倡程朱理學，甚至明成祖主持編纂《性理大全》，作爲國民思想的規範。同時，元明統治者十分重視廣泛流傳於官方民間的戲曲的作用，一方面，「諸妄撰詞曲，誣人以犯上惡言者處死」（《元史·刑法志》），「凡樂人搬做雜劇戲文，不許妝扮歷代帝王後妃、忠臣烈士、先聖先賢神像，違者杖一百」（明洪武三十年五月刊本《御制大明律》），明令禁毀；另方面，「其神仙道扮，及義夫節婦，孝子順孫，勸人爲善者，不在禁限」(同前)，「洪武初年，親王之國，必以詞曲一千七百本賜之」（李開先《張小山小令後序》），又予優柔。尤其是對主張「不關風化體，縱好也徒然」的《琵琶記》，明太祖朱元璋極爲欣賞，說：「五經、四書，布、帛、菽、粟也，家家皆有；高明《琵琶記》，如山珍、海錯，貴富家不可無。」（《南詞敘錄》）這無異是對其後戲劇的創作，懸示了典範。正由於是在南戲改編紀劇的時代，

無論官箴，還是鄉約，都旨在廣教化，美風俗，宣揚封建禮教，維繫道學倫理，因而南戲《趙氏孤兒記》便嚴重地打上了時代的這一烙印。

　　南戲《趙氏孤兒記》不但思想宗旨乖謬，其戲劇藝術也很爲平庸粗劣。趙氏孤兒故事是一個反映重大題材的歷史悲劇，其主要人物均爲男角，所以紀劇寫成末本，除了公主的隻言片語，簡直就是一台獨角戲。南戲卻囿於生、旦團圓，整齣的就用了十三齣戲來描寫趙朔與公主的悲歡離合。這就必然致使排場拖沓。又趙氏孤兒故事的重心在於後半部，而南戲則平均使用場次，結果平鋪直敘，沒有重頭，結構冗陋散漫。因此，主要人物既無戲可做，形象乾癟；次要角色也癈話連篇，無甚光彩。程嬰、杵臼已如前述，紀劇中如第三號英雄韓厥，在這裏只有半齣戲、兩隻曲、數聲白，個性極爲模糊。新增的人物如靈輒、鉏麑、提彌明等也無一令人滿意，更不要說那些眾多的淨丑，插科打諢，遊離劇情之外，徒費粉墨了。

　　不過，《趙氏孤兒記》南戲雖然精華與糟粕互見，比起紀君祥原劇遠爲遜色，但畢竟將趙氏孤兒故事搬上了南戲舞台，拓寬了南戲的題材類別，擴大了故事的流傳範圍，規範了後來昆曲這一傳統劇目的基本面貌。而且這次改編的教訓，也逐步提供爲後來這一題材戲劇改編的借鑒。

　　　　　　　　　　（載《南充師院學報》1983年第1期）

【註　釋】

❶新編《中國戲曲曲藝詞典》「趙氏孤兒」條，既定爲宋元人作，又用其全名，極有見地。然又說世德堂刊本即爲是劇，並據之介紹劇情，非。
❷抄本《錄鬼簿》著錄紀劇，題目作：象公逢公孫杵臼。（按「象公逢」

三字不可通，或即「義逢義」三字之訛誤巔倒者）正名作：冤報冤趙氏孤兒。《元曲選》本、《酹江集》本俱題目作：公孫杵臼恥勘問。正名作：趙氏孤兒大報仇。它們雖只簡稱，徵之紀劇二、三折均以杵臼爲正末，庶幾相符。《元刻古今雜劇三十種》本題目作：韓厥救捨命烈士，陳英說妒賢送子。正名作：義逢義公孫杵臼，冤報冤趙氏孤兒。才準確地概括了全劇大意。

❸歷來提到這本南戲的，作品判屬多有混亂，試一正之。《遠山堂曲品》、《曲目新編》、《曲話》、《今樂考證》所著錄的即此劇。《今樂考證》附錄《南詞敘錄·宋元舊篇》時，於「趙氏孤兒」名下注云：「本錄明無名氏《孤兒》本，未知即此否？」本非一本，正當其疑。《南詞定律》、《九宮大成》所選《孤兒記》諸曲，幾全同此劇。《世界文庫》第七、八兩冊收有劉師儀的此劇校注本，正本標題作：趙氏孤兒報冤記。署：元明無名氏作。將宋元舊篇與元明南戲混爲一談，非。

《八義記》辨證

　　我國歷史上的著名的「趙氏孤兒」故事，在宋元之間，被紀君祥和無名氏分別據以創作爲雜劇《趙氏孤兒》與戲文《趙氏孤兒報冤記》。從此，這一劇目歷代不衰，一直頻繁地上演於戲曲舞台。元天曆至正間，無名氏又以《趙氏孤兒》雜劇爲基礎，參酌《趙氏孤兒報冤記》戲文，改編成南戲《趙氏孤兒記》。這本南戲，在明初復經整理，便就是今傳世德堂刊本《趙氏孤兒記》了。❶

　　後來，隨著時代的變遷和戲曲舞台的實踐，又有明傳奇《八義記》、《接嬰記》（《遠山堂曲品》），清傳奇《節義譜》（《今樂考證》）等相繼出現。《接嬰記》、《節義譜》今已不見傳本，有傳本的《八義記》則不但歷來著錄紛紜，莫衷一是，而且在明清兩代，出現了眾多的版本，呈現出復雜的變化。本文即擬對《八義記》的版本試作考訂，希望理清《八義記》的發展脈絡，就教於專家和同人。

　　《八義記》的版本，據傅惜華先生《明代傳奇總目》，有：「一、明末汲古閣原刻初印本，二卷，有封面，稱作『八義記定本』。二、汲古閣刻『六十種曲』，未集所收本。三、清乾隆二十年鈔本，傅惜華藏，二卷。四、聽雨樓查有炘藏抄本，前南京國學圖書館藏，不分卷。五、清抄本，北京圖書館藏，二卷。六、一九五五年古本戲曲叢刊編刊委員會所輯『古本戲曲叢刊二集』第二十二種，據汲古閣原刻本影印。」此外尚有：七、一九三五

年開明書店排印《六十種曲》本。八、一九五四年文學古籍刊行社據開明書店紙型重印,回復了初印本的面貌,第一套第二冊所收本。這八個本子,除傅惜華藏乾隆二十年鈔本筆者未能訪見之外,餘下的七種版本,可分爲兩類:一、二、六、七、八爲一類,四、五爲一類。前一類,不論是汲古閣原刻初印本,還是《六十種曲》的各種組合本,都是《六十種曲》本,現即先予論證。

將《六十種曲》本《八義記》對照世德堂刊本《趙氏孤兒記》(《世界文庫》第七、八兩冊就收有劉師儀的這種校勘本),很容易看出,《六十種曲》本對於世德堂刊本,只是做了一些整理齣目、修全體例、更動關目、調整場次、潤飾賓白、增刪曲詞等這種形式上的分合刪飾、整齊劃一的工作。譬如齣目,《六十種曲》本有五個全同世德堂刊本,就是那些不同的,也只是易字換詞,使其名副其實而已,有的齣目更乾脆取自世德堂刊本插圖的標題。再如曲詞,《六十種曲》本全劇二五一曲,其中全同世德堂刊本者一五三曲,另曲詞相同而曲牌不同者又四十五曲,因承超過大半。又如場次,世德堂刊本四十四齣,實則五十二場,《六十種曲》本通過分、合、調、刪,變爲四十一齣,每齣一場,糾正了一些南戲頭緒紛繁、場上忙亂的弊病。實在,南戲《趙氏孤兒記》思想和藝術均存在有嚴重的問題,搬演於場上既有困難,更要受到廣大觀衆水平和趣味的抵制,將它加以改編已是勢所必然。而且明初至中葉這個時期,正是元明南戲四大聲腔爭奇鬥勝向昆曲一統轉變的時期,聲腔既變,排場亦非,也必然要求將舊有劇本加以改造整理。《六十種曲》本正是順應這種潮流的「本元人《孤兒記》而改削之」(《傳奇滙考標目》)的昆曲改編本。

在明代相對穩定地流傳的,就是這個《六十種曲》本《八義

記》。萬曆二十一年至二十四年刊行的《群音類選‧群音補選》，選有《八義記》的「駙馬賞燈」一齣，與《六十種曲》本第五齣相比，僅少〔神仗兒〕兩曲，但這兩曲係丑角所唱小調，可以不錄。而世德堂刊本卻與之大異。這是最早記載《六十種曲》本《八義記》的資料，就是說《六十種曲》本最晚不遲於萬曆中期已經大致定型。其後萬曆四十四年刊行的《吳歈萃雅》、天啟三年刻印的《詞林逸響》、天崇間鐫鍥的《南音三籟》、明清間編定的《北詞廣正譜》，選的也都是這個本子的單齣或隻曲。❷

　　但是以《八義記》作為劇名的記載或者要更早一些。呂天成《曲品》和祁彪佳《遠山堂曲品》所著錄的《八義記》不計之外（這個本子係徐元改編，不同於《六十種曲》本，詳見後論），沈璟《南九宮譜》選有《八義記》的八隻曲子，只有〔添字紅繡鞋〕一曲接近《六十種曲》本，餘則全同世德堂刊本。這說明南戲《趙氏孤兒記》至遲是在萬曆中期沈璟編定《南九宮譜》的時候，已經又名《八義記》。這一推斷尚有以下幾例可證：《群音類選》所選之「公主賞燈」、「藏出孤兒」、「程英首孤」、「杵臼自嘆」四齣，雖標明選自《八義記》，實則全同世德堂刊本，此證一。《遠山堂曲品》著錄南戲《趙氏孤兒記》時說：「此古本『八義』也，詞頗古質，雖曲名多未入譜者，然與今信口之詞，正自不同。」明以《八義記》稱《趙氏孤兒記》，此證二。《欽定曲譜‧南呂宮過曲〔紅衲襖〕附注》云：「又按古曲如《八義》、《金印》、《拜月亭》，皆以〔紅衲襖〕作引子，獨《琵琶記》竟作過曲。」《金印記》、《拜月亭記》、《琵琶記》均元明南戲，《八義記》既與之並舉，又稱「古曲」，係《趙氏孤兒記》無疑，此證三。其實，《趙氏孤兒記》既然全面敷演趙氏孤兒故事，劇中贊助忠的一方的主要人物又可認為是八人，別名

《八義記》，也合情理。

畢竟世德堂刊本《趙氏孤兒記》、《六十種曲》本《八義記》
是相對獨立的不同的本子，既通稱《八義記》，便勢必造成稱引
中的混亂。事實正是如此。先看戲曲選本：《群音類選》實際是
並選世德堂刊本和《六十種曲》本，通稱《八義記》，如果不與
原本相較，對於正選既選了「公主賞燈」，補選又選「駙馬賞
燈」，就要產生疑問。再看曲譜：並錄《趙氏孤兒記》和《八義
記》的曲譜，有《南詞定律》、《九宮正始》、《九宮大成》等
三種。《南詞定律》選有《趙氏孤兒記》四曲，《八義記》三十
二曲。《趙氏孤兒記》四曲皆合世德堂刊本；《八義記》合《六
十種曲》本者二十五曲，實即世德堂刊本者五曲，兩本俱非者二
曲。《九宮正始》選有《趙氏孤兒記》五十三曲，《八義記》三曲。
《趙氏孤兒記》合世德堂刊本三十八曲，實即《六十種曲》本者
十曲，兩本俱非者五曲。《八義記》合《六十種曲》本者二曲，
實即世德堂刊本者一曲。《九宮大成》選有《趙氏孤兒記》二十
一曲，《八義記》二十六曲。《趙氏孤兒記》二十一曲皆合世德
堂刊本；《八義記》合《六十種曲》本者十九曲，實即世德堂刊
本者六曲，兩本俱非者一曲。單錄《八義記》的曲譜，如《南詞
新譜》、《寒山曲譜》、《南九宮譜大全》、《新定十二律昆腔
譜》、《欽定曲譜》等，每譜均有實即世德堂刊本者。❸自然，
後出各譜可能承襲前譜，但各譜選曲衆寡和入選曲牌均有不同，
當均因稱引混亂所致。

這種混亂並不盡因世德堂刊本和《六十種曲》本通名《八義
記》而起，更多的例證倒是說明在南戲《趙氏孤兒記》和《六十
種曲》本《八義記》之間，有著不止一個的名之爲《八義記》的
改編過渡本。以諸曲譜爲例，無論是並錄《趙氏孤兒記》、《八

義記》者，還是單錄《八義記》者，每一譜所選各曲（至少是比前譜增加的曲子）應該出於同一個本子，但如《南詞定律》、《九宮正始》、《九宮大成》，或名《趙氏孤兒記》而兼採《六十種曲》本《八義記》，或名《八義記》而兼採《趙氏孤兒記》，其所依據的本子，必既非南戲《趙氏孤兒記》，又非《六十種曲》本《八義記》，而為另外的也名《八義記》的本子。而這種也名《八義記》的本子，既或主要地吻合《趙氏孤兒記》並少量兼採《六十種曲》本《八義記》，或主要地吻合《六十種曲》本並少量兼採《趙氏孤兒記》，其被兼採的各曲，各譜又不盡相同，更有少數兩種皆無者，便說明確實存在著不止一種的《趙氏孤兒記》與《六十種曲》本《八義記》之間的改編過渡本。只不過這類改編過渡本有時被循舊稱作《趙氏孤兒記》，有時被依新稱作《八義記》罷了。但《趙氏孤兒記》久已定本，被稱為改編過渡本劇名者，僅《九宮正始》一例；而《八義記》在明代很為風行，所以改編過渡本多取以為劇名。這便也就是《遠山堂曲品》所謂「《孤兒》……惜今刻者、演者，輒自改竄，蓋失真面目矣」的意思。

應該說戲曲腳本（即前文所謂改編過渡本）處在不斷變動的過程之中，恐怕從來就是舞台演出的現實。如《九宮正始》選有元天曆至正本《趙氏孤兒記》五十三曲，其中同世德堂刊本《趙氏孤兒記》者僅三十八曲，即是《趙氏孤兒記》南戲，從天曆至正本到世德堂刊本，幾十年的時間，就已經刪汰了十五曲。

從這裏也可以看出，戲曲劇本、戲曲選本與曲譜選曲之間有著某種不相諧和性。一般地講，戲曲劇本一經刊行，便相對穩定；而戲曲選本和曲譜選曲多取之當時舞台演出實際，這就使它們不但與戲曲劇本時相牴牾，它們之間也常相出入。所以用這類

戲曲選本和曲譜選曲印證戲曲劇本的時候，是需要審慎處理，細加甄別的。

總之，起先是一本南戲《趙氏孤兒記》，後來這本南戲和它的眾多的改編過渡本並傳，直至汲古閣刊行《六十種曲》，才把《六十種曲》本的「八義記定本」固定下來。又經過一段時間的消磨，那些改編過渡本除了在戲曲選本和曲譜中保留一些踪影之外，已經失傳，傳今的便只有世德堂刊本《趙氏孤兒記》和《六十種曲》本《八義記》了。因此，《六十種曲》本是南戲《趙氏孤兒記》不斷上演改編的結果。它的作者當然應該是歷代眾多的演員和觀眾。

《八義記》版本的後一類，北京圖書館藏清鈔本（以下簡稱北圖本），二十八齣；聽雨樓查有炘藏鈔本，三十三齣，❹均未署撰人姓氏，則是《六十種曲》本的整理本，或者說是南戲《趙氏孤兒記》的繼續改編本。❺這一類版本可以北圖本為代表。北圖本與《六十種曲》本比較，也只是全刪了後者的十一個齣次，合併了四個齣次，另加標定齣目、重編賓白、刪改曲詞，使之結構嚴謹精練，排場簡潔均衡而已。❻這一類鈔本，都是清代戲曲舞台實際上演的《六十種曲》本《八義記》的腳本。

北圖本當然也是出於眾人之手，但它最早顯出端倪，卻在汲古閣刻印《六十種曲》之前。明止雲居士《萬壑清音》中選了《八義記》的一齣「趙盾挺奸」，其首曲即與北圖本相同，不妨看作這一版本的濫觴。崇禎年間編選的《醉怡情》，選有《八義記》的「賒飲」、「賞燈」、「評話」、「鬧朝」四齣，齣目雖與北圖本有所不同，曲詞卻基本上與北圖本相似，而與《六十種曲》本差別較大。因此這一版本在明末便已大致形成，並且很快取代了《六十種曲》本，而上演於昆曲的舞台。這由《綴白裘》

和《納書楹曲譜》、《六也曲譜》、《集成曲譜》、《昆曲大全》諸譜所選的《八義記》的十一個齣次，幾乎全同於北圖本可證。❼

　　另外，《六十種曲》本既「與正選者」（按即南戲《趙氏孤兒記》）大同小異（《群音類選・群音補選注》），它與《趙氏孤兒記》的混稱，便未能靠汲古閣「定本」而澄清。這一撥亂反正的工作也是由北圖本來完成的。因為明末以來的諸曲譜雖然因循前譜繼續混稱《趙氏孤兒記》和《六十種曲》本《八義記》，但同時或其後的所有戲曲選本，卻一律依據北圖本，再也沒有出現混稱了。北圖本才是《六十種曲》本《八義記》的寫定本。

　　《群音類選》以來的戲曲選本，❽選有《六十種曲》本系統《八義記》的十六個齣次：賒飲、賞燈、勸農、翳桑、評話、遊覽、鬧朝、遣鉏、上朝、撲犬、嚇痴、付孤、盜孤、程嬰寄孤、杵臼自嘆、觀畫。其中付孤五次入選，賞燈、鬧朝四次入選，翳桑、觀畫三次入選，評話、遊覽、遣鉏、撲犬、盜孤二次入選，餘選一次。由此可知，《八義記》劇目上演頻繁的單齣是：付孤、賞燈、鬧朝、翳桑、觀畫。「付孤」動淒惻之情，「賞燈」揚富貴之趣，「鬧朝」蕩剛正之氣，「翳桑」表濟貧之舉，「觀畫」示全劇之相，它們受到歡迎不是偶然的。

　　《八義記》的版本，除了前文談到的八種之外，還有一種是徐元的改編本。這一版本雖今已不存，但在歷來著錄上，頗有混亂，也有加以辨證的必要。

　　杜穎陶先生在《曲海總目提要補編》箋注㈠中說：

　　　沈自晉《南詞新譜》：「《八義記》，徐叔回作。」《六十種曲》中有《八義記》一本，多以為即叔回所作，非是。呂天成《曲品》：「《孤兒》，……即以趙武為岸賈子，正是戲局。近有徐叔回所改《八義》，與傳稍合，然未

佳。」《遠山堂曲品》：《八義》，徐叔回作，注云：「傳趙武事者有《報冤記》，又有《接嬰記》，此則以《八義記》名。記中以程嬰爲趙朔友，以獒犬在宣孟侍宴之際，以韓厥生武而不死於武，以成靈壽之功，皆本於史傳，與時本稍異。」《六十種曲》本《八義》，其情節與呂、祁兩家所述徐本不合，當非徐叔回作。明世德堂刊本有《趙氏孤兒記》，《六十種曲》本《八義》似即就此本而略加增潤者，《提要》所敘亦與此相合，當皆爲《趙氏孤兒記》。明止雲居士《萬壑清音》中選《八義記》「趙盾挺奸」一折，曲亦北端正好一套，但字句與今存兩本皆不同，此或出於徐叔回本。

杜先生的意見基本是對的，但說得過於簡略，今補充論述如次。

明末毛晉刊行《六十種曲》，於《八義記》下署名：徐元。《六十種曲》本《八義記》作者徐元說如此起始作俑之後，《古人傳奇總目》、《傳奇滙考標目》、《重訂曲海總目》、《曲話》、《今樂考證》、《曲目新編》、《曲錄》陳陳相因，均以《六十種曲》本《八義記》判歸徐元，造成整個有清一代著錄上的誤會。《雨村曲話》曾經最早覺出其中的舛誤，認爲《六十種曲》中的《八義記》，「撰人不可考」。這個見解似乎沒有得到應有的重視，直至杜先生出來質疑，才算初步正本清源。

《六十種曲》本《八義記》雖非徐元所作，徐元改編有《八義記》一本，卻是確鑿無疑的事實。徐元其人的生卒行誼已不可考知，最早提到他是《八義記》作者的是呂天成《曲品》。《曲品》既云「近有」，則徐元當與天成同時而爲萬曆間人。然「叔回」爲字爲號不明，❾《南詞新譜》補充了一句：「徐叔回，名元，錢塘人。」如此而已。《南九宮譜》所選《八義記》〔鶴沖

天〕一曲下原注云：「用韻雜，此曲今人改用〔玉抱肚〕矣。」
而「改用〔玉抱肚〕」的「今人」今本，卻是《六十種曲》本《八
義記》。似乎其時徐元的《八義記》尚未成篇。按沈璟萬曆十七
年以疾歸里，放情詞曲，他編定《南九宮譜》必在萬曆十七年以
後，而《曲品》成書於萬曆三十八年，所以徐元改編《八義記》
的時間，似當在萬曆十七年至萬曆三十八年之間。

　　徐本《八義記》雖已亡佚，它的大略面貌還是可以窺知的。
李調元《劇話》卷下：「今《八義》劇所演鉬麑、提彌明、靈輒
三事，乃詳宣二年傳中，而晉因韓厥之言以立趙武，則在成公四
年傳。」調元這裏說的「晉因韓厥之言以立趙武」，即《遠山堂
曲品》所謂「以韓厥生武而不死於武」，顯指徐本無疑。又焦循
《花部農譚》：「乃《八義》之程嬰，本諸太史公之《晉世家》，
嬰乃趙氏家臣，以己子易趙子，見其忠於所事……彼《八義記》
者，直抄襲太史公，不且板拙無聊乎？」里堂所言「嬰乃趙氏家
臣」，雖與祁彪佳所記「以程嬰爲趙朔友」不合，然「直抄襲太
史公」，應是《遠山堂曲品》「皆本於史傳，與時本稍異」，和
《曲品》「與傳稍合」之意，其所指《八義記》，當然也該是徐
本了。要之，徐元《八義記》是一個繼承了時本富有戲劇性的主
要關目，而又更近史實的本子。能夠知道的一些關目，如「鉬麑、
提彌明、靈輒三事」、程嬰「以己子易趙子」、觀畫等，均同時
本。但它「以嗾犬在宣孟侍宴之際，以韓厥生武而不死於武」等，
便與時本不同，而合於《史記》。

　　這一變更在戲劇排場上必將引起重大的調整，徐本有別於傳
本《八義記》，而另自格局，當是可以想見的。可能徐元對戲劇
並不怎麼當行，且又「皆本於史傳」、「直抄襲太史公」，排場
上大約乾硬僵滯，因此呂天成批評說「未佳」，焦循更嘲之爲

「板拙無聊」！

《九宮譜定》卷四選有《八義記》一曲〔永團圓犯〕：

> 夫人小玉都睡了，莫孤負此良宵。中天皓皓光如洗，庭砌
> 畔，花陰繞，韶華易老。雙纏小亭花綉草，樓閣侵雲表，
> 風清露皎。山隱隱，水迢迢，悶把湖山靠。（犯）羅袜鞋
> 兒小，雲髮亂，金鳳翅，慢行休囉皂，只恐外人瞧。

此曲或孤兒長成觀畫之前程嬰等所唱，然小玉指何人不明，且世
德堂刊本《趙氏孤兒記》與《六十種曲》本《八義記》均無此曲，
又曲詞流麗，與傳本《八義記》風格不諧，或自徐本所出。

至於杜先生所舉《萬壑清音》所選「趙盾挺奸」一齣，卻未
必爲徐本原有。理由有二：徐本既注重史實，又「以嗾犬在宣孟
侍宴之際」，極有可能把晉靈公拖出，表現君臣矛盾。則歷史上
不同朝的趙盾、屠岸賈，舞台上也可能不同場，這是一。以世德
堂刊本和《六十種曲》本系統《八義記》對照諸曲譜，曲譜所錄
而傳本無者甚夥，如《南詞定律》所錄〔瑤台月〕、〔梁州序〕，
《九宮正始》所錄〔菊花新〕、〔海棠抱玉肚〕，《南九宮譜大
全》所錄〔吳織機〕等均是。而更換曲牌、潤飾字句者，更是比
比皆是。因此杜先生「字句與今存兩本皆不同，或即出於徐叔回
本」的推測很難成立，這是二。前面說過，《萬壑清音》所選
「趙盾挺奸」的首曲與北圖本相同。從這點設想，倒可能是止雲
居士從某一個改編過渡本中選出了這一齣的。

徐本《八義記》自萬曆中期產生以後，至少在李調元和焦循
活動的乾隆年間尚在流傳，但它的傳布不廣，否則毛晉便不會張
冠李戴了。清人靈臯軒曾將徐本《八義記》改編成《節義譜》傳
奇，只是這個本子也不見傳了。京劇傳統劇目中有一個單折叫
《興趙滅屠》，言「晉悼公即位，韓厥撫養趙朔孤兒趙武，道破

眞情，代趙氏雪冤」（陶君起《京劇劇目初探》），與徐本切合，或自徐本而來。又據《東周列國志》，孤兒出宮係韓厥用調虎離山之計，調開屠岸賈，而遣人僞以草澤醫人所爲；孤兒先藏韓府，後轉交程嬰撫養；待孤兒長成，韓厥便建議晉景公恢復了趙氏宗祧。按《東周列國志》成書於明末，是一本歷史小說，韓厥復孤，見於傳、史，原無意外，然韓厥盜孤，卻純爲杜撰，此或亦徐本《八義記》影響所致。綜合《遠山堂曲品》、《東周列國志》、京劇《興趙滅屠》推想，韓厥似爲徐本演滿全場的主要人物。紀君祥《趙氏孤兒》雜劇以程嬰、公孫杵臼、韓厥爲三主角，並爲英雄；戲文《趙氏孤兒報冤記》則強調公孫杵臼；元明南戲《趙氏孤兒記》以及它的昆曲改編本《八義記》（《六十種曲》本、北圖本等）則突出程嬰，這大概是它們之間最有特徵性的區別了。

南戲《趙氏孤兒記》的聲腔雖不得而知，諸本《八義記》卻確是昆曲的劇本。另《新定十二律京腔譜》選了《八義記》九隻曲子，正全同《新定十二律昆腔譜》所選；又明刊本《昆弋雅調》選有弋腔《八義記》的「程嬰藏孤」一齣，這都說明《八義記》也是弋陽腔的劇目。

《九宮正始》所選《六十種曲》本《八義記》三曲不計，只所選天曆至正本《趙氏孤兒記》的五十三曲，就僅次於《蔡伯喈》、《拜月亭》、《殺狗記》、《王十朋》，而在全部入選二百種戲中占第五位。《新定十二律昆腔譜》、《南九宮譜》所選《八義記》曲數則分別占全部入選四十四、八十九劇的第十二、十六位。其它各譜和絕大多數的戲曲選本也均將《八義記》選錄在內。這種統計表明，《八義記》是南戲和昆曲的主要流行劇目之一。因此，將我國古典戲曲這一主要劇目的版本，清理一個頭

緒，或者不是沒有意義的。

（載《文學遺產》，1983年第4期）

【註釋】

❶參見拙作《論紀君祥〈趙氏孤兒〉雜劇的南戲改編》，載《南充師院學報》一九八三年第一期。

❷《吳歈萃雅》選的是「遊覽」齣，《詞林逸響》選的是「賞燈」齣，《南音三籟》選的是「遊覽」、「付孤」兩齣，《北詞廣正譜》錄的是〔雙調·水仙子帶過太平令〕曲。

❸《南詞新譜》選了五曲，其中同世德堂刊本者一曲，同《六十種曲》本者四曲；《寒山曲譜》選了十八曲，其中同世德堂刊本者五曲，同《六十種曲》本者十三曲；《南九宮譜大全》選了七曲，其中同世德堂刊本者一曲，同《六十種曲》本者五曲，兩本俱非者一曲；《新定十二律昆腔譜》選了九曲，其中同世德堂刊本者二曲，同《六十種曲》本者七曲；《欽定曲譜》選了七曲，其中同世德堂刊本者五曲，同《六十種曲》本者二曲。

❹聽雨樓查有炘藏鈔本與北圖本小有差異，如：㈠前者較後者多第十六、十七、二十一三齣，這三齣均為《六十種曲》本所有。㈡前者第十八、十九兩齣，第三十二、三十三兩齣，分別係後者第十六、二十八兩齣所分。㈢賓白有出入，如前者第三十二齣（即後者第二十八齣）多程府院子述說程嬰畫卷情形一節。這又是劇本不斷上演不斷改編那所謂改編過渡的一證。但兩本畢竟是大同小異，而且多有相互因承之處，如：㈠第五齣同為末上而非《六十種曲》本的貼上，末白亦同。㈡前者第二十四齣（即後者第二十齣）同以走尸術清場。㈢前者第二十五齣（即後者第二十一齣）同較《六十種曲》本增入南戲《趙氏孤兒記》的〔十五郎〕、〔秋夜月〕兩曲。要即聽雨樓查有炘藏鈔本與北圖本當為先後上演或不

同地區上演的同一性質的不同腳本。另據祝肇年先生回憶，他曾在傅惜
華先生處看到過傅先生收藏的乾隆鈔本，依稀記得似與北圖本相去不遠
云。傅本在十年浩劫中佚失，筆者曾於一九八一年秋在京訪求逾月，未
獲下落，尚否存世，不得而知。

❺關於趙氏孤兒劇目迭次改編的情況，甚爲繁縟，超出本文範圍，筆者擬
另文專述，這裏就從簡了。

❻譬如齣目，北圖本或據《六十種曲》本加以節錄，或因本齣內容重新撰
題，很爲貼切雅淨。再如曲詞，北圖本一六三曲，其中同《六十種曲》
本者一〇七曲，曲詞相似而曲牌不同者三十九曲，曲牌相同而曲詞改寫
者四曲，增十三曲。

❼只是如果各選本都是選的整齣的話，其所依據的劇本的分齣，或與北圖
本小有差別。因爲《六也曲譜》、《綴白裘》所選的「撲犬」，《綴白
裘》所選的「上朝」、「嚇痴」，在北圖本中只是相應齣裏的一部分。

❽這裏所謂戲曲選本係指《群音類選》、《吳歙萃雅》、《詞林逸響》、
《萬壑清音》、《南音三籟》、《醉怡情》、《昆弋雅調》、《納書楹
曲譜》、《綴白裘》、《六也曲譜》、《集成曲譜》、《昆曲大全》等
十二本。

❾《傳奇滙考標目》、《曲海總目提要》雖以「叔回」爲徐元的表字，但
所著錄的《八義記》爲《六十種曲》本，非徐元所作，則其字亦係推測，
不足爲憑。

從《趙氏孤兒》劇目演變
看戲劇改編

在遍布全國的幾百個劇種的數以千計的劇目中，傳統劇目的比例是最高的，而不同聲腔、劇種的傳統劇目的重複率也是很大的，且這些重複劇目又基本是通過戲劇改編留存的。因此，既然我們研究古代戲曲的根本目的是古為今用、推陳出新，探求戲曲傳統劇目演變的規律，就顯得十分必要。本文即擬通過對趙氏孤兒劇目演變的剖析，探討戲劇改編的若干規律，希望有益於當前戲劇的劇目建設工作。

著名的趙氏孤兒故事經過《左傳》、《國語》、《公羊傳》、《穀梁傳》、《呂覽》的載錄，到司馬遷的《史記》，業已基本形成。故事以晉靈公嗣位，長成不君，趙盾極諫，君臣不和，趙盾被逼出逃，趙穿弒君為前半部；以趙氏滅族，趙朔托孤，程嬰、公孫杵臼救孤，孤兒成立，韓厥復孤，屠岸賈滅門為後半部。其中包孕潛含著強烈的戲劇性因素，具有很大的文學可塑性。所以明人孟稱舜《新鐫古今名劇酹江集》於《趙氏孤兒》冠首評點曰：「此是千古最痛最快之事，應有一篇極痛快文字發之。」

最早以趙氏孤兒題材創作為戲曲的是元代雜劇作家紀君祥。他以進步的創作指導思想和卓越的雜劇藝術技巧，依據《史記》，兼採《左傳》，並加增飾，妥貼地架築悲劇結構，順暢地展開戲劇衝突，靈巧地布置關目排場，寫下舉世聞名的古典歷史悲劇《趙氏孤兒》，歌頌中華民族忠烈義勇的傳統美德，顯示正義必

勝、奸佞必敗的歷史規律，奠定了這一源淵流長、傳唱不衰的傳統劇目的厚實的基礎。

這一題材也被南戲所採選。大約與紀君祥創作雜劇《趙氏孤兒》的同時，宋元無名氏創作了戲文《趙氏孤兒報冤記》。這本戲文今已失傳，可置不論。另據《九宮正始》，元代天曆至正間有一本南戲《趙氏孤兒》。這本南戲今存五十二支佚曲，玩其曲意，可知他是在紀君祥雜劇基礎上改編而成的。明萬曆間世德堂刊有一本南戲《趙氏孤兒記》，收有天曆至正本佚曲中的三十一曲。這三十一支曲子可以反映南戲全劇的梗概。因此，可知世德堂刊本《趙氏孤兒記》是天曆至正本《趙氏孤兒》的整理本，也便就是紀君祥《趙氏孤兒》雜劇的改編本。

世德堂刊本它是怎樣改編紀劇的呢？

首先，敷演整個故事。紀劇以短短一個楔子介紹趙氏孤兒故事的前半部，點明背景，揭示頭緒，引爆氣氛，拉開序幕；而以整整五折戲搬演故事後半部，設計了韓厥盤孤自刎、杵臼殉孤盡義、程嬰誨孤說畫三場重頭戲，著力製造波瀾，束緊劇情，塑造英雄，縫合全劇。世德堂刊本則平分場次，紀劇一個楔子，南戲竟排演成二十二齣，將紀劇楔子屠岸賈口中的一些情節，如文武不和、遣鉏用獒、鉏霓觸槐、提彌明擊犬、翳桑救輒、靈輒負盾等均形之於場上。

其次，遵循南戲慣例。南戲通常以生、旦爲主要角色，家門一過，即以生角沖場，然後次第介紹人物，演進劇情，最後以生旦合場大團圓謝幕。《趙氏孤兒記》也是用的這條路子。紀劇在楔子末尾讓趙朔向公主托孤，旋即自殺；在第一折開首讓公主向程嬰轉托孤兒，亦隨後自縊。世德堂刊本卻爲了生旦悲歡離合的常套，因此用了十幾個齣次。第二齣生扮趙朔自報家門。第五齣

且扮德安公主偕趙朔宴賞元宵。第11、17、21齣生旦同登舞台，穿插劇情。其後趙氏族滅，生出逃（第22、27、37、39齣），旦囚宮（第23、28、34、38齣），分成兩條獨立線索。直至第41齣生旦團圓，復合於一。接著第43齣孤兒歸宗，第44齣孤兒報冤，「當時打開鸞鳳侶，幸然今日重相會，花再發，琴再理，月再輝」（〔鵝鴨滿渡船〕）。

　　復次，排場穿插，復線並進。紀劇基本上按照搜孤救孤這條單線推演，世德堂刊本自第7齣起，至第20齣，以趙、屠為忠奸的雙方，場次相同，變為雙線。第21又分出程嬰、杵臼這條救孤的第三線，第23齣起，竟至出現公主、趙朔、程嬰、杵臼、屠岸賈、趙盾五條線索推演。第26齣縮為四條線索，由此直至終場，方四線合一，「孤兒報冤」。

　　雖然這本南戲的改編保留了紀劇的基本情節，而且孤兒歸宗報冤，頗有悲喜劇色彩，很合中國古典悲劇的格調，但這次改編存在的問題卻是嚴重的。他改變了紀劇原作的主題，紀劇中那種對於正義事業忍辱負重、赴湯蹈火的英雄品質的歌頌，在這裏變成了對迂腐抽象的封建道德規範的贊美和盲目的頌聖。最為突出的第3、4、5、6、21齣用了五齣篇幅所描繪的周堅的形象。他只是因為「年紀共身材」與趙朔厮像，便被收留為趙府門客。他覺得「這恩澤如何忘得」，便「甘願作執鞭墜鐙之使」。果然趙氏族滅之際，他替趙朔自刎，「捨死答恩主」。一個蒙懂醉漢，對廊廟的爭鬥全然不知，因為報答還債收容之恩，代主身死，哪裏是什麼捨生取義的英雄，正是封建倫理教條的圖解。其實劇本第一齣「副末開場」感嘆於「世情多孟浪」，而「按父子恩情，君臣忠直」，欲「休言打動眾官人，直至感動公侯伯」，便表明《趙氏孤兒記》原是一部類似《琵琶記》的有為之作。

　　世德堂刊本所以失去了他的藍本的健康積極的主題，是有著深刻的社會政治原因的。蒙元入主中國以後不久即明白，欲要統治漢人，必須繼承中原本土的封建道統。元順帝朝官修的《宋史》，不僅創立《道學傳》，而且把道學作爲貫串全史的基本思想，當作判斷是非的標準。朱明創業，鑒於元末動亂之中封建思想的薄弱，愈加大力提倡程朱理學。同時，元明統治者十分重視廣泛流傳於官方民間的戲曲的作用，恩威並施，剛柔兼用，尤其是對主張「不關風化體，縱好也徒然」的《琵琶記》，明太祖朱元璋極爲欣賞，樹爲典範。正是在南戲改編紀劇的時代，無論官箴，還是鄉約，都旨在廣教化，美風俗，宣揚封建禮教，維繫道學倫理，南戲《趙氏孤兒記》便嚴重地打上了時代的烙印。

　　雖然南戲《趙氏孤兒記》精華與糟粕互見，比起紀劇遠爲遜色，但畢竟將趙氏孤兒故事搬上了南戲舞台，奠定了後來昆曲這一傳統劇目的基本面貌。

　　世德堂刊本《趙氏孤兒記》，思想和藝術均存在有嚴重的缺陷，搬演於場上既有困難，更要受到廣大觀衆欣賞水平和趣味的抵制，將他加以改編已是勢所必然。而且明初至中葉這個時期，正是元明南戲四大聲腔爭奇鬥勝向昆曲一統轉變的時期，聲腔既變，排場亦非，也必然要求將舊有劇作加以改造整理。

　　搬演趙氏孤兒故事的昆曲，有明傳奇《八義記》、《接嬰記》（《遠山堂曲品》），清傳奇《節義譜》（《今樂考證》）等。《接嬰記》、《節義譜》今無傳本，《八義記》今則有《六十種曲》本、北圖藏清鈔本等。

　　《六十種曲》本《八義記》是世德堂刊本《趙氏孤兒記》的改編本。這次改編的途徑有：一、調場次。南戲四十四齣，實則五十二場，竟有一齣三場者，如第22齣是奸雄得意、嬰投杵臼、

趙朔避仇三場，第28齣是揭榜、付孤、盜孤三場。《六十種曲》本則一齣一場，糾正了南戲頭緒紛繁、場上忙亂的弊病。爲此，《六十種曲》本主要是用了「分」法，如將南戲第28齣的三場分成本戲的第30、31、32三齣。這個改編本和南戲故事如一，情節相仿，「分」過之後，爲保持四十一齣的份量，便要用「刪」與「合」法。「刪」，一是刪不必要的場次，如將南戲第14齣張維偷聽一場刪去，僅保留遣鉏行刺一場；二是刪蕪蔓的場次，如將南戲第30、34、35、36、39、42六齣全數刪除。「合」，一是並場入齣，如並南戲第22齣趙朔避仇一場入第27齣，變爲本戲的第28齣；二是合兩齣爲一齣，如合南戲第43、44兩齣爲本戲的第41齣。二、更關目。如南戲第5齣以淨扮傀儡演員表演提線傀儡打趣，《六十種曲》本可能感到場上表演困難，更以丑扮本司樂人打太平鼓。三、工曲詞。《六十種曲》本全劇二五一曲，其中曲牌、曲詞全同南戲者一四〇曲（個別字不同者亦計爲全同，不另列），曲詞同而曲牌不同者四十五曲，曲牌同而改寫曲詞者三十八曲，曲牌、曲詞均同而移動曲序者四曲，增十五曲，除去同者一四九曲外，餘一〇二曲均做了不同形式的變動，所異近半。如南戲第15齣，鉏麑行刺，跳進趙府，潛至畫堂所唱〔駐馬聽〕一曲：「月朗星明，聽譙樓鼓打三更。是我潛踪躡迹，欲刺讒臣，過卻西庭。潛身密地，在山陰那壁廂，一路燈兒影。」刺客既「潛踪躡迹」，「潛身密地」，趙盾父子復挑燈夜行，而且接著程嬰報告「黑慽慽夜闌人靜，正是三更」，何來「月朗星明」！所以《六十種曲》本正之爲「月黑星昏」，這才合情合理。四、潤賓白。場上而非案頭的劇本，總處在不斷修改演化的過程，變異最大的是賓白，演出的戲班、地域、時代、對象不同，便會有不同程度的變動。《六十種曲》本相對於南戲也是如此，如南戲

第八齣農人述說莊家樂,只有「春耕田壟看花紅,炎熱騎牛納晚風,秋來先嘗香米飯,冬來一任雪蒙蒙」四句,到了本戲同齣,便成了一首536字的「村居樂」歌。五、全體例。主要是標曲牌、分前腔、注角色、明上下,如南戲第五齣最末一個〔神仗兒〕後,是一曲〔雙聲子〕,未注曲牌,《六十種曲》本標之;又如南戲第三齣所標曲牌爲〔秋夜月〕、〔賞宮花〕,後者其實是三曲,《六十種曲》本便分出兩個前腔。六、正齣目。南戲的齣目頗多不當之處,世德堂刊行時大約覺察到這一點,在前面加鍥了一個目錄,修正了六個齣目,如變「程杵共謀」(第31齣)爲「嬰杵共謀」等。只是這個工作做得太不徹底,而且《六十種曲》本既變動齣數,齣目便自然隨著格正,如變「朔收周堅」(南戲第 5 齣)爲「宴賞元宵」,分「奸雄得意」(南戲第22齣)爲「圖形求盾」、「嬰投杵臼」,合「指說冤枉」(南戲第43齣)、「孤兒報冤」(南戲第44齣)爲「報復團圓」等,大致是變俗爲雅,名符其實了的。

　　這次改編有一個明確的用意,即表彰趙氏孤兒故事中的八位義士:周堅占了第3、4、5、6、21五齣,靈輒占了第9、20、28、37、40五齣,鉏麑占了第14、15兩齣,提彌明占了第19齣,程嬰占了第21、24、26、30-36、38、40、41十三齣, 公孫杵臼占了第24、26、33、34、35五齣,韓厥占了第32齣,驚哥占了第34、36兩齣(向來以驚哥充一義之數,或非。嬰兒無知,被動慘死,何義之有!從劇本看,此一義或爲張維。只是每況愈下,這個形象是連周堅都不如了),總計占了全部40齣(家門除外)中的24齣。當然不能純以使用齣數的多少下斷,但如將南戲第28齣三場中的一場盜孤獨立出來,成爲本戲的第32齣,齣目標作「韓厥死義」,其用意旨在強調韓厥這一義,是毋庸置疑的。因此主要的義士如周堅、靈輒、鉏麑、程嬰、杵臼、韓厥的形象較爲突出,不

致像南戲那樣，被紛繁的場次所模糊，爲衆多的人物所掩蓋。

這次改編有一個清醒的意識，即強調忠奸鬥爭。《六十種曲》本雖然仍是復線並進，但以第 6、8、9、11、13、19、22、25、37、40、41齣表演忠的一方，以第7、10、12、13、14、16、18、19、23、27、29、33、39、41齣表演奸的一方，忠奸兩方所用的齣序犬牙交錯，於第13、19、41三齣三度交合，忠奸兩線甚爲顯明。

如此，《六十種曲》本《八義記》在忠奸鬥爭的演進中，旨在表彰忠臣義士，從而說明忠義必勝、邪惡必敗的道理。這些改編所以有這樣的中心，是以明代的社會政治面貌爲背景的。朱明一統，中央集權，洪武、永樂年間設立「廠、衛」，釀成了從英宗到武宗半個多世紀裡的宦官專政局面，如英宗時的王振、武宗時的劉瑾，均誘主淫樂，乘機竊權甚至變法銓法，濫改刑律。挾制內閣，左右政局；嘉靖時，宦官勢力雖受到排斥，「閣權始專」，大權奸嚴嵩父子把持朝政二、三十年，結果外患嚴重，內憂重重，政治極爲黑暗。直至張居正隆慶元年入閣，萬曆元年出任首輔，作了一系列改革，明廷才有了一些轉機。但不久以魏忠賢爲首的閹宦專權，競爭也愈演愈烈，終明一代，奸佞橫行，政治腐敗。《六十種曲》本中的屠岸賈，「權寵過一國之公侯」，搬鬥得晉靈公「起一絳霄樓」，「要熊掌煮御羹，壇台上彈打人」，「朝朝遊宴，夜夜酣飲」，以至遣刺客，演神獒，殺人滅族，囚禁公主，「挨撲孤兒」，儼然是劉瑾、嚴嵩再現。劇本刻劃了這個醜惡形象，希望有像趙盾這樣的忠良來逐奸佞，除弊政，但畢竟明代官場的現實無法給人這種信心，於是寄托給一些義士，而這些義士多是一般平民，這就使作品具有了一定的人民性，而富有一些現實主義色彩。

　　《六十種曲》本爲達此效果，是很向一般傳奇生旦團圓的俗套開了幾刀的。前文所述刪去的一些場次和齣次，除了個別屬於封建迷信，均係生旦的離愁別緒。改編的結果雖仍然維持了生旦團圓的形式，但線索比較精煉集中，結構大體清晰簡明，是基本能夠爲要表達的主題服務的。然而，改編本仍未能徹底改變南戲蕪雜散漫的現象，而且盡管也剔除了一些明顯的說教成份，其思想缺陷卻一仍南戲之舊，是不能令人滿意的。這個不徹底的改編本必然還要受到繼續的改編。

　　北圖藏清鈔本（以下簡稱北圖本）是清代戲曲舞台上演《八義記》劇目的腳本，也是《六十種曲》本的改定本。

　　北圖本改編《六十種曲》本具有以下幾點特色：第一，刪節曲數。北圖本一六三曲，其中同《六十種曲》本者一○○曲，曲詞相似而曲牌不同者三十九曲，曲牌相同而曲詞改寫者四曲，分一曲爲幾曲者六曲，合幾曲爲一曲者一曲，增十三曲。北圖本將《六十種曲》本的曲子刪去九十二曲：一是因刪全齣而刪了六十三曲，二是《六十種曲》本有些齣次曲數太多，而予刪減，如第四十一齣有二十三曲，北圖本刪去九曲，合併一曲，得十三曲。第二，重編賓白。北圖本丑角一色吳語，便與《六十種曲》本全系官白不同，另如第二十齣(即《六十種曲》本第三十二齣)，盤孤過程中韓厥與程嬰的問答，已有不少的增潤，待到韓厥自刎，《六十種曲》本只有程嬰念的四句下場詩，北圖本卻接著「〔衆引丑上〕」，來了大塊的插科打諢。先是丑向韓厥尸體恭喜，以爲「連日辛苦，在那裡打盹兒」，等發現韓厥已死，卻左抬不動，右抬不動，丑念一句「我奉太上老君急急如律令，敕敕敕」，踏起罡步，於是韓厥「左手起」，「右手起」，「立起身」，「開了眼睛」，最後丑角來一句「老面皮還勿下場過來」，大家下台，

本齣完了。這場丑角戲源於民間走尸的巫術，爲昆曲所吸收，成爲清場的程式。第三，削減份量，《六十種曲》本雖然也全刪了南戲的三個場次、六個齣次，但它將南戲的一些場次分析爲齣，並加增飾，仍然長達四十一齣。這次改編又繼續大刀闊斧地全刪了《六十種曲》本的第11、17、18、22-29等十一個齣次，並將《六十種曲》本的第19、20兩齣，第38、39兩齣，分別合併成本戲的第16、26齣。第四，標定齣目。南戲的齣目既多粗陋，《六十種曲》本的齣目亦復俗劣，這次改編或據《六十種曲》本齣目加以刪節，或因本齣內容重新標定，很是貼切雅淨。茲將北圖本的齣目順列如次：家門、放燈、沽酒、索錢、賞燈、訓子、猜忌、勸農、翳桑、評話、打彈、斗網、遣鉏、觸槐、演犬、撲犬、宮別、揭榜、付孤、盜孤、拷千、托孤、首孤、殺孤、下山、耀武、相逢、觀面。明末以來的戲曲選本，如《醉怡情》、《綴白裘》等所標的《八義記》的齣目，大體均同於這個本子。第五，兼采南戲。大約是北圖本感到《六十種曲》本改編南戲時取捨有所不當，所以他再度改編時兼錄了南戲的九支曲子。其中三曲是返正曲牌，如第二齣首曲，去《六十種曲》本的〔瑞烟濃〕牌，而還原以南戲的〔絳都春〕牌；餘六曲均係《六十種曲》本所無，而以南戲補入的。如第21齣（即《六十種曲》本第33齣）的〔十五郎〕、〔秋夜月〕兩曲，即據南戲第29齣補入。其中〔十五郎〕一曲，明清各家曲譜多有入選，顯係當代好曲。

這次改編循依的仍是《六十種曲》本改編南戲時的路子，即只是從結構、排場、語言等表現形式方面著手，如將生旦的舞台活動幾降到最低限度，第二齣「放燈」沖場之後，第五齣「賞燈」僅半齣是生旦的宴樂，直到第17齣「宮別」，才以齣首一段表達生旦的離情，接著第19齣「杖孤」有幾曲旦角的幽怨，第25齣短

短一齣「下山」，交待生角的行徑，最後第27齣「相逢」，便算
是維持了生旦團圓的常套。但畢竟這次改編基本做到了結構嚴謹
精煉，排場簡潔均衡，成為這一劇目古典改編階段的相對定型
本。所以明清以來的戲曲選本所選的《八義記》的單折，全同於
這個本子。然自南戲以來的抽象的封建道德教條的宣揚，卻依然
保留在北圖本中，徹底改變這種思想面貌已經不是中國封建社會
的戲曲家們所能勝任的了。明人和清人改編舊劇的伎倆於此可見
一斑。

　　趙氏孤兒劇目由元明南戲《趙氏孤兒記》而《六十種曲》本
《八義記》而北圖本《八義記》，凡三次改編，雖然在藝術性方
面遞次有較大的改善，但其主題思想均未能跳出封建道德教條的
藩籬。問題出在兩個方面：一是時代的局限，再是傳奇生旦團圓
俗套的不能破除。封建社會的局限雖然也有不少劇本有不同程度
的突破，但趙氏孤兒劇目是所謂將相戲，背景是廟堂，起因是忠
奸，排場牽動當局，事件關係國本，更要受到封建規範的牽纏。
最突出的表現是各改編本無一例外地用過多的齣次表演趙氏孤兒
故事的前半部，如南戲用前二十三齣，《六十種曲》本用前二十
五齣，北圖本用前十七齣。這是他們不同於紀劇，忽視趙氏孤兒
故事的思想性和戲劇性主要蘊涵於故事的後半部，而造成失敗的
根本癥結。如果說拖出鉬麑、靈輒、提彌明還有一些歷史根據，
則亡是公周堅完全是為著生旦的團圓，即使北圖本也同樣因此使
用了五個齣次，但生旦團圓與否和孤兒報冤並沒有必然的聯繫。

　　所以，要對趙氏孤兒劇目繼續改編，並使之成功的話，便應
該回到紀君祥的創作道路上來；破除生旦團圓的套子，並刪節前
半部故事所用的場次。後來的改編實踐正是如此。《八義圖》
（即《八義記》）是花部最熱門的劇目之一，在趙氏孤兒故事的

故鄉傳唱的蒲州梆子《八義圖》，由山西人民出版社一九五五年版李星五等《八義圖・前言》，可知其花部原本雖然刪除了周堅一角，趙朔被殺，從而改變了本戲生旦舊觀，但仍以一半以上的場次鋪演故事的前半。其他各劇種的《八義圖》舊本，亦均同此理。顯然花部並沒能最後完成根除傳奇痼疾的任務。

這一任務是由現代的戲劇改編工作來完成的。現代改編本計有京劇《趙氏孤兒》（《馬連良演出劇本選集》第一集）、秦腔《趙氏孤兒》（馬健翎改編，東風文藝出版社1963）、川劇《趙氏孤兒》（重慶市川劇院劇目組改編，重慶人民出版社1959）、越劇《趙氏孤兒》(浙江越劇二團演出本，東海文藝出版社1960)等，均符合前述原則，較爲理想。茲將代擬的京劇十四齣齣目開列於下，以見一斑：爭朝、遣鉏、撲犬、托孤、盜孤、計謀、殺孤、還朝、屈打、相逢、觀畫、過場、報仇。

通過以上對趙氏孤兒劇目演變的分析，可以看出：

一、首先要有戲劇性較強、可塑性較大的底蘊豐厚的素材。選取這類題材作劇，必須表現中華民族的傳統美德，才能經久傳誦。而淋漓盡致地描摹出這種美德中與重大歷史事件相關聯的常人難言之情與難行之舉的，便作爲傳統名戲，爲劇目的花圃添增了佳卉。

二、劇目的因循承襲性很大，因此每一代的劇目積累，全新的創作之外，更多的是舊有劇目的改編。一個好的劇目被保留以後，後人總要一直把他改編加工到滿意爲止的。所以一旦明清那種形式主義的文藝思潮被廓清，封建社會固有的思想障礙被掃除，傳奇散漫與團圓的俗套被擯棄，大量的有問題的改編本都會改觀。

三、一個劇本產生以後，在演出和欣賞的過程中，廣大觀眾

的褒貶提示了改編的方向和線索，眾多演員對排場、關目等的體
會，決定了改編的取捨和路徑。所以即便是名家個人的創作，上
演於舞台的時候，也要經常有所變動的。舞台腳本處在一個不斷
變化的過程之中，只不過適應於某一時代的編劇、演出與欣賞水
平而有一個相對穩定的模樣。

　　四、改編是再創作，必須熟悉原劇的題材源流，案頭與場上
的特點，傳唱過程中的影響，以及改編本演出力量的陣容和習
慣，欣賞對象的水平和好惡，既要在思想意義上有所繼承、改造
和深化，又要在藝術特色上有所因襲、突破和更新。因此，演員
手中的腳本必須格外予以重視。如研究《八義記》劇目，不但要
依據《六十種曲》本，更應從北圖本出發。《古本戲曲叢刊》三
集中影印的一些戲班鈔本，都應受到戲曲研究者的重視。

　　五、改編的途徑除了照顧某種聲腔、劇種的習慣要求之外，
一般是主題深化或改造，排場的調整，關目的更設，賓白的重
寫，曲詞的譯飾等，以適應戲曲發展階段、人民欣賞水平和時代
演出慣例的需要。現代舞台演出本，改編雜劇就要增，改編南
戲、傳奇就要刪。增刪潤飾原無不可，只不過對於影響深遠的名
著，應該尊重原著的主旨和精華。

　　六、聲腔的演進和劇種的差異是戲劇改編的常見動因。如當
元末明初北劇日衰而南戲四大聲腔競出之時，有《趙氏孤兒記》
對紀劇的改編；而明代中葉昆曲獨盛前後，便出現了南戲的昆曲
改編本《八義記》。如果多種改編是在同一聲腔、劇種之內，尤
其是同時的改編，這種百花齊放的現象，標志著戲劇流派的形成
和爭勝；如果是不同聲腔、劇種的互借和改造，那便是移植，而
移植是戲劇改編的主要形式之一。

（載《劇藝百家》1986年第1期）

我與中國古代小說戲曲研究

　　我老家是山東鄆城，老爺爺時逃荒到江蘇豐縣，爺爺時「跑反」到安徽蚌埠。一九四五年三月十七日，我即出生于蚌埠市蚌壽路。當時父親在印染廠做工，家裏兼做點小生意，日子雖難保有時飢一頓飽一頓，大體卻也過得去。我的命據說很「毒」，一個哥哥一個弟弟都沒有活成，又沒有姐妹，是一個標準的「獨子」。我奶奶姊妹雖多，卻沒有兄弟，我老姥姥因此經常住在我家。就這樣，我從小生活在一個雖不是錦衣玉食卻真是老少溺愛的氛圍裏。孩提時的記憶已經很少，只聽說我從小身體孱弱，多災多病，家裏有點錢都花在為我看病上，用奶奶的話說，看病的錢打個銀人都比我大。大約我小時挺討人喜歡，奶奶經常抱著我吃遍全街，說是到哪家都惹人疼愛。老姥姥不知為我燒了多少香磕了多少頭，她寧願以身擔災，也祈禱我這個獨苗苗長大成人。不知是福是禍，我兒童時代如此這般的生活環境，形成了我不少很好的性情，也養成了我一些不好的習慣。如果不是後來家庭搬遷，真不知我這一生的道路走成一個什麼樣子。

　　隨著淮海戰役隆隆的炮聲，老家豐縣獲得解放，農村忙著鬧土地改革。爺爺執意要回故土分地，二十年的城市生活沒有能改造他，祖輩無地的辛酸刻骨銘心，他憧憬的仍然是小農小康生活。豐縣城南十里有兩個陳樓村，被一條復新河隔開，以前後區分，我家安在後陳樓，那年我五周歲。接著便在陳樓讀初小，孫樓讀高小，人也慢慢長大起來。四年級以前我上學成績一直一

般，貪玩淘氣，真可謂七歲八歲雞狗都嫌。我很快和農村兒童打成一片，當時的兒戲，如藏馬底、喝硃、打腊、拾子等，我都很喜歡，也很精通。那時父親在商業部門工作，奶奶帶我在家，每天半夜都要奶奶拉長聲喊遍全村我才回家。家裏夏天不讓我去河裏洗澡，說有水鬼要淹死人。我們一群光腚長大的伙伴不信這個，不但游泳，而且「打滑」，只不過事後在沙土窩裏打個滾，好讓大人看不出身上的水痕。稍大一點，家裏有時也讓幹點農活，割草喂羊最多。記得有一種賭草遊戲，叫撂鍤，將鏟子拋起落地，以小猴擔挑、槍、鍤等名目區別高低，勝者贏敗者一把草。邊幹活，邊玩耍，既有一種童趣，又有一種田園風情。兒時朋友長大相聚，往往津津樂道于此。我的記憶是從農村開始的，算得上是一個農民的兒子。在我身上烙下印痕的，是原野農家的渾厚蘊深，還是小農經濟的狹隘短促？

五年級以後，我漸知用功，學習總是名列前茅，人好像聰明起來，性格卻變得既自負又腼腆。五十七年反右時我才小學六年級，只知道學校裏貼了很多大字報，還有漫畫，新奇而已。不知怎麼傳說我父親有歷史問題，使我平生第一次感覺到家庭、班級以外的壓力。有一次我把父親的一本遠東軍事審判日本戰犯的書帶到學校，一位同學竟讓我趕快藏起來，說會牽連到父親。他當時那副好意的面容與我當時迷惘的神態，至今在我腦子裏還可以定格。一本書可以製造出如此緊張的周圍空氣，書，真有這麼大威力？課外時間我真的讀了很多小說，什麼三俠五義、小五義、大八義、江湖劍俠傳、江湖奇俠傳等，盡管有時令人莫名其妙，卻離奇曲折，引人入勝。一本書可以令人神魂顛倒，書，真有這麼大魅力？

一九五八年我考進豐縣中學，六年以後又被浙江大學土木工

程系錄取。雖然在校攻讀的是工業與民用建築專業，但杭州西湖的水光山色卻滋潤著學子的靈機。那時，靈隱是我常去的地方，山水之魂、佛門之氣給了我許多飄逸的思緒。記得一日傍晚，我在飛來峰前徘徊，看著屏壁上「咫尺西天」四個大字，產生了一個工科學生常有的怪念頭：從屏壁到山根究竟有多遠？以步代尺，我反復測量著，因為步子邁不均勻，每次的結果總不一致。後來，走累了，坐在一塊山石上小憩冥想。在大千世界中，因為尺度不一，角度有異，審事度人，得出的結論，不也常常是迥然不同的嗎？當時，正值孟夏上浣，夜幕漸重，溫馨襲人，一鉤新月，斜掛明空，樹影婆娑，夏蟲唧唧。我很快忘卻了方才那種荒誕的行動，沉浸在往日偕友來此促襟聽水、按項觀天的回憶之中。「源潛流細冷泉水，根深蒂固飛來峰」，我失聲吟出一聯，便雀躍而起，大步流星，奔進校圖書館閱讀室。從此，課餘的時間，文藝書籍幾乎成了我唯一的獵讀物。直至幾年、十幾年以後，我每次重返錢塘，總忘不了去看看那座「飛來」故友，志念當日那種靈犀一點的契機。

　　冬閑時節，兩間茅草房，衚門鋪上幾把麥穰，蹲坐七、八個人，圍著一盞油燈，抽上旱煙，閉了眼睛，聽人「念唱書」，這是解放初期蘇北農村農民日常唯一的一種文化享受。那時農村識字的不多，念唱書的人不大好找，小學的學生有時便被大人看中，充當一陣「念書先生」。我在校學習尚好，常得老師表揚，被委派念唱書的次數便多。記得當時所謂唱書，便是今稱小說，如三國、水滸、羅通掃北等，黃紙小字，繁體豎排，看起來不容易，品起來卻有味。念的時候，不少字不認識，糊塗帶過，倒也能讓人聽懂，每次都能得到大人一句「這孩子真能，上學錢沒有白花」的誇獎。慢慢地，我對中國古代小說產生了興趣，不但

替人念，也開始自己讀。記得有一本唱書叫《移山造海》，講的是樊梨花、薛丁山的故事，父親買回的當晚，我爬在床上看了整個通宵。奶奶怕我累壞了腦子，催我快睡，我也不聽。到上初中，讀過的小說，累計起來竟有了近百部。有的小說讀過好幾遍，像梁山英雄一百零八將，連號加名，我都能按照次序一口氣說完。雖然高中畢業我考進大學學習工科，看小說的興致沒有稍減。先入爲主，不絕如縷，一脈相連，天時地利，鬼使神差，後來我終於改學文科，到徐州師範大學中文系做研究生，從王進珊教授、鄭雲波教授學治元明清小說戲曲。業餘改爲專業，閱讀變成研究，一條彎路，或許就是曲徑通幽吧。

小說導師便是鄭雲波師。當時他剛與江蘇人民出版社約定，籌劃編著一部《中國古代小說辭典》，便以實戰代課業，要我承擔宋元話本、長篇小說和小說論著三部分的編撰。宋元話本計有一七三條，利用現成資料，依據體例，採撮刪合，寫來順手，一九八三年春交出版社，是本書交稿最早的一部分。小說論著截止一九八二年底，亦得二〇二條，敘錄瑣細，評判尤難，頗費斟酌，成文匪易，可惜本書出版拖延八年，新著迭出，不及續補，只好割愛。長篇小說，即所謂通俗小說、章回小說，總成八一一條，是本辭典最大的一個部類，也是最難寫好的一個部類。孫楷第《中國通俗小說書目》、阿英《晚清小說目》以外，簿錄記載尚多，而公私藏書，未見著錄者亦夥，爲了將這一部分寫出當代水平，除了全數收集現有出版資料外，我幾次北上京師，中入鄭州，南下金陵，西溯武昌，將這幾地各大圖書館的館藏小說，敘錄一過，採摘入編，共補綴未見著錄小說近十目，增添小說版本數百款，新得小說內容提要數十例。一九九三年，炎夏筆耕，日得數十條，雖揮汗如雨，而兒女侍立，以扇驅暑，情事如畫，可

發一笑。

　　隨著被譽爲「四大奇書」之一的《金瓶梅》研究的深入和中國古代小說理論批評史課題的提出，《金瓶梅》的清初評點家張竹坡的家世生平，愈來愈引起國內外學人的注意。近年來，人們陸續從《銅山縣志》、《徐州詩徵》、《友聲後集》等文獻中，發現了一些有關張竹坡的資料，並且知道這些資料多出於彭城張氏的家乘舊集。因此，查訪張氏宗譜，成爲張竹坡與《金瓶梅》研究的首要選題。一九八四年三月，我參加武漢中國古典小說理論討論會，受到與會師友宏論的很大啓發。返徐以後，得到業師鄭雲波先生的鼓勵和吉林大學王汝梅教授的督促，遂全力投入張氏家譜與家藏故集的訪求。

　　彭城張氏是徐州望族，其後裔遍布市區與銅山、蕭縣等地，十二世張伯英更是近現代地方名人。伯英先生的金石考古很有功力。他的書法，更將漢隸、魏碑融進楷書，端莊潤勁，自成格勢，獨步一時。我調查彭城張氏的家乘遺集，即從張伯英一支後人入手。五月中下旬，在很多同志的惠助下，輾轉尋訪到張伯英的從弟張尚志。尚志先生當時年近古稀，精神矍鑠、確切告知銅山縣羅崗村尚有一部族譜存世，並具函紹介於其侄、族譜保存者張伯吹同志。

　　五月二十九日晨，我遂騎自行車前去羅崗。原來張竹坡的從兄張道瑞，六傳一支兄弟兩人，長曰介、次曰達。達即張伯英祖父，羅崗所居乃介之後人。羅崗在徐州市南三十里，屬今漢王鄉管轄。時值雙夏，伯吹正在麥地點種玉米。接談之後，即于地頭攤解我據調查結果並地方志乘所編制之《彭城張氏世系表》。伯吹以手指表，侃侃而談，某人熟知，某人聞名，某人某某事，某人某某時云。忽戛然停語，執手而起，曰：客至不恭，歉歉，請

屈尊舍下一觀。我一向認為風塵中通脫達觀者所在定多，而伯吹慷慨有識，早已心許。伯吹自房內梁上取下包袱一只，揮去灰塵，悉令觀覽。一面自謙道：我識字無多，不知價值，請自取用。我早已解袱取書，蹲地開閱。譜名《張氏族譜》，一函，函封係借用，其簽條書題《有正味齋全集》，乃張道淵纂修，張璐增訂，乾隆四十二年刊本。伯吹自一旁曰：先君愛讀書，重文物，動亂之年，「四舊」人俱焚之，獨此秘藏梁端，易簀之時，尚叮囑再三。伯吹摩挲族譜，悵然往憶。我亦陷入沉思：竹坡家世生平湮沒三百餘年，人莫能詳知，而今即將見世，竹坡有靈，當亦含笑欣慰於九泉的吧？

後來，七、八月間，在銅山縣第二人民醫院張信和等同志協助下，我又訪見康熙六十年刊殘本《張氏族譜》與道光五年張協鼎重修刊本《彭城張氏族譜》各一部，以及其他一些抄本張氏先人詩文集。九月中旬，徐州師範學院圖書館時有恒先生捐獻書目編制告竣，也發現有一部康熙六十年刊殘本《張氏族譜》與一部晚清抄本《清毅先生譜稿》。

在這些新發現的張氏家譜中，以乾隆四十二年刊本《張氏族譜》最具有文獻價值。該譜輯錄有關張竹坡的資料最多、最全，計：《族名錄》中一篇一百七十五字的竹坡小傳，《傳述》中張道淵撰寫的一篇九百九十七字的《仲兄竹坡傳》，《藏稿》中張竹坡的詩集《十一草》，《雜著藏稿》中張竹坡的一篇七百七十字的政論散文《治道》、一篇三百六十八字的抒情散文《烏思記》，以及其他一些與竹坡生平行誼有關的文字。

《張氏族譜》發現的意義，首先在於張竹坡家世生平的全面揭曉，張竹坡與《金瓶梅》的研究，因而有了一個較大的突破。

譬如，彭城張竹坡是否即評點《金瓶梅》的張竹坡？雖然劉

廷璣《在園雜志》早在康熙五十四年就作了記載，絕大多數版本的《第一奇書》也都鑴有「彭城張竹坡批評」字樣，至今卻仍有人懷疑。國外就有人說張竹坡是安徽歙縣人，更有人否定張竹坡的存在，認爲只是書商的化名。一九八四年十一月，美國普林斯頓大學普安迪教授來徐找我觀看《張氏族譜》，當看到《族譜‧傳述》錄張道淵《仲兄竹坡傳》：「（兄）曾向余曰：《金瓶》針線縝密，……吾將攢而出之。遂鍵戶旬有餘日而批成」，便掩卷釋疑。

再如，張竹坡的家世，如果綜合地方志乘、郡邑詩徵，並不難了解其大略。但鄉土材料裡面涉及到的張氏族人有限，記載也很簡疏，又有不少謬誤，並且世系不明，無法統繫。而在《張氏族譜》中，張氏族人俱有小傳，重要人物還有家傳、志銘、行述、藏稿等。這就可以全面、系統、詳盡地了解竹坡的家世。如竹坡的祖父張垣，是明末抗清殉難的民族英雄，清人纂修的方志，自然只能含糊其詞，一語提過，族譜等文獻則詳細記載了張垣壯烈犧牲的時間、地點、原因、經過，於是便可理解爲什麼竹坡的伯父張胆以副將兩推大鎭而未獲批准，竹坡的父親張翀一生留連山水、嘯傲林泉，等等。

又如張竹坡的生平，在《張氏族譜》發現之前，頂多只知道他評點過《金瓶梅》、《幽夢影》等書，在揚州給張潮寫過三封信，在蘇州寫過二首詩。有些文章就據此說他長期客寓維揚、姑蘇，是一個出版商，或專替書賈批書的文人。今天，不僅可以進一步確切知道他評點《金瓶梅》、《幽夢影》的時間，到揚州和在揚州給張潮寫信的時間，到蘇州的時間和在蘇州寫的其他詩篇，而且還知道他出生時的神話般的傳說，童年時期的穎慧，家庭經濟、身體素質和志趣愛好，北上京都奪魁長安詩社的壯舉，

五困棘圍未博一第的命運，效力河干、圖謀進取、不幸疾卒的結局，以及他爲什麼能夠在《金瓶梅》評點中提出一系列論點等。這就能使我們不是泛泛地議論，簡略地介紹，而是周密地考察張竹坡的生平身世，勾勒他的行動線索，繫掛他的著述行誼，探討他的思想脈絡，理解他的小說美學的源流、精髓和價值。

又如張竹坡的詩集《十一草》、《徐州詩徵》、民國《銅山縣志》雖有著錄，前者只選了其中二首詩，而《張氏族譜》收有《十一草》全部，從而可知《徐州詩徵》所選，只是《十一草·客虎阜遣興》組詩六首的一部分。不僅如此，根據族譜，還可以判斷《十一草》的收集人、編定人和詩集名稱的命名人，並且可以推考張竹坡詩作的總數及其流傳與存佚。

《張氏族譜》的內容十分豐富，具有《金瓶梅》與中國小說美學研究以外的多方面的參考價值。

清初順治、康熙間是彭城張氏的鼎盛時期，這時武有張胆、張道瑞父子，領兵於重鎮海疆，文有張鐸、張道祥、張道源叔侄，官至臬司府道，可謂一門群從，勢傾閭里。他們的交遊，上至宰輔，下至封疆大吏，多系當代顯要。張翱、道弘、竹坡、道淵父子，又俱是詩畫大家，名噪當時。侯朝宗、李笠翁、吳國縉等名流俱曾間關過從，結社吟詠。族譜收有相當數量的他們的贈言、詩文、聯額、壽挽，提供了他們一些新的行蹤和佚作。譬如李漁，《張氏族譜》就提供出有關他行蹤的重要資料。《張氏族譜》載胡銓《司城張公（張翱）傳》：「湖上李笠翁偶過彭門，寓公廡下，留連不忍去者將匝歲。」李漁是何時到的徐州呢？《笠翁一家言全集》卷四《聯》收有李漁書贈張翱的長兄張胆的兩幅對聯，其一注云：「次君履貞新登武第」。按履貞即張胆次子道瑞的字，道瑞中康熙癸卯（二年）科武舉，癸酉（十二年）成武進

士。此云「新登武第」，當爲中舉之時。則李漁到徐州過訪張翀「寓公廡下」的時間，應在康熙二年（公元1663年）。這時李漁移家金陵不久，正是「無半畝之田，而有數十家之口，硯田筆耒，正靠一人」（《四庫全書總目提要》別集存相七引《與柯岸初掌科》），而遊歷四方，靠打抽豐過日子的時期。十分有趣的是，李漁也是當今金學界關於《金瓶梅》作者的候選人之一。這並非空穴來風。在茲堂本《第一奇書》於封面題署「李笠翁先生著」，是爲此說始作俑者。說李漁是《金瓶梅》的作者，當然是無稽之談；但張評本的祖本，即所謂崇禎本《金瓶梅》係李笠翁由說唱本改定爲說散本，倒有很大可能。如果是這樣的話，則這一事實張竹坡應該早已知曉。李漁在張竹坡家中住了那麼長時間，與張翀應是非常合契，自然無話不談。他改削《金瓶梅》一事，當然也會向張翀誇述。不過，李漁既然不願在崇禎本上署名，在茲堂本便屬多此一舉。後來的張評《金瓶梅》刊本，便又拿掉了在茲堂的這一多事而無益的僞托。

張氏家族既是簪纓世胄，又是書香門第，族人幾乎人皆能詩。族譜選錄其詩詞達數百首，其文達數十篇。其中張翀的七律、駢文，竹坡的古風，道祥的五律，道淵的傳記，彥瑗的七絕等，各領風騷，皆堪稱引，值得清詩、清詞、清文的研究者留意。

《張氏族譜》詳細記載了張氏家族隆遇興衰的過程，涉及到明末清初政治、經濟、軍事、思想、文化各個領域，爲各種專門史的研究工作，提供了一些難得的資料，也是地方志乘的重要資料來源。

彭城書派以張伯英的書法爲代表，成爲我國書法藝術的重要流派。張伯英的書法更被推尊爲「伯英體」。至今，徐州私淑伯英體者，尚有孫鴻嘯、孫茂才、文金山等十數人。他們中有不少

人，在全國書法比賽中，便以伯英體得到過名次。但對伯英體書法的收集研究，並沒有引起足夠的重視。張氏族人能書者，代不乏人。族譜就記載有彭城書派漸次演進的足迹。張氏先人的手澤，存世者也不在少數。研究伯英體書法的源流、特點、價值，不但是必要的，而且是可能的。

我的張竹坡與《金瓶梅》研究，在發表了幾十篇論文以後，結集成兩部專著。《金瓶梅評點家張竹坡年譜》，江寧人民出版社1987年7月一版。該書利用新發現的張竹坡著作、傳記與宗族文獻，考證理清了幾種不同年代的張竹坡家譜，編寫了張竹坡年譜。該書出版以後，張竹坡家世生平全面揭曉，匡謬補闕，學術界稱爲金瓶梅研究與中國小說批評史研究的一個突破。該書特點是資料確鑿，一經刊布，即可定讞。《張竹坡與金瓶梅》，百花文藝出版社一九八七年九月一版。該書分張竹坡家世生平著述行誼分則詳考、張竹坡與他人關係考論、張竹坡《金瓶梅》評點評析三部分。前兩部分是《張竹坡年譜》的姊妹篇，可以互爲參證；後一部分則因爲對張竹坡生平行誼的確切知解，知人論世，對張竹坡的小說理論，便可解其眞諦，探其奧竅。譬如《金瓶梅》藝術研究，張竹坡之前論及的文字無多，張竹坡十幾萬的評點文字，或概括論述，或具體分析，或擘肌分理，或畫龍點睛，對小說作了全面、系統、細微、深刻的評介，涉及結構、情節、語言、人物、風貌、特色、手法等各個方面。張竹坡的《金瓶梅》藝術論，總結出三、四十種名目，歸納起來，約可區分爲以下三類：

一是大處著眼，總體立論。

「《水滸傳》聖漢批處，大抵皆腹中小批居多。予書刊數十回後，或以此爲言。予笑曰：《水滸》是現成大段畢具的文字，如一百零八人各有一傳，雖有穿插，實次第分明，故聖漢止批其

字句也。若《金瓶》，乃隱大段精采於瑣碎之中，止分別字句，細心者皆可為，而反失其大段精采也。」（《第一奇書凡例》）張竹坡不囿前法，別具隻眼，提綱挈領，總攬全書，落筆不俗。如《金瓶梅》的結構，與《水滸傳》等小說單線發展的結構方式不同，是一個以西門慶一家為主線，旁及清河他家，以及清河以外多家多人，貫通關聯，穿插曲折的網狀形結構。《竹坡閑話》：「我喜其文之洋洋一百回，而千針萬線，同出一絲，又千曲萬折，不露一線。……曰：如此妙文，不為之遞出金針，不幾辜負作者千秋苦心哉？……蓋其書之細如牛毛，乃千萬根共具一體，血脈貫通，藏針伏線，千里相牽，少有所見。」《金瓶梅》是怎樣「千曲萬折」又「血脈貫通」的呢？張竹坡說：「《金瓶梅》是一部《史記》。然而《史記》有獨傳，有合傳，都是分開做的。《金瓶梅》卻是一百回共成一傳，而千百人總合一傳的，卻又斷斷續續各人自有一傳」（《讀法・三十四》）。《金瓶梅》一書寫了幾百個人，其有始有終的少說也有幾十人，如此多人「總合一傳」，豈不是頭緒紛繁，讀來模糊嗎？張竹坡認為說來也簡單：「劈空撰出金、瓶、梅三個人來，看其如何收攏一塊，如何發放開去。看其前半部止做金、瓶，後半部止做春梅；前半人家的金、瓶，被他千方百計弄來，後半自己的梅花，卻輕輕的被人奪去」（《讀法・一》）。他認為第一回是全書的總綱：「開卷一部大書，乃用一律、一絕、三成語、一諺語盡之，而又入四句偈作證，則可云《金瓶梅》已告完矣」（本回回評）；第五十一回又是後半部的關鍵：「蓋此一回，又後五十回之樞紐也」（本回回評）。張竹坡還進一步用「冷熱」論分析小說結構特點，《讀法・八十三》：「《金瓶》是兩半截書，上半截熱，下半截冷；上半熱中有冷，下半冷中有熱。」他把第一回文字就歸結為「熱結」、「冷

遇」。並說《金瓶梅》「以冷、熱二字開講，抑孰不知此二字，爲一部之金鑰乎？」（《冷熱金針》）。

二是把握人物，尋繹規律。

張竹坡的《金瓶梅》評點，用筆最多的是人物塑造。《金瓶梅》與《水滸傳》、《三國演義》、《西遊記》等類型化手法不同，它注重人物性格刻畫。張竹坡很好地總結了小說這一方面的創作經驗，特別抓住人物個性的發展，如他在第四十一回回評中寫道：「上文生子後，至此方使金蓮醋甕開破泥頭，瓶兒氣包打開線口。蓋金蓮之刻薄尖酸，必爲上文如許情節，自翡翠軒發源，一滴一點，以至於今，使瓶兒之心深懼，瓶兒之胆暗攝，方深深鬱鬱悶悶，守口如瓶，而不輕發一言，以與之爭。雖瓶兒天性溫厚，亦積威於漸，以致之也。」小說是如何描寫金蓮醋甕開瓶的呢？第二十二回回評：「此回方寫惠蓮。夫寫一金蓮已令觀者髮指，乃偏又寫一似金蓮，……而寫此一金蓮受制於彼金蓮者，見金蓮之惡，已小試於惠蓮一人，而金蓮恃寵爲惡之胆，又漸起於治惠蓮之時。其後遂至陷死瓶兒母子，勾串敬濟，藥死西門，一縱而幾不可治者，皆小試於惠蓮之日。」李瓶兒終於因此喪生。第六十二回寫李瓶兒死時各人的言行，竹坡批道「西門是痛，月娘是假，春梅是淡，金蓮是快。故西門之言，月娘便惱；西門之哭，春梅不見；金蓮之言，西門發怒也。情事如畫」（本回回評）。張竹坡實際已感覺到創作中的「典型」問題，他說：「《金瓶梅》因西門慶一分人家，寫好幾分人家，如武大一家，花子虛一家，喬大戶一家，陳洪一家，吳大舅一家，張大戶一家，王招宣一家，應伯爵一家，周守備一家，何千戶一家，夏提刑一家。他如翟雲峰在東京不算，夥計家以及女眷不往來者不算，凡這幾家，大約清河縣官員大戶屈指已遍，而因一人寫及一縣」

（《讀法·八十四》）。《金瓶梅》中寫了很多地方貪官，市井惡霸，張竹坡認為「無非襯西門慶也」（第四十七回回評），然社會上「何止百千西門，而一西門之惡已如此，其一太師之惡為何如也」（第四十八回回評）。他在第七十四回回評中也寫道：「今止言一家，不及天下國家。」這就是魯迅說的「著此一家，即罵盡諸色」（《中國小說史略》）。

三是隨文點撥、因故立目。

張竹坡為《金瓶梅》的寫作手法所立的名目，還有如「兩對法」、「節節露破綻處」、「草蛇灰線法」、「對鎖法」、「開缺候官法」、「十成補足法」、「烘雲托月法」、「反射法」、「趁窩和泥法」、「補疊法」、「旁敲側擊法」、「長蛇陣法」、「十二分滿足法」、「連環鈕扣法」等，雖然沒有跳出明清評點派的窠臼，不免瑣屑龐雜，其具體闡述，自有真知灼見。用張竹坡的話說是「《金瓶梅》一書，於作文之法，無所不備」（《讀法·五十》）。

《金瓶梅》的產生，使中國小說取材構思、開路謀篇擴及社會整個領域，寫生活，寫家庭，寫社會眾生相，成為小說家的基本思路，開創了中國古代小說創作的黃金時代。張竹坡的《金瓶梅》藝術論，使中國小說理論擺脫了雕章琢句隨文立論的八股模式，全書立論，總體涵蓋，概括了小說的文學風貌，顯示了大家氣度。《張竹坡與金瓶梅》一書特點是拓寬了《金瓶梅》研究的路子，為中國小說美學添寫了新的篇章，對國內《金瓶梅》研究的發展起到推進作用。這一研究成果先後由一九八六年一月三十日《人民日報》（海外版），一九八六年一月三日《文學報》，一九八六年二月四日《文匯報》等二十多家報刊、電台專題介紹，在國內外產生了較大影響。

　　我的研究生畢業論文是《趙氏孤兒劇目研究》。《趙氏孤兒
故事的發展與流傳》(載江蘇古籍出版社《曲苑》第２輯)、《論
〈趙氏孤兒〉雜劇中程嬰形象的塑造》（載《戲劇學習》一九八
四年一期）、《〈趙氏孤兒〉雜劇主題商権》（載《藝術百家》
一九八七年三期）、《論紀君祥〈趙氏孤兒〉雜劇的南戲改編》
（載《南充師院學報》一九八三年一期）、《〈八義記〉辨證》
（載《文學遺產》一九八三年四期）、《從趙氏孤兒劇目演變看
戲劇改編》（載《劇藝百家》一九八六年一期）等爲一組系列性
論文，本組論文理清了這一劇目的演變軌跡、各版本之間的源流
關係，論述了各個歷史時期各劇種間的承繼脈絡，各種戲曲演出
本的成敗得失，使許多長期爭論不休的學術問題有了較爲明確的
結論。本組論文是迄今爲止對這一劇目的第一次全面清理。一九
八八年一月三日《文滙報》報導稱「爲中國劇目單向系列研究開
拓了新路子」。

　　研究的是戲，哪知我竟因此與管戲的部門結下了不解之緣。
一九八五年元旦前後，徐州市文化局調整領導班子，我被任命爲
副局長（一九八七年五月升任局長）。不料從此政務纏身，一擱
筆就是十年。在位謀政，克己奉公，案牘勞形，絲竹亂耳，自然
不乏機趣，個中苦衷，即此亦見一班。我自己再也無暇成總選題
謀篇，便想爲師友們提供一些學術服務。一九八五年六月、一九
八六年十一月、一九八九年六月我在徐州先後發起主持召開了首
屆、二屆全國金瓶梅學術討論會和首屆國際金瓶梅學術討論會。
首屆國際金學討論會開幕前夕，並在徐州成立了中國金瓶梅學
會。雖然因爲會務影響，我自己可能少寫了若干篇文章、若干本
書，但看到我所熱愛的中國古代小說戲曲研究的繁榮發展，亦同
樣欣慰。

　　徐州因此出現了一個金瓶梅研究群體、一個金學工作班子和一支戲劇研究隊伍 。江蘇省梆子劇團因此移植了荒誕川劇《潘金蓮》、創作上演了江蘇梆子戲《李瓶兒》，徐州市京劇團因此創作上演了京劇《金瓶二蓮》，徐州烹飪界因此研制了金瓶梅菜點，徐州書畫界因此創作了金瓶梅百圖。金瓶梅研究也因此具有了社會文化學意義。

　　這一時期 ，正是中國文化由傳統的轄領專業藝術 、群衆文化、文化企業的小文化向涵蓋人文景觀、自然景觀、建設景觀的大文化轉移的時期。作爲地方文化主管部門的負責人，必須適應這一變化。隨著改革開放，抓好傳統文化工作的同時，利用自身的某種優勢，在某一大文化領域開拓進取，應爲理所當然，卻也隱約感覺到一種壓力。行政管理與學術研究兩者不可兼得，究竟應該如何選取？

　　　　（載《曲海説山錄》，文化藝術出版社 1996.12一版）

附錄

仕途文心
——記著名金學家吳敢

雍啓昌‧徐欣樺

　　早春二月，巴黎，拉雪茲神父公墓。

　　一場紛紛揚揚的大雪，飄舞在吳敢的身前身後，「不知庭霰今朝落，疑是林花昨夜開」，莫非這異國的飛雪也有如詩的情懷，在著意撫慰一顆倦遊的心？十幾天來，吳敢好像生活在一個美妙的幻境中，一時竟有寵辱皆忘、物我兩非之感。現在他任憑落滿全身的雪花悄然融化，天上人間，兀自盡情領悟這難得的解脫。一股雪水小溪潛進吳敢的領口，那感覺很輕柔，輕柔得像一聲不留意的嘆喟，而吳敢的心境卻驀然變得凝重起來。

　　明天就要率民間藝術小組回國了，這意味著他將卸下一個小小組長的重任，而回到那駕輕就熟的文化局局長的職守上，他理應感到輕鬆才是，但正如相伴他生命的人生困擾一樣，此時，輕與重又在吳敢的心中失衡了。明天，他究竟是一個文化人，還是一個事業家？究竟是一個著述甚豐的學者，還是一個卓有建樹的官員？他一時辨認不出自己了。或許，他在今後很長一段時間裡依然辨認不出自己，因爲他是一個並不全然屬於自己的「社會人」。

　　他的衣袋裡塞著一份法國友人對他的介紹文字：吳敢，文學碩士，著名學者。中國《金瓶梅》學會副會長兼秘書長，中國兩漢文化研究所所長，江蘇省社會科學院特邀研究員，徐州市文化

局局長。第一次讀到時，他不覺啞然失笑；細品之下，便有一種苦澀。透過紙面，他似乎看到了一種命運的播弄，那樣漫不經心，又那樣方正威嚴……

其實，所謂命運的播弄只是吳敢的人生自嘆。在別人的眼中，吳敢更像是一個播弄自身命運的人。

吳敢生長在蘇北豐縣，那是漢高祖劉邦的故里，出過頂天立地的英豪，創過改天換地的偉業。一曲《大風歌》唱了兩千載，至今仍如醇酒般醺然著一顆顆自信的鄉心；武也好，文也罷，咱鄉的孩兒出門沒粮的。

或許就是這種自信，使吳敢的人生之路自起步開始便富有戲劇性。山重水復，柳暗花明，倒是沒停鑼地一路唱了下來。

一九六四年，吳敢以優異的成績考入浙江大學土木系工業與民用建築專業。選擇這個自己念起來都感拗口的專業，固然有豐縣中學教師的引領，但更多的還是出於他對自身潛能的一種認定。農家孩子，最富有的是一身氣力和一懷勤謹，那文藝之道，是不是太輕鬆悠閑了一些？若干年後，吳敢知道這想法是對了一半，又錯了一半，不過當時能想到這份兒上，確也盡顯男兒的豪邁！

西湖的水光和山色滋潤著吳敢的靈慧之心，那尚未淡遠的文藝夢又捲土重來，終致占據了他全部的課餘時間。中小學時的作文一篇篇被老師當作範文講解的回味牽動起他飄逸的思緒。一日，他又坐在飛來峰前的一塊山石上遐思冥想，看晴空新月、樹影婆娑，聽夜風習習，溪水淙淙……「源潛流細冷泉水，根深蒂固飛來峰」，突然，他失聲吟出一聯。吳敢恍然明悟，他正在同自己的人生開一個悲壯的玩笑。這玩笑實在是開過了界兒，若想「言歸正傳」，又談何容易？

　　人生本就是由大大小小的無奈組成的。知其無奈而有所奈之，方是人生的可圈可點處。吳敢並沒因明悟而悔及當初，也沒有因無奈而將錯就錯，他反倒活得更爲繁茂了。一九六九年，他學成畢業了。他同時擁有著兩本畢業證書，一本是拿在手上的，一本是裝在心裡的。孰輕孰重，他沒去掂量，只是感到那即將臨身的職業愈發莊嚴神聖，而那融入情懷的文藝夢則更爲搖曳多姿了。

　　畢業後，吳敢被分配到位於九江的一座核動力潛水艇廠。此廠北臨長江，三面環山，當中一個下巢湖，眞可謂山青水秀。在那個動蕩的年代，這無疑是一處天賜的清修之地。這時，即或吳敢有心躲避，那不離不棄的文藝夢也會找上門來，何況他早已是情深意篤了呢？那幾年，吳敢可謂閱盡古今中外，遍遊文淵藝海。他寫現代詩，寫文言散文，寫讀書筆記，寫著寫著，那原本迷麗的夢漸漸變得凝重起來，凝重如一道橫亙於心野的山巒。吳敢不得不做出決斷了。他是個有責任感的人，無論是面對人生的召喚，還是面對社會的探問，他都必須作出一個明明白白的回答。

　　一九八〇年，已是助理工程師的吳敢毅然棄工從文，考取了徐州師範學院中文系元明清小說戲曲專業碩士研究生。一個造潛水艇的居然拿出如此出類拔萃的答卷，「思路敏捷！」「文采燦然！」心存疑惑的導師終於發出由衷的贊嘆。此後的幾年，可以說是吳敢的夢圓之時。他撰寫出優秀的碩士畢業論文《〈趙氏孤兒〉劇目研究》，並發表了「《趙氏孤兒》系列論文」十餘篇，使許多聚訟不休的學術問題有了明確結論，是迄今爲止對這一傳世名劇的第一次全面清理。《文滙報》曾專題報導稱：「這爲中國劇目單向系列研究開拓了新的路子。」畢業分配至徐州市劇目

工作室後，他繼續主編《中國古代小說辭典》，且執筆撰寫了三十餘萬言。同時，開始探查清代小說美學家、《金瓶梅》評點者張竹坡的家世生平，以求善足這一中國古代文學理論批評史上的重大缺憾。正當他歷盡千辛萬苦，終於訪獲《張氏族譜》和張竹坡詩文軼稿等珍貴文獻，使張竹坡的家世生平得以全面揭曉，因而轟動了海內外學術界時；正當他準備以張竹坡的小說美學為突破口，對中國古代小說理論作一次溯源性的考察時；正當他計劃——這時，一紙任命書擺到了他那已堆滿書卷的桌面上。

吳敢驚愕地得知，他已被任命為徐州市文化局副局長。

諳熟文史的吳敢當然知道，在中國漫長的歷史長河中，「士」與「官」有著密不可分的聯繫，有時就是同一「讀書人」的行藏二途。所謂「達則兼濟天下，窮則獨善其身」，堂皇得很，也靈便得很。但對吳敢來講，那僅是隱現於歷史烟雲中的如歐陽修、蘇東坡、范仲淹等前賢的軼事，是可供遠距離玩賞的人格景觀。一下子跳到自己的腦門兒前，他拖延再三，總是接受不了。

但這一次可由不得他了。時在一九八五年，各行各業都在深情呼喚「四化」幹部，更不用說專業性很強而平均文化水準又偏低的文化部門了。他琢磨過任命書上的那一行字，心想終究沒離開「文化」二字，還不算「背師叛教」；再說，論品級只是個「吏員」，也不算正式踏入官場。但吳敢顯然忽略了，這一次不是由他去選擇其人生的社會走向，而是由社會在規定他的人生走向。他遠沒有估量出這一差異將為他帶來何樣的人生情勢。

為官之初，吳敢似乎還能把「官身」與「士心」調理得相當和順。

他分管專業藝術，如劇目創作、藝術研究、劇團管理、文藝教育以及大規模、高水平的藝術活動，都搞得有聲有色。行家手

筆嘛，自是非同凡俗。那兩年，他書寫下諸多「第一」，如首屆全國《金瓶梅》學術討論會，中國戲曲史上第一次跨省區單一聲腔劇種的藝術大會集——蘇魯豫皖首屆柳琴泗州淮海戲劇節，徐州市首屆青年演員會演，首屆中年演員會演，首屆國際《金瓶梅》學術討論會和徐州市首屆藝術節等。雖說政務纏身，他還是忙裡偷閑，將「張竹坡與《金瓶梅》」這一專題的研究成果，結集成兩部學術專著。《〈金瓶梅〉評點家張竹坡年譜》由遼寧人民出版社於一九八七年七月出版，以「資料確鑿，多有發見，一經刊布，即可定讞」而爲海內外學術界所稱譽。《張竹坡與〈金瓶梅〉》由百花文藝出版社於一九八七年九月出版，是書考實了張竹坡的家世生平、著述行誼，並對張竹坡的小說理論進行了深入的探討，既拓寬了《金瓶梅》研究的領域，也爲中國小說美學史添寫了新的篇章。從感覺上講，吳敢恍若又回到了西子湖畔、下巢湖邊。他把必須正視的現實和不忍捨棄的夢分得清清楚楚，又合得融融洽洽。用他的話講，這叫「在位謀政，克己奉公，絲竹亂耳，案牘勞形。」語雖沉重，卻也不乏自得——這樣的人生，無論是對社會還是對自己，都還交待得過去吧。

但是，人生並不能如他所希望的那樣，會在一個幸運點上凝固起來；社會對它優秀屬員的要求，也不會「適可而止」。一九八七年五月，吳敢被升任爲徐州市文化局局長，其後，又兼任了市文聯副主席、市文物管理委員會副主任等十多個職務。這還沒包括他在那些國際性、全國性或區域性的學術機構、團體中的領導兼職。不知是在哪個無眠的深夜，吳敢突然發現自己已無法延續並壯美他的人生舊夢了。需要他全身心投入的公務實在太繁雜；更可憂的，是大家都誤以爲他天生具有排憂解難的「官才」。那些冷僻的學問，不當飯吃的作品，怎比得上一個好官的於公於

衆的慨然惠澤？「衆望」就是如此溫存而殘酷，它以情感的名義
要求「所歸」者入彀就範，拒絕它，便是拒絕了所有的人情事理。

　　吳敢知道，無論怎樣痛惜，他都必須犧牲個人的文藝夢了。

　　他只能義無反顧地走下去，他已割捨去生命的一半，絕不能
再荒擲去另一半。他努力用文化搭台，爲經濟建設鋪路，以升揚
文化工作的社會價值；他培育藝術精品，把徐州的優秀文化藝術
成果逐項推向全省及全國；他致力於兩漢文化的開發，組織整修
開放大型漢墓，建造漢兵馬俑博物館和漢畫像石藝術館，構設舉
世罕見的大漢文化博覽區；他策劃大型音樂舞蹈史詩《大漢魂》
和二十八集電視連續劇《漢劉邦》的創作，並計劃編纂「兩漢文
化研究叢書」……這幾年，徐州的文化事業有了長足的發展，換
句話說，吳敢的人生又有了新的延伸。他幹得很苦很累，也幹得
功績卓著，但又有誰知，他心中的那份失落感，是無法用苦勞和
功勞來充實的，「事如春夢了無痕」，可能嗎？

　　他靈智的小舟依然懷戀著那條悠悠文章之河。雖然他已無暇
選題謀篇，但見縫插針、集腋成裘，竟也陸續出版了《中國古代
戲曲名著鑒賞辭典》、《元曲百科大辭典》、《中國風俗大辭典》
等幾部由他任主編或副主編的專書。他稱之爲「不絕如縷，苦中
取樂」。他依舊主持著中國《金瓶梅》學會，主編著《金瓶梅研
究》集刊，召集著國際或全國性的學術研討活動，爲學術和文學
的昌明創造條件。

　　無法用察審當代一般「官」的眼光規範他，因爲他確實是一
個眞正的「文人——民」；無法用考核當代一般「家」的條款羅
列他，因爲他畢竟是一個眞正的「公務員——官」。

　　這究竟是吳敢的有幸，還是他的不幸？

　　首先，吳敢是不幸的。爲「官」爲「士」，他都沒能「六六

大順」，沒能盡發生命的光華。處處掣肘，事事扯皮，加之宵小之輩的攻訐誣陷，事倍功半已屬慶幸，使他「達」難兼濟天下。克於職守，勤政有爲，苦心爲事業做嫁衣，又使他「窮」未獨善其身。但這並非吳敢一人的不幸。既然時代已呼喚出無數個「吳敢」，他們就必須承當起時代的所有激情和傷感。歷史不承認個人的哀嘆，它只以成敗論英雄。

吳敢同時又是幸運的。上級黨政機關及領導的關懷，衆多同儕和師友的支持，使他爲官有卓然的政績，爲學有相當的成就。面對人生，他可以無愧無悔了。但這同樣不是吳敢一個人的幸運。社會畢竟在進步，以士的品格爲官，或以官的胸懷爲士，在今天，都已不算奇人怪事。這是由無數個「吳敢」所建構出的新的人格現象，閃爍著我們這個時代的特殊光彩。

而此時的吳敢正與遊伴心同神合，急步走在拉雪茲公墓裡，撥開迷蒙的雪霧，去探訪那些聲名久著的先哲前賢，去拜識一個個光照千秋的不朽靈魂，鮑狄埃、巴爾扎克、肖邦……在這無比莊嚴的歷史祭壇前，吳敢當然不會想到自己的有幸或不幸。他只是感到人生的旅程其實很短，日月如梭，江河流逝，天涯咫尺，浩瀚有限，必須無情削砍人生之樹的枝蔓，應該在不可解脫之時決然一個了斷！

（載《文匯報・筆會》，1994年4月14日）

趙氏孤兒劇目研究
與中國古代戲曲選本

　　1981年我做碩士論文《趙氏孤兒劇目研究》時，跑了全國不少圖書館，看到一些中國古代戲曲選本與曲譜。後來的研究使我感覺到，沒有中國古代戲曲選本，便無法進行趙氏孤兒劇目研究。

　　茲舉數例，以爲證明。先描述一下趙氏孤兒劇目的演變情況。趙氏孤兒故事具有很強的戲劇性，被改編創作爲戲曲，是自然而然之事。所以，很快成爲中國戲曲的第一批劇目之一。大約宋元間，無名氏創作了南戲《趙氏孤兒報冤記》、紀君祥創作了雜劇《趙氏孤兒》。後來出現改編紀君祥雜劇又兼蒙《趙氏孤兒報冤記》影響的元天曆至正本南戲《趙氏孤兒》。再下來是天曆至正本的明初整理本——明世德堂刊本《趙氏孤兒記》。然後是世德堂本的改編過渡本《八義記》。這才有《六十種曲》本《八義記》和它的改定本——北圖藏抄本《八義記》。最後是花部《八義圖》與現代戲《趙氏孤兒》。

　　譬如「改編過渡本《八義記》」，沈璟《南九宮譜》選有《八義記》8曲，只有〔添字紅繡鞋〕一曲接近《六十種曲》本《八義記》，其餘全同世德堂刊本《趙氏孤兒記》。說明《趙氏孤兒記》至遲在萬曆中期沈璟編纂《南九宮譜》時，已經又名《八義記》。這一結論還有三條補證。萬曆二十一年至二十四年的戲曲選本《群音類選》所選「公主賞燈」、「藏出孤兒」、「程嬰首

孤」、「杵臼自嘆」四齣，雖標明《八義記》，實全同《趙氏孤兒記》。此其一。《遠山堂曲品》著錄《趙氏孤兒記》：「此古本《八義》也。」明以《八義記》稱《趙氏孤兒記》。此其二。《欽定曲譜‧南呂宮過曲〔紅衲襖〕附注》：「又按古曲如《八義》、《金印》、《拜月亭》，皆以〔紅衲襖〕作引子，獨《琵琶記》竟作過曲。」與《八義記》並列各劇均爲元明南戲，且均稱爲「古曲」，係《趙氏孤兒記》無疑。此其三。其實，南戲既全面鋪演趙氏孤兒故事，劇中贊助「忠」的一方的主要人物又可認定爲八人，別名《八義記》，也合情理。

又如《南詞定律》選《趙氏孤兒記》4曲，皆同世德堂刊本《趙氏孤兒記》；選《八義記》32曲，同《六十種曲》本《八義記》者25曲，實即世德堂刊本者5曲，兩本俱非者2曲。《九宮正始》選《趙氏孤兒記》53曲，同世德堂刊本者38曲，實即《六十種曲》本者10曲，兩本俱非者5曲；選《八義記》3曲，同《六十種曲》本者2曲，實即世德堂刊本者1曲。單錄《八義記》的曲譜，如《南詞新譜》、《寒山曲譜》、《南九宮譜大全》、《新定十二律崑腔譜》、《欽定曲譜》等，均有實即《趙氏孤兒記》者。這種或名《趙氏孤兒記》而兼採《八義記》，或名《八義記》而兼採《趙氏孤兒記》的現象，說明其所依據的本子，必既非世德堂刊本《趙氏孤兒記》，又非《六十種曲》本《八義記》，而是另外的也名《八義記》的本子。這種也名《八義記》的本子，既或主要吻合世德堂刊本而兼採《六十種曲》本，或主要吻合《六十種曲》本而兼採世德堂刊本，而被兼採的各曲，各譜又不盡相同，更有少數兩者皆無者，便說明確實存在不止一種的改編過渡本《八義記》。只不過這種改編過渡本有時被循舊稱作《趙氏孤兒記》，有時被依新稱作《八義記》罷了。但《趙氏孤兒記》久

已定本，被稱爲改編過渡本劇名者，僅《九宮正始》一例；而
《八義記》在明代很盛行，所以改編過渡本多取以爲名。故《遠
山堂曲品》：「《孤兒》……惜今刻者、演者，輒自改竄，蓋失
眞面目矣。」就是這個意思。

　　中國古代戲曲選本從廣義上說可分爲劇本選集、散出選集、
零曲選集三類。趙氏孤兒劇目研究涉及到的戲曲選本，就有《永
樂大典戲文33種》、《元曲選》、《酹江集》、《群音類選》、
《吳歈萃雅》、《詞林逸響》、《南音三籟》、《萬壑清音》、
《醉怡情》、《綴白裘》、《南九宮譜》、《九宮正始》、《南
詞新譜》、《南詞定律》、《北詞廣正譜》、《寒山堂曲譜》、
《納書楹曲譜》、《欽定曲譜》等一、二十種。其中有12種共選
有《八義記》的16個齣次：賒飲、賞燈、勸農、翳桑、評話、游
覽、鬧朝、遣鉏、上朝、捕犬、嚇痴、付孤、盜孤、程嬰寄孤、
杵臼自嘆、觀畫。《紅樓夢》榮府元宵夜宴，先唱《西樓記·樓
會》，二更天時唱《八義記》八齣：勸農、翳桑、評話、鬧朝、
捕犬、付孤、盜孤、觀畫。所謂八義八齣，正是明清戲曲選本所
共選的齣目。說明戲曲選本確是當時戲曲舞台的眞實反映。

　　諸如此類的例子所在盡多，竟至可以說，沒有中國戲曲選
本，便沒有一部完整的中國戲曲史。

（載《中國文化報·古代戲曲論壇》，1999.1.2）

後　記

　　選在本集中的，有四組文章。第一組是關於張竹坡與《金瓶梅》的論文。本組論文發表以前，國內外對《金瓶梅》評點家張竹坡其人可說所知甚少。筆者利用一九八四年新發現的張竹坡著作、傳記與宗族文獻，考證理清幾種不同年代的張竹坡家譜，使張竹坡家世生平全面揭曉，並進而知人論世，對張竹坡的小說理論與《金瓶梅》的成書、版本、藝術等深入研究。這一發見與論述，在一九八四年江蘇省明清小說研究會成立大會上，在一九八五年全國首屆金瓶梅學術討論會上，在一九八九年國際首屆金瓶梅討論會上，得到與會學人的認同，稱爲《金瓶梅》研究與中國小說理論批評史的一個突破，並先後由一九八六年一月三十日《人民日報》，一九八六年二月四日《文滙報》等海內外幾十家報刊電台報導。本課題研究成果被分寫成幾十篇論文發表，並結集爲《金瓶梅評點家張竹坡年譜》（遼寧人民出版社，一九八七年七月一版）、《張竹坡與金瓶梅》（百花文藝出版社，一九八七年九月一版）兩部專著。本組論文即從中選出。

　　第二組是關於中國古代小說的其他論文。一九八二年我隨業師鄭雲波教授主編《中國古代小說辭典》，並承擔宋元話本、長篇小說兩部分的編撰。這部辭典一九八七年竣稿，一九九二年由南京大學出版社出版。編著同仁以自己多年研究所得，遍參成見，時加考訂，十年一劍，乃中國入手較早的一部中型古代小說工具書。中國小說目錄學、版本學，雖有孫子書先生的開創性、

集成性大著，以及其後諸多前賢的增補，缺漏仍然在所難免。筆者利用《中國古代小說辭典》的編餘資料，旨在匡謬開目，拾遺補闕。本組論文的選錄，即作此側重。

第三組是關於趙氏孤兒劇目的論文。一九八二年徐州師範大學首屆研究生畢業，我的碩士論文即爲《趙氏孤兒劇目研究》。該組論文爭取理清該劇目的演變軌迹，各版本之間的源流關係，努力論述各個歷史時期各劇種間該劇目的承繼脈絡，各種戲曲演出本的成敗得失，使許多長期爭論不休的學術問題，有了較爲明確的結論。這是迄今爲止對這一劇目的第一次全面清理，一九八八年一月三日《文滙報》撰文稱「爲中國劇目單向系列研究開拓了新的路子。」

第四組記錄了我的文學情結，我與中國小說戲曲研究的緣由。一九八五年 至 一九九五年，我在徐州市文化局做了十年局長，喜怒哀樂，酸甜苦辣，莫可言表。首屆柳琴·泗州·淮海戲劇節的創辦，即爲一例。拉魂腔是流行於蘇魯豫皖接壤地區的地方戲曲，爲一大聲腔，包含兩個劇種：柳琴——泗州戲與淮海戲。所謂柳琴——泗州戲，實爲同一劇種的不同稱謂：在江蘇、山東、河南稱柳琴戲，在安徽稱泗州戲。多少年來，行政區劃分散了這一聲腔劇種。舉辦本聲腔劇種的聚會，是淮海經濟區文化人的共同夙願。一九八六年十一月，這一願望變成現實。柳琴節是我在文化局任內的第一個超大型活動，從此繼發了徐州文化藝術的內涵底蘊，也潛留下我人生歷程的際遇變換。

我的人生道路帶有一些傳奇色彩，論學結選，往事如歷，不覺浮想連翩。那還是七十年代後期，國家撥亂返正，教育正本清源，各教學科研單位公開招收研究生。後來我了解到，全國前幾屆研究生的來源，基本都是六六——七〇屆的大學生。這是一群

希望追回逝去歲月的莘莘學子，他們自加壓力，期待著後半生的人生價值。我也是這群中的一員，所不同的是棄工從文，平添了不少曲折。學理工的，說他熱愛文學，指的只是雜亂地讀過一些文藝類書籍，頂多還能寫上一手文章，如此而已。參加正規考試，則需要系統的補課，才能與科班出身的考生一爭高低。我不是神童，沒有一目十行的敏捷，也沒有我心即佛的頓悟，只能笨鳥先飛。何況當時無書可讀，無人可問！說來漸愧，我報考元明清小說戲曲研究方向，入學前用來迎考的，只是一本游國恩等五先生主編的《中國文學史大綱》，和半部劉大杰先生的《中國文學發展史》。後來借得一部一九七三年版《湯顯祖集》，便已喜出望外，如獲至寶。也可能是我這一股做文志在必成的精神，金石之門，訇然中開。這種兀自苦讀式的自學，不但將遇難強攻、涉險成趣鑄進我的性格，而且也使我的治學方法跳躍集合，文理交融。就這樣，我做了此前的研究，並作出如上的選錄。

承蒙文史哲彭正雄先生出版發行。感謝魏子雲先生撥冗賜序。我與魏先生忘年結交，在我的印象中，他一直是一位謙謙君子，忠厚長者。這是很難得的一種修養，更是很可貴的一種品質。所謂道德文章，魏先生是當之無愧的。見賢思齊，學海無涯，謹以此集自勵，並祈方家教正。

吳敢　*己卯冬記於彭城燕影堂*